内田義彦の世界

生命・芸術そして学問

1913-1989

藤原書店

内田義彦の世界　1913-1989

生命・芸術そして学問

目次

I　今、なぜ内田義彦か

Ⅲ　若い世代に向けて

若い人に、内田義彦をつなぎたい　必ず残る言葉がある　印象に残った断片を自分につなぐこと　読むことの楽しさ

2　今、内田義彦を読む

II 内田義彦を語る

1 内田義彦と私

2　内田義彦を語る夕べ

III　内田義彦が語る

内田義彦の知られざる文章から

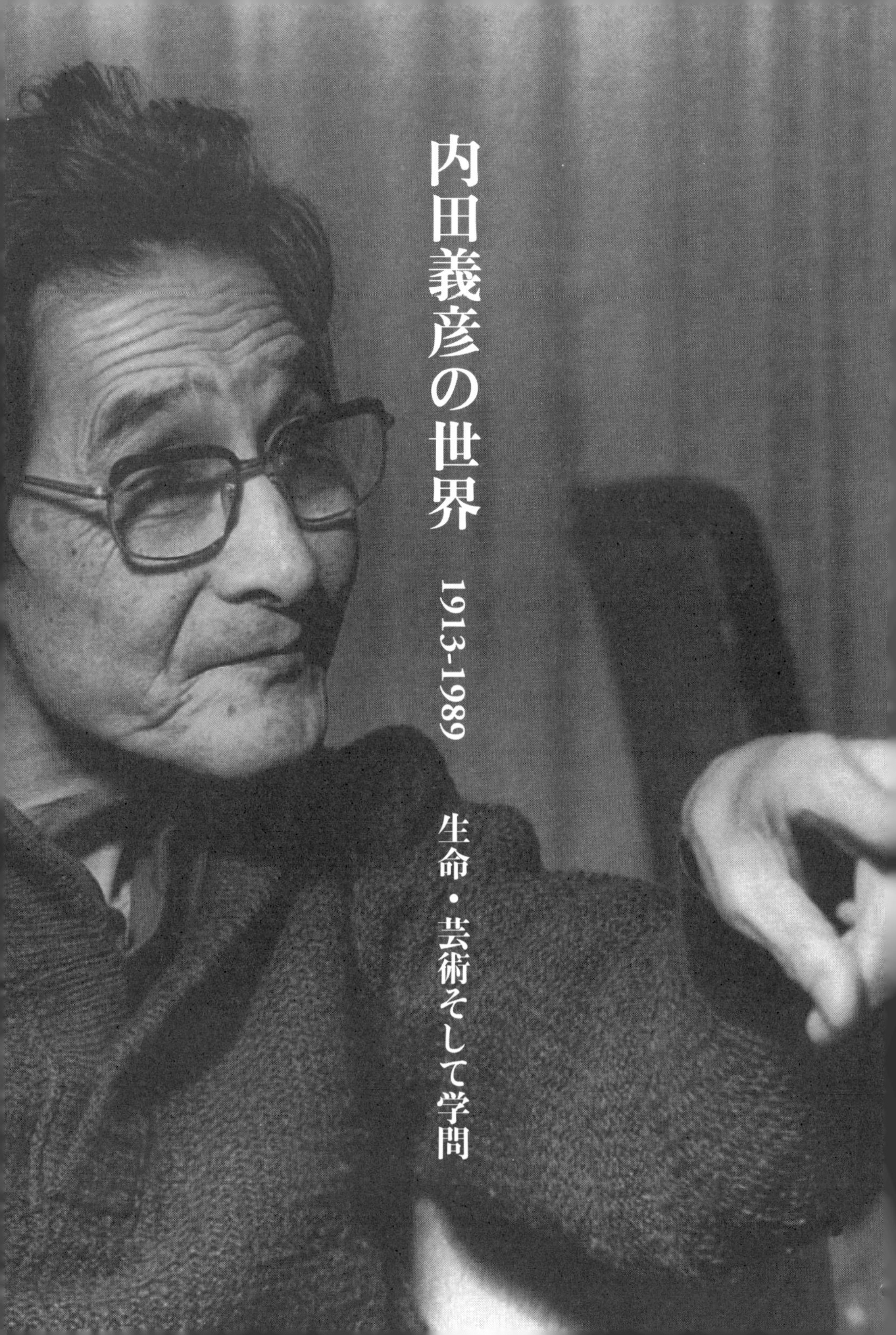
内田義彦の世界
1913-1989
生命・芸術そして学問

編集協力

山田鋭夫
内田純一

〈プロローグ〉

内田義彦「生きる」を問い深めて

山田鋭夫

門や塀がない、目黒鷹番の内田家の玄関。
1960年前後

はじめに

内田義彦（一九一三〜一九八九年）は戦後日本を代表する経済学者であり、そしてそれ以上に思想家です。

しばしば、市民社会の思想家とも呼ばれています。日本社会に自由、平等、人権、民主主義が本当の意味で根づくのを何よりも願ったからでしょう。

ただし、同じような考えの思想家は多数いるなかで、ほかならぬ内田義彦の最も内田義彦らしい思考の根源は何かと問われれば、生涯にわたって「生きる」ということの意味を探求し、掘り下げていったところにあるのではないかと思います。市民社会というものを、一人ひとりの人間が日々「生きる」という営みの根源に遡って考えつめていったと言ってもよいでしょう。

生きる

生きる……。もちろんその第一の意味にして大前提であるところのものは、人間が一個の生物として、日々の生命をつなぐことです。「死」と対置された「生」です。内田義彦は五男一女の末っ子として生まれましたが、若くして兄姉全員を次々と結核で失ったばかりでなく、自らもこの病に冒されて青少年期、合計四年以上、療養のため休学しています。長じて還暦を過ぎた頃には、食道癌で生死を分ける大手術を行い、以後、病と闘いながらの晩年でした。

病気だけではありません。内田義彦の青春時代、日本は太平洋戦争へとのめりこみ、そして最終的に敗戦を迎えます。病気に加えて戦争による死の影も迫っていました。そんななかでの「生きる」の模索です。当時のことを内田義彦はこう回顧しています。

「戦争はだんだん身近になって、生きている保証はなくなってくる。そういうこともあって、納得しうる理論、生きているという証（あかし）が欲しい。」

（『内田義彦著作集』第三巻）

生きる……。ここにいう「生きる」は、もちろん、たんに生命をつなぐことを越えて、一人の人間としていかに充実した生を送るかということであり、生活と思想の軸心をもつことです。これが第二の意味です。戦争という残虐と不安の時代にあって、「生きている証」「ふんばる拠点」を求めての旅という意味での「生きる」です。いわば「人間として生きる」ことといってもよいでしょう。そしてそれこそが、内田義彦の学問と思想の原点をなすものでした。
この意味での「生きる」の探求は、「育つ」もの、「育ちゆく」ものとしての人間把握と不可分です。「育つ」のは子供だけでない。大人も老人も、およそ人間存在というものは、年齢と関係なく「育ちゆく」ものだという点に、内田の眼は注がれます。そしてそれがあってこそ、またそれだからこそ、学問や教育も本当の意味で成立するのだということです。この点は内田の人間観の重要なポイントですので、一、二の文章を引いておきましょう。

1981年『作品としての社会科学』で大佛次郎賞

「のびのびとして旺盛な『育つもの』を自分のなかに持たなければ本当の学問はできない。そういう『育つもの』の感覚は本来人間に独自なもので、誰にでもあるものだが、そして学問・教育はその人間本性に沿って、それをさらに生かしてゆくはずのものであるべきだが、じっさいには、逆にそれを教育だとか学問だとかが止めている。」

（『学問への散策』）

「根源的な悩み、あるいは悩みという問題は、残念ながらというかありがたいことにというか、永久に尽きないだろう。絶えず悩みが出てきて、それがあるがゆえにそれを取り除こうと努力をかたむけるなかで、いよいよ思想も深まり、人間に育っていく――。未来永劫といっていいと思いますが、そういう不思議な解決をせざるをえない存在が人間という特殊な生物で、その人間的存在に固有のものとして、そして不可欠なものとして科学もある。」

（『改訂新版 形の発見』）

このように、内田義彦の人間論はおのずと学問論や教育論へとつながっていきます。「生きる」「育つ」は「学ぶ」と切っても切り離せないものなのです。人間として生きること、育ちゆくことは、即、学ぶことなのです。学ぶとは「学問をする」とも言えます。

ただし「学問」といっても、コチコチに身構えて受け取らないでください。内田のいう学問とは、自らの「生きる」と切れたところで専門知識を覚えるとか、専門的な学者になるとかいったことでなく、何よりもまず、大小さまざまな身辺の問題（「悩み」）を解くための方法や知恵を修得するということであり、それは育ちゆくものとしての人間が誰しも本来的に持っている――持とうと望んでいる――ものなのです。もっと言うならば、何かに役立つためにということとはおよそ関係なく、「人間の生きるという行為の本質的な一部分」（『内田義彦著作集』第七巻）として「学ぶ」ということはあるのです。それが内田のいう「学問」です。そういう意味において、社会のなかで人間らしく生きていくためには、一人ひとりの人間が学問的思考を上手に身につけることが必要だということです。

賭ける

人間だれしも学問的思考が必要だ。内田義彦はそう言います。もう少し話を進めてみましょう。人間が生きるということは、社会から孤立して生きることでもなく、また社会のなかに埋没して生きることでもありません。社会のなかにあって、社会とともに生き、しかも社会という全体のたんなる部品でなく、一人の個人として自分らしく、自分の納得のいく形で社会に加わって生きてゆきたいというのが人間です。少なくとも近代人はそれを希求して近代社会をつくりあげた。そのはずです。つまり社会に「参加」しつつも、そこに埋没することなく自らの「役割」を自覚的に分担しようと願っているのが、私たち現代人です。近現代の分業社会の一員であるということは、自らの役割を分担することによって社会に参加することなのです。

ここに「参加」とは、内田義彦が好んで何度も語っているように、たんに会合や宴会に「顔を出しておけばいいんだろう」といった無責任な顔出し型参加ではなくて、英語でいう take part (in)、つまり各自が「ある特定の部署（仕事）を責任をもって果たす」ことを意味します。近現代の分業社会は、責任をもって自分の仕事を果たすという、大変にきびしい姿勢を私たちに求めていますし、その責任が達成されるとき私たちは大きな喜びを感じもします。参加（分担）とは、このように一人ひとりが責任と決断を受けもつこと抜きにはありえません。

そして――いよいよ内田的な人間＝学問論の本領に近づ

いていきますが――「一人一人が決断と責任をもって共同の仕事に参加するという行為の継続のなかでこそ、一人一人のなかに社会科学的認識のそもそもの端緒ができる」(『社会認識の歩み』)のだと内田義彦は言います。人びとが昔ながらの伝統的な共同体のうちに埋没し惰性で暮らしているのであれば、「決断と責任」をもって行動する必要もなかったでしょう。しかし近代人はそれを拒否したのであり、こうして近代社会とともに「社会科学」という学問も生まれてきました。つまり、もはや伝統やしきたりに頼ることができず、各自が決断と責任を自ら負う存在になって、はじめて学問(とりわけ社会科学)が必要となったのです。人類の歴史においても、そして何よりも現代に生きる私たち一人ひとりにおいても。

決断とは賭けです。そして「賭ける」という行為を通じて、はじめて世界の客観的認識が生まれる。一人ひとりが「賭ける」人間になることによって、はじめて社会の客観的認識が芽生える。つまり、社会科学の出発点となり、学問の出発点となる。繰り返しますが、社会科学の歴史においても、個人の内面的成長においても、なのです。このあたり、内田義彦のいちばん内田義彦らしいところなので、直接に語ってもらいましょう。

「決断、賭けということがあって、はじめて事物を意識的かつ正確に認識するということが、自分の問題になってきます。……賭けるということと同時に客観的認識が出てくるというと、不思議に思われる方もあるかと思います。……賭けといいますと、およそ合理的なものがないというふうに考えられますし、客観的認識……といいますと、非合理なものがおよそ含まれないというふうに考えられています。しかし賭けるということは本来知っているからこそ賭けられるんであって、でたらめに賭けるのは賭けではありません。……知って知って知り抜いたうえ、やっぱり最後に賭ける、それが賭けであります。事物の認識が深まれば深まるほど賭けらしい賭けができる。逆にいうと、深い賭けが出てきて、はじめて、主観とか希望的観測ではなくて、客観的認識が自分のこととして出てきます。」(同右)

知って知って知り抜いても、なお百パーセント確実だという保証はまずない。残る一割か一パーセントかは、決断と賭けに託すほかない。それほどに人生や未来は不確実なのですが、それでも対象を「知って知って知り抜く」操作のなかに、学問の――私たち一人ひとりにとっての学問の――端緒があるのだということです。

このとき「学問」とは、人類の共有財産として既にできあがった科学的体系そのものでなく、というか、そうではあるがそれ以上に、私たちがモノを見る眼を補佐してくれるよう活用すべき知的道具なのです。あたかも機械そのものでなく、機械を実際に使いこなしてこそ「技術」というものがあるのと同様、科学的体系そのものでなく、各自がその生きる現場で体系を溶かし、応用し、使いこなしてこそ、学問は真に「学問」となるのでしょう。死んで固まった学的遺産をそれとして習い覚えるのでなく(それもある局面では必要でしょうが)、固まったものを各自が溶かして活用してこそ「学ぶ」ことができ、それが上手に「賭ける」ために必要なことなのです。そのような「賭ける」存在としての一人ひとりがそれぞれの役割を担うことによって、社会に参加する。そのための学問が要請されているのです。そして、社会科学もそういうものとして捉えなおされねばなりません。再び内田義彦に聞いてみましょう。

「過去の、一人一人ではなくて、たくさんの人間が社会的に認識した認識の結果が凝結して、学問の諸体系の形で共有財産として蓄えられている、その共有財産を共有財産として受領するという面――その意味では、社会科学上の発見も自然科学と同じで後人は同じ発見の苦労をそのままくりかえす必要がないわけです――と、一人一人の人間が、その完了形に凝結した学問体系をとかすというか、すでに学界で歴史的に検討ずみのものも、追体験の形で個人としてあらためて再検討、再確認しながら、それを使って自分の眼でじっさいに物を見、働きかけてゆく、そういう二つの面を、社会科学は持っていなけりゃならないはずです。」

(『作品としての社会科学』傍点は内田、以下同じ)

伝える

生きることは学ぶことであり、学ぶことの端緒は一人ひとりが賭ける存在になることだと内田義彦は言います。しかし、これを逆にいえば、賭けることは社会科学的認識の端緒でしかないということでもあります。端緒からさらに進んで、学問を身につけ、身につけた学問で充実した生を開いていくにはどうしたらいいのでしょうか。これにかかわって内田義彦は、「読む」「聞く/聴く」という、私たちがほとんど無意識のうちに普段行っている行為へと視線を向け、また、そこにひそむ「ことば」——という、これまたほとんど無意識に使っているもの——の問題へと分け入っていきます。読む、きく、ことば……。これらをひっくるめて「伝える」ことといっていいでしょう。名詞形でいえば「伝達」であり、あるいは現代風に「コミュニケーション」といえるかもしれません。

近代人は伝統的共同体から離脱し、自由・平等・独立の人格としてお互いに向き合おうと志しました。直接的共感だけで支えられているような親密空間とちがって、また互いに見知った者どうしの狭い共同体空間とちがって、近代社会では、見知らぬ人間どうしが取引し、交流し、語り合い、理解しあわねばならない空間です。市民社会で「生きる」ためには、誰にとってもこれが要請されます。このとき絶対に必要なのは、いかに上手に「伝える」(逆の立場からは「受け取る」)かです。個人Aの経験を見知らぬ個人Bに通じさせる場合も、人類の過去の知的遺産から当代人が教訓をえる場合も、いずれも「伝える」の世界であり、そしてその媒体は「ことば」です。

ところが現実問題として、ことばは通じるとは限りません。何も外国語のことを言っているのでなく、同じ日本語でも、個人Aと個人Bの間で会話が成立するとは限りません。会話らしい会話が成立して、お互いの認識が深まり、伝えあい学びあうことができるという保証はないのです。おそらくAとBが日常的に住んでいる世界がちがい、それぞれが使う日常語が狭くて特殊すぎるか、あるいは同じ日常語でも両者の汲み取り方がちがうからでしょう。

もちろん、日常語だけで十分に「伝える」ことができたらそれに越したことはないのですが、そして最大限、まずは日常語で伝える努力をすべきですが、日常語には個別的、特殊的すぎて普遍性がないという側面があります。そういう日常語の狭い殻を破って、見知らぬ人間どうしの会話を成立させ、さらには過去の人間(知的遺産)との会話をも成立させるものとして、近代社会は「概念」(学術語)という共通語を発達させてきました。近代人は「概念」という新しいことば——したがって「学問」あるいは「社会科学」——を修得することによって、はじめて広くかつ正確に「伝える」ことができるようになったのです。

例えば「あの国は豊かだ」という日常語的表現を、もう少し普遍的かつ精密に表現するために「あの国の一人当たりGDPは何々ドルだ」と言います。このとき、GDP云々は立派な「概念」です。漠然とした「豊か」に代わってGDP云々は、より正確かつ普遍的に内容を伝えてくれます。

こうして概念は、個と個を、個と普遍を、また過去と現在をつなぐのです。つまり「賭ける」ことから始まった学問の芽は、概念ということば――それを組み立てた結晶としての社会科学ないし経験科学――をみなが共有することによって、互いの経験や過去の知的遺産を「伝える」ことができ、一人ひとりの「生きる」を充実させることができるのです。内田義彦はこう言います。

「経験科学によって経験は客観的な伝達が可能となりました。その限り、修得は誰にでも――約束にしたがって努力するかぎり――容易になりました。各人がいちいち追体験・追経験しなくても、学説に通じることによって、ためされた経験をうけとることができます。……経験科学によって経験の客観的伝達の可能性が保証され、だから進歩が可能になる。」（『読書と社会科学』）

「日本語が、社会科学の思考を育てあげる機能を果たしえないようでは、言葉として当然持つべき機能をまだ欠いている、といわねばならないでしょう。社会科学が日本語を手中に収めえないかぎり社会科学は成立してこないし、日本語が社会科学の言葉を含みえないかぎり、日本語は言葉として一人前にならない、こう思うんです。」（『作品としての社会科学』）

概念や経験科学を通して客観的に伝えあう。日本語が社会科学の概念を含みえてこそ、日本語は日本語となる。つまり、ことばが本来もつべき「伝える」という役目を果たすことができる。本来はそのはずです。ところが、これまた内田がするどく批判しているように、概念は精密ではあるが部分的であって、概念にとらわれて全体が見えなくなってしまう危険もあります。例えば「豊かさ」とは精神面や人間関係のそれをも含み、また売買関係を介しないモノやサービスの提供を含みます。それほどに日常語の「豊かさ」は多面的な内容をもつことばであって、何も市場化されたかぎりでのモノ・サービスで測ったGDP云々のみが「豊かさ」のすべてではないはずです。ところが概念に溺れると、それが見えなくなってしまう。こうして日本語あるいは日常語は、概念あるいは学術語と切れていってしまう。残念ながらそれが現実です。

切れることによって、学術語は学者という専門家の独占物となり、専門家による素人の支配の道具となってしまう。学術語が「伝える」という本来の役割を失い、せっかくの分業社会が人びとの人間的成長へとつながっていかない。だから、概念の利点と欠点を十分にわきまえつつ、これを上手に使いこなしていくことが求められています。そういう形で私たち市民の側からの、そして下からの学問の創造と概念の共有を実現していかなければ、学ぶことは伝えること、生きることへとつながっていかないわけです。

そして再び、生きる

内田義彦にとって「生きる」とは、このように、「賭ける」「伝える」を内にもつ「学ぶ」「学問する」ことなのです。ところで「賭ける」を説明したとき、自分の仕事を責任をもって果たす（参加する）ことだとも言いました。まずことに人間が人間らしく生きるということは、まずは仕事において生きることでしょう。ここに仕事とは、所得に結びつくか否かを問わず社会の一翼を担って活動することであり、それを通して他人に喜んでもらえるだけでなく、そこで自らも育ちゆく喜びを実感できる活動でしょう。現実の社会においてそんな理想的な仕事などあるのかという反問があるのは承知のうえで、ある純粋形において抽出すれば、仕事にこういう側面があることは否定できません。「生きる」の実質をなすものとしての「仕事」です。

「だいぶ前に黒沢〔明〕の『生きる』という映画〔一九五二年〕がありました。いったい『生きる』ということは何だろう」。こう始まる内田義彦の一節がありますが、それは以下のようにつづきます。人間という動物は、「生きながらつねに生きるとは何ぞやを問いつづけている」わけだが、とりわけ「人間が自然の懐に埋ずまっているのをやめてから」、つまり近代社会以降、こうした問いは切実なものになった、と。そして、例外のなかに典型を見るという内田独特の論法を駆使しながら、天才的な芸術家や科学者を例にとって、われわれ一般人が「生きる」とは何かについて語ります。

「ピカソなり、キュリー夫人なり、あるいは湯川〔秀樹〕さんや朝永〔振一郎〕さんにとって生活とは何ぞやといいますと、アトリエに入ったところから、あるいは実験室に入ったところから、彼の——あるいは彼女の——本来の生活というのは始まってくる。どれだけ生きたかということは、どれだけ消費したか、どれだけお芝居を見たかとか、どれだけ音楽を聞いたかというようなことで量られるのではなく、どれだけ作ったかということで量られるはずであります。」（以上『資本論の世界』）

要するに、人間は「どれだけ作ったか」――つまり仕事（制作、成果）――のなかに「生きた」証がある。「生きる」とは、何よりもまず賭け、参加、伝達という営為を内に含んだ仕事のなかにこそあるということでしょう。その意味で、よき仕事人、よき職業人であってこそ、人間はよく「生きる」ことができるのです。分業社会のなかでは、これは専門分野で――とまで言わなくても、自分が担当する部署で――いい仕事をするということでもあります。私たちはよき専門人、よき仕事人とならなければなりません。それが内田義彦のメッセージです。

だがしかし、「生きる」とはそれに尽きるのか。尽きないのです。そこから、内田義彦のもう一つのメッセージが届けられます。しかもそれは内田にとって決定的に重要な見地です。「人間は仕事を通じてのみ人間たりうるという側面と、仕事において無能力でも、ただ生きているということで人間としての存在理由と妙味をもつという側面がある」（『学問への散策』）。しかもこの二側面は、社会思想史的には宗教改革とルネサンスの問題に連なるという。この二側面をしっかと見据え、さらには両側面の葛藤を引き受けていこうとするところへと、内田の思索は深まっていくのです。この第二の側面、つまり、人間が生きているということそれ自体のもつ重みという点については、内田はさまざまな形で注意を喚起しています。

「人間が人間らしく生きるということを自己目的として考える。……自己目的として行われる人間の力の発展というものを、遠いかなたに目標としてもっていないと、現に、資本が人間というものを蝕んでいる姿は見えない。そしてそれが見えてこないと、社会科学の対象すら、真の意味では見えない。生きているということそれ自体の意味・重さを捉えてこそ、社会科学が解決すべき問題が見える。……人間が生きているということそれ自体を悟らない限り、社会科学の本当のテーマは、現代的であろうとすればするほど、かえって深いところで見えなくなるんじゃないだろうか。」（『社会認識の歩み』）

「何故芸術家が、つまり芸術が、このように冷遇されているか。それは、一人一人の人間が生きるということそれ自体のもつ絶対的意味、その絶対的意味にかかわって芸術がもつ（これまた）絶対的な意味が無視されるかぎり、芸術は何らの意味ももちえないからです。人間を手段化する雰囲気の下では芸術は育たない。……学問が真に社会的に意義あるものになるための今日的テーマの発見も、一個の人間がそれぞれに生きているということの絶対的な意味にかかわらせないかぎり、行われないのではないか。」

（『学問への散策』）

左より３人目に平田清明氏、内田義彦、一人おいて山田鋭夫氏

人間は仕事に生きることにおいて、さらに言えば有能な専門家であることにおいて、人間たりうるという面と、他方、仕事云々と関係なく、一人ひとりが生きているということそれ自体で絶対的な意味があるのだという面と。両側面は往々にして個人のなかで相互に対立しあうことでしょう。専門人はしばしば、他人を有能・無能で差別し、人間だれもが一人の生きた全体としてかけがえのない存在だという眼で接することを忘れてしまいます。忘れる以上に、専門の業績に追われて、そんな眼は「仕事の邪魔だ」として、意識的に抹殺してしまっているのかもしれません。

だがしかし、そういう専門人は本当によき専門人たりうるのだろうか。内田義彦はそこを問い深めてゆきます。内田思想のいちばん肝心な点がそこにあります。つまり内田は、かけがえのない存在としての一人の人間への深い眼差しと共感があってこそ、実は各自の専門家としての大いなる飛躍のカギも与えられるのだ、と言うのです。したがって重要なのは、二側面のどちらか一方に安住するのでなく、私たち一人ひとりがこの相克する二面を自らのうちに引き受けることなのです。大いなる葛藤も生ずることでしょう、しかしその葛藤のなかから、仕事の面でも人間社会に大いなる貢献をもたらすブレークスルーが出現するのです。たびたび引用するので少々気がひけるのですが、この点、内田自身の次の文章が何よりも説得的に教えてくれます。やや長文ですが、噛みしめて読んでください。

「ひとはたとえば、鉱山の爆発に際して『防火壁』の前に立つ一人の人間を思い浮かべてもよい。その壁を閉ざすことによって、壁外の九十九人は助かる。が、内の一人は確実に死ぬという事態で、しかも、その処置が彼(ないしは彼女)ひとりの決断と行為にかかっているという状況における一人の人間だ。生きた総体としての一人の人間と百分の一としての人間が、彼(ないしは彼女)の脳裡にある。

「よき技術者たらずして百人を殺したものは、よき人間ともいえぬであろう。逆にしかし、『よき技術者』として九十九人を救いえたとしても、一人の人間の生命を意識して断ったといういたみを持ちえない『技術的』人間からは、一人を殺さずして百人を救いうる一パーセントの可能性の探求すら出てこないだろう。その一パーセントの可能性の探求の心こそが、現在の安全設備の欠陥や、さらにその奥にある安全性の考え方そのもの(一般化していえば、現代の科学とその適用の不完全性)に対する認識を可能にもしているし、またその逆なのだ。一人一人の人間の持つ生命の重さの感覚を別にして、人間一般の生命の尊さの感覚は絶対に生まれえない。生命の尊さという社会的な観念に内実を与えるものは、一人一人の人間の生命の尊さに対する一人一人の人間の感覚である。」

(『学問への散策』)

このように、内田義彦のいう「生きる」は、日々の生活にいそしむ人間にとっては、内田的意味での「学ぶ」「学問する」ことを通してこそ実りあるものになります。と同時に、学問の側からいえば、それがどんな人間であれ「生きている」「生きようとしている」ということのもつ重み——その絶対的意味——を何よりも重い事実として受けとめることによってこそ、真に意味ある学問的テーマの発見や発掘を可能にしてくれるし、専門的学問における根底的なブレークスルーにもつながっていく。こう問い深めていったのが内田義彦の世界だったのではないでしょうか。

Ⅰ　今、なぜ内田義彦か

1　〈座談会〉今、なぜ内田義彦か

中村桂子（生命誌）
三砂ちづる（疫学）
山田鋭夫（理論経済学）
内田純一（建築意匠）

司会＝藤原良雄

内田義彦（うちだ・よしひこ）

一九一三年、愛知県に生まれる。三歳で兵庫県に転居、甲南高等学校在学中に、下村正夫（演出家）、高安国世（ドイツ文学、歌人）らと交友。一九三四年、東京帝国大学経済学部に入学。在学中に野間宏（作家）、武谷三男（物理学）らと交友。戦後まもなく専修大学の教授に。この頃、丸山眞男、野間宏、木下順二らと同人「未来」に参加。六五年、「山本安英の会」を上原専祿、岡本太郎、木下順二などとともに支援。八三年、専修大学定年退職、同大学名誉教授。八九年三月一八日、呼吸不全により死去。

主著に『経済学の生誕』（一九五三、未来社）『資本論の世界』（一九六六）『日本資本主義の思想像』（一九六七、毎日出版文化賞）『社会認識の歩み』（一九七一）『学問への散策』（一九七四）『作品としての社会科学』（一九八一、大佛次郎賞）『内田義彦著作集』全一〇巻（一九八八―八九年、以上岩波書店）『内田義彦セレクション』全四巻（二〇〇〇―〇一年、藤原書店）など多数。

I 内田義彦との出会い

司会（藤原良雄） 今年（二〇一三年）は内田義彦生誕百年、来年は没二十五年ですが、内田さんが考えてこられたことや、言葉そのものは、今もなお生きていると言えるのではないでしょうか。

私にとっては、内田さんの『学問への散策』がなかったら、私の大学時代はもっと暗いものだったかもしれません。バリケード封鎖の時代でしたから、授業はないし、大学と日常が完全に切れている。そこを内田さんは問題にしていたので、学ぶということ、学問をするということはどういうことなのか、内田さんの作品を通して考えることができました。

また、「学問と芸術」を読んでも、学問と芸術はつながっていて、切れたものではないとおっしゃっている。晩年の多田富雄さんのお考えとも通じるところがあります。「学」と「芸」をひとつにした「学芸」という言葉は、本来、非常に重く、深い意味があるのではないかと思います。

卒業した後、出版の世界に入って、最初に内田さんにお手紙を差し上げて、お目にかかりました。小さな平屋のお家に伺いますと、中からピアノ曲が聞こえてきました。先生はよく音楽について書いておられましたが、大きなスピーカーの前で、ひとり椅子に座って、レコードを聞いておられた。「君も聞きなさい」と言われて三十分ぐらい聞いて、「どうだ」というのが先生の第一声だったんです。四十年前の夏だったと思いますが、冷や汗が出てきたことを今も憶えています。

またある時は、『作品としての社会科学』の、河上肇に関する原稿を百枚ぐらい、「君、読んでくれよ」と言われました。いくら早く読んでも一時間以上かかるんですけれども、横におられるので一時間もかけておられないし、何とか二十分ぐらいで読んで、質問を受けました。素人としての私の意見を聞きたいという先生のお考えであったのではないかと今は思うのですけれども、こちらも若いですから、何もわからなくて一生懸命で、汗がいつもの倍ぐらい出てきました。

内田さんとお会いするのは毎回新鮮で刺激的で、非常に印象に残る人でした。作家の野間宏さんも印象に残る人でしたが、内田さんは非常にシャープな発言が多くて、野間さんとは対照的でした。

出版という仕事を四十年来やってきて、内田さんが問題提起したことを心の糧として、鶴見和子さん、石牟礼道子さん、イバン・イリイチさん……いろいろな方と対話をしてきました。対話をするということは、武器がないとできません。そのような武器を、内田さんからいただいたと思っています。

内田義彦は、いったい何を問題としていたのか。今日は、専門の違う四人の方々にお越しいただきました。それぞれの内田義彦像があると思いますが、究極的には一つの内田義彦論になるだろうと思います。そして、内田義彦先生のご子息、内田純一さんは、建築家です。父との関係はなかなか客観的に見られないものですが、深い愛情のなかで、距離をおいて見てこられた方だと思います。

お一人ずつ、内田義彦との出会いについて、まずお話しいただきたいと思います。それではまず三砂ちづるさん、よろしくお願いいたします。

学生時代、内田義彦の本に励まされて

三砂　この座談会にお声かけいただいて、「参加します」と返事をしたものの、山田鋭夫さん、中村桂子さん、内田純一さん——人生と学問の大先輩を前に、私が一体何を言うのかと、大変後悔しています。でも、改めて内田義彦の文章を読むと、そうだ、後悔している場合ではない、内田義彦の本を読んでかつて私がどんなに励まされ、力づけられ、この過去三十五年を歩んできたかということを話さなければいけない、という気持ちになりました。読み返すと、一瞬この人に私がどれだけ多くのものを負うてきたかを、一瞬にして思い出すのです。

私がひっそりと誇りにしているのは、誰に教えてもらうでもなく、自分で、内田義彦を本屋で見つけたことです。そのとき、私は京都の薬科大学の学生でした。薬学部は、現在は六年制になっていますが、当時は四年制で、時間割はすべて決められていて、自分で自由に好きなことを勉強したりする余裕はまったくなく、朝から晩まで与えられた授業を受け、実習をくり返します。専門学校のようなものです。そのような中で大学四年生になった時、「自分には足りないものがある」ということがはっきりわかっていました。どういうふうにこの世界と関わりたいか、人間について考えていきたいかを、深く考えることなく、学び損ねたまま大学を出てしまうのではないかと恐れていました。

大学四年生のとき、胃潰瘍の薬の開発をしていた研究室にいました。毎日、実験が終わったラットを〝適切に処置〟しなければなりません。すべての薬の開発に必要なプロセスとはいえ、もう大学に行けません、という感じになってしまい、今で言う遅まきながらの不登校となりました。私はもともと本を読むくらいしか能のない、からだの弱い子どもだったのですが、「文学部に行っても食べていけない、女の子は資格を取らないとだめ」と母にいわれて数学も化学も苦手なのに薬学部にいったものですから、それなりに

三砂ちづる（みさご・ちづる）

一九五八年生。京都薬科大学卒業。ロンドン大学Ph.D.（疫学）。ロンドン大学衛生熱帯医学院研究員、JICA疫学専門家として約一五年、ブラジルなどで疫学研究、国際協力活動。国立公衆衛生院疫学部を経て、津田塾大学国際関係学科教授。著書『オニババ化する女たち』（光文社）『月の小屋』（毎日新聞社）『不機嫌な夫婦』（朝日新聞出版）他、訳書にフレイレ『被抑圧者の教育学』（亜紀書房）他。

がんばってはきたんだけれど、もうこのあたりで限界か、と思いました。

そんなとき、京都の丸善で見つけたのが『学問への散策』でした。それから『作品としての社会科学』と『日本資本主義の思想像』（いずれも岩波書店）。この三冊を今も持っています。引っ越しが多かったので、本はほとんどなくしていますが、内田さんの本はいまだに持っている。「学問と芸術」という文章や、チェーホフについてのコラムなどが収められていて、丸善で棚から取って立ち読みしただけで涙が出てしまうみたいな感じで、これは何だ、と思ってなけなしのお金をはたいて買い、下宿に持って帰って大事に読んでいました。このまま生化学や薬理学をやっていく気にも、病院に勤める気にもならなくて、どうすればよいかよくわからずに内田義彦を読んでいたんです。

薬科大学には、京大を退官した出口勇蔵先生が、社会学と経済学を教えに来ておられました。よくわからないけれども、一番前で、懸命に授業を聞きました。薬学部の学生だから、ほとんどだれも講義を聞いていなくて、私一人のために授業をしてもらっているような気分になって、学校へ行けば出口先生、家へ帰れば内田先生という毎日でした。

自分の将来を考えたときに、働かなければいけないんだけれども、どうしたらいいか。自分がこれから生きていくうえで、私の自然科学のかすかな知識だけでは心もとないから、もっと〝理論武装〟しなければいけないと考えて、社会科学を勉強しようと思いました。そして薬学部を卒業して、昼間は神戸大学附属病院の薬剤部の研修に通いながら、夜は神戸大学経済学部第二課程に三年編入しました。そのころは野尻武敏先生や置塩信雄先生の授業は今も覚えています。本当に楽しかった。文字どおり社会科学の学びのきっかけは、丸善で見つけたこの『学問への散策』だったのです。

それから、いわゆる「国際協力」と呼ばれる仕事に出ていきました。日本を出てアフリカやラテンアメリカ、イギリスで時間をすごしましたが、そのあいだ、自分の中にかかえていた内田義彦という人について、だれとも話す機会はありませんでした。

二〇〇一年に日本に帰ってきて、最初にいただいた仕事のひとつが、藤原書店での鼎談でした。それを雑誌に載せる時に経歴も載せるからというので、経歴を記入する用紙が送られてきて、その例に、「内田義彦」とあったんです（笑）。「あ、内田義彦先生」、あこがれの内田義彦先生が例にでていて感動しました。それが、私が大学生の時にひとりで出会い、「心の内田義彦」と思っていた人の名前を、初めて他の方から聞いたという経験だったのですから神戸大学でいかに何も勉強出来ていなかったかがわかるというものです。そのあと「学問と芸術」が単行本になるときに文章を書く機会をいただいた、というのが今までの内田義彦先生との関わりです。

社会科学の学びについては心もとないばかりで、座談会もどうしようかと思ったのですが、やはり内田義彦の文章にふれると、来ないわけにはいかない、話さないわけにはいかない、という気になりました。

——どうもありがとうございました。では、山田鋭夫さん、よろしくお願いします。

何度かの「出会い損ない」をくぐって

山田　いや、私の場合、最初の出会いは惨憺たるものでした（笑）。出会いというか、出会い損ないというか。書かれたものの上での出会いと、直接お目にかかるという出会いと、二つあったのですが、どちらも最初は「出会い損ない」と言ったほうがいいような話です。しかし、どちらもその後ズーッと心に残っている。忘れられない経験です。

山田鋭夫（やまだ・としお）
一九四二年生。一九六九年名古屋大学大学院経済学研究科博士課程満期退学。現在、名古屋大学名誉教授。専門は、理論経済学および現代資本主義論。著書『レギュラシオン理論』（講談社現代新書）『さまざまな資本主義』（藤原書店）『増補新版 レギュラシオン・アプローチ――21世紀の経済学』（藤原書店）他、訳書『資本主義vs資本主義』（ボワイエ著、藤原書店）『ユーロ危機』（ボワイエ著、共訳、藤原書店）他。

一つ目は、書物の上でのことです。大学二年生の時に、たしかインターゼミとか言って、全国の経済系学生の有志が集まって京都大学で発表会がありました。その時のジュニア部門のテーマが「資本主義の成立と古典派経済学」だったかな。つまり、アダム・スミスを中心とした研究発表会だったので、友人と一緒に参加してみようということになりました。ちょうど名古屋大学に平田清明先生が着任されたばかりの頃で、先生のプレゼミ（外書購読）の授業でスミス『国富論』を教わっていたことも刺激になったのかもしれません。それにしてもスミスについて、何をどう勉強したらいいか。大学二年生ですから何もわからない。平田先生にお尋ねしたら、即座に内田義彦の『経済学の生誕』（未来社）を推薦されました。よし、と気負いこんで読み始めたのですが、これがさっぱりわからないんです。むずかしくて、むずかしくて……。スミスはこういうことを書いている人だという、スミスについて詳しい解説をしてある本だろうと思って読んだけれども、全く当てが外れた。……つまり、「出会い損ない」です。

それから何年か経ってわかってきたことなんですが、内田先生というのは、スミスはこうですよというような、いわば教科書的な解説を書く人ではないんですね。「スミスはこう書いている」でなく、「なぜスミスはこう書いたか」を問う。しかも内田先生ご自身の問題をスミスにぶっつけて問いかける。一九三〇〜四〇年代という時代、つまり戦中から戦後の激動の時代のなかで、日本や世界の経済社会がかかえる問題を見つめながら、そのなかで自分はどう生きていったらいいか。そういった自分の問題を解くために、つまり自分の問題意識からスミスを読んだのが『経済学の生誕』であった。これは、後から理解したことです。

その問題意識が、当時大学二年生の私にはまったくわからなくて、『経済学の生誕』が読めなかった。その『生誕』が本当に読めているかというのは今でも自信がありませんが、大学院生のとき『資本論の世界』（岩波新書）に接し、はじめて『生誕』も面白く読めるようになりました。と同時に、経済学説史の研究というものは、というか、およそ学問とは、時代に対する自分の側からの積極的な「問い」があってこそ意味あるものになるのだということを、内田先生からしみじみと知らされました。ここで初めて「出会った」のかもしれません。

二つ目の「出会い損ない」は、大学四年生か大学院の一年のころです。平田先生の東京のお宅は内田先生のお宅にも近くて、お二人は親しくしておられました。私が平田先生のところへ仕事のお手伝いに行った時でしたかね、ちょうど内田先生も立ち寄られて、両先生が縁側で午後の日光を浴びながら、楽しくおしゃべりしておられたんです。そのおしゃべりというのが、当時の日本経済の話であったか、経済学史の話であったか、何だったかは忘れましたけれども、とにかく私もその横にはべらせていただいていました。内田先生が大変有名な、すごい先生だということは、もちろん知っていましたので、私は必死の思いで、一言も聞きもらすまいと思って、じっと聞き耳をたてて、たぶん眉間にしわでも寄せながら、緊張して聞いていたんです。

おそらく内田先生は、その時パッとそういう私を感じられたんだと思います。けれども、その時は何も言われませんでした。夕食の時間になって、平田先生の息子さんはまだ三つか四つのいたずら坊やでしたが、何かをして怒られた。ものすごく怖い顔をして、食事の時もブスッとしている。それを見た内田先生が、「そんなに怖い顔をしていたら、人の言うこともわからんぞ。聞けんぞ」と諌められた。それを聞いてドキーッ。これは実は、私に向かっておっしゃっている言葉なんですね。鈍感な私にもすぐにわかった。もっとリラックスして聞きなさい、ということだと思いました。これが悲しいかな、最初にお目にかかったときの経験です。

ところが、その後何年かして、内田先生は「考えるということの姿勢」という文章を書かれた。『学問への散策』（岩波書店）や『生きること　学ぶこと』（藤原書店）に収録されていますね。そこでは、「下むきで考える」「上むきで考える」のことが出てきます。うつむいて一点に集中する姿勢と、天井を向いて土俵を外す姿勢と。両方の「考える」姿勢を上手に組み合わせていくことが肝心だが、とかく日本の学者は「下」ばかり向いている、といったニュアンスでしたかね。これを拝読したとき、縁側での私自身の姿がアリアリと思い出されて……。内田先生は同じことを「聞と聴」（『生きること　学ぶこと』所収）でも語られていますね。一点に集中して「聴く」ことと、全体のイメージを「聞く」ことと、この二つの「きく」がある、と。その他、「分析の正確さ」と「まるごと認識の確かさ」（『形の発見』に収録された文章中）とか、用語はちがってもすべて連なっている話だとわかってきて、「あぁ、そうだなぁ、そうでなければいけないなぁ」と、つくづく身につまされました。ここでも「出会い損ない」の何年かあとにやっと「出会い」があったのかな、と思っています。

――ありがとうございました。では、中村桂子さん、よろしくお願いします。

「生きること」を知りたい

中村　私は、三砂さん以上に、ここに来なければよかった、という思いです。みなさんは内田義彦さんと、何十年というおつきあいでいらっしゃいますね。私はほんのここ数年なのです。しかも私は、経済がとても苦手です。お金の計算が全然わからない。経済学というものには、何の関心もありません（笑）。以前は三菱化成生命科学研究所、今はＪＴ生命誌研究館という、日本では他にはない、民間企業が生きものの基礎研究を支えるという場で過ごしてきました。そこで、企業で苦労しているクラスメイトによく言われるんです。「君は一生、僕たちの稼いだお金を使うだけだね」と（笑）。申しわけないと思いながら、ずっとそれできました。ですから、経済学者の書いた本を読もう、などという気持ちはまったく持ったことがありません。

ですから、私が読んだ内田義彦先生の本は、みなさんのようにたくさんではありません。今、私の家の本棚にあるのは、『生きること　学ぶこと』と『形の発見』と、谷川俊太郎さんとの対談『言葉と科学と音楽と』（いずれも藤原書店）、これだけです。

どうして内田さんの本を手にとったのかと思うと、本の題以外の何ものでもありません。内田義彦という人が経済学者だということなどまったく知りませんでした。『生きること　学ぶこと』というタイトルに、生きものの研究という私の仕事とどこか関係があるのではないかと思ったのです。それから『形の発見』の「形」も、生物学、生きものにとって、本当に大事なことです。実はこれは、一番むずかしいテーマでもあります。カエルがどうしてああいう形をしているのか、キリンはどうしてあんなに首が長いのか。さまざまな生きもののさまざまな形は、生きものの共通性と個別性を考える、時に最も興味深いテーマです。ともかく、両著書共にとてもおもしろく拝読しましたけれども、実は著者が経済学者だなどと思いもせずに最後まで読んでしまいました（笑）。

それで内田さんに関心をもち、調べてみますと、なんとすごい経済学者であるという。びっくり、そうなのかと思ったんです。それでも、『経済学の生誕』を読む気にはなりませんでしたけれど（笑）、今では、『経済学の生誕』を読んだら、たぶんとてもおもしろいんじゃないかなと思っています。ですから、これから読んでみようと思います。

私は学問の世界で暮らしています。学問には決められた方法論があり、約束事があり、その中できっちりやっていかなければいけない――これは当たり前のことですが、それをやっていると、そこにどんどん追いつめられるのです。私の日常とどういう関係があるのか、生きることとどう関わりがあるのか、私が専門とする科学と芸術はつながっているはずだと心の中では思っているのですけれども、専門家としてはそんなことはおくびにも出してはいけない――というような堅苦しい制約が、学問にはあります。

私は、生活者という気持ちが強いものですから、それにとても疑問を持っています。そういう制約の中で進めるのが学問ではあるけれど、私が知りたいのは「生きるってどういうこと？」ということなのです。自分も生きものだから、「生きる」ということが知りたい。こういう学問によって、「生きる」ということが本当にわかるのだろうかというのが、とても大きな疑問でした。そのような疑問に対して、「こうやって考えればいいんだよ」と、この本が言ってくれたんです。以来、私にとって、『生きること　学ぶこと』はとても大事な本になりました。

この本の中に、経済の話題、アダム・スミスの話が出てきて、そこから私はアダム・スミスに関心をもちました。でもアダム・スミスを読むのは難しい。ところが、巡り合わせとは面白いもので、たまたま、その頃大阪大学の堂目

中村桂子（なかむら・けいこ）
一九三六年生。ＪＴ生命誌研究館館長。理学博士。東京大学大学院生物化学科修了。国立予防衛生研究所、三菱化成生命科学研究所等を歴任。著書『ゲノムが語る生命』（集英社）『科学技術時代の子どもたち』『生命科学者ノート』（岩波書店）『あなたのなかのＤＮＡ』（早川書房）『自己創出する生命』（ちくま学芸文庫）『科学者が人間であること』（岩波新書）他多数。

卓生先生に出会います。堂目さんはすばらしいスミス研究者で、アダム・スミスの考えを丁寧に教えてくださるんです。『道徳感情論』と『国富論』の二冊で初めて経済の本質を知りました。アダム・スミスはすばらしいと思っています。

スミスといえば、昔、社会の試験で、「アダム・スミス」と「見えざる手」を線でつなぎなさい、というのだけ憶えていたんです（笑）。でも、それは全然違うということが、内田さんを読んでわかりました。そんなものではない、経済は、実に人間的なことだし、それからアダム・スミスは「学問と日常」という意味をも、考えている人だということがわかりました。内田先生のおかげで、経済学者の本は一度も読んだことがない私が、アダム・スミスを読むというところまで引っぱられたのです。幸い、近くに先生もいらしたので。

経済が社会にとって大事なことだというのは、わかっています。しかし、金融資本主義経済は生きることと遠くなっているのが気になっていました。しかし、私が考えていることとの重なりがわかり、経済学を拒否する必要はない、という気持ちになりました。そのきっかけは内田先生ですし、アダム・スミスです。この後で、もっと大きな影響を受けているというお話をしていきたいと思います。

――どうもありがとうございます。では、父が内田義彦であり、ご自身は建築家でいらっしゃる内田純一さん、よろしくお願いします。

父親としての内田義彦

内田　藤原さんから、内田義彦の生誕百年を記念する本を出したい、というお話をいただいたとき、恥ずかしいことに、すっかり忘れていたのです。「えっ、百年?・?・」という感じでした。一九一三年（大正二年）二月二十五日の生まれですから、言われてみると「一世紀」か、と思いました。そういうお話があることはとても嬉しいとお伝えし、オブザーバーとしてこの座談会にも参加させていただければと思っていたのですが、藤原さんから「君も参加するんです」と言われて（笑）、何を語ったらいいのか、口下手ですので、ご容赦いただきたいと思います。

一九八九年三月十八日に父親が亡くなったとき、藤原さんは病院までかけつけてくださり、そして一周忌には追悼の栞を出していただきました。それから、未発表のものを含めて一冊出したいということで、『形の発見』（藤原書店）が出版されました。ぼくは建築の分野にいるので、学者としての内田義彦のことはほとんど知らず、藤原さんに言っていただいてから、どういう人かなというのもおかしいですが、読みはじめたんです。

『形の発見』の出版は全部おまかせするつもりでしたが、いつのまにか一緒に編集に参加することになりました。山田先生の大きなご協力があり、藤原さんも熱い想いを語ってくださった。はじめて父親のことを勉強させていただいたという気がしています。ですから、この本は、父・内田義彦との改めての出会いと言ったらおかしいでしょうか?

最初にアダム・スミスやウェーバーというように、学問的にむつかしいところから入ったら、分野も違いますし、本当のところを読むことはできなかったと思うんです。山田先生や藤原さんが感心される『経済学の生誕』も、非常にむつかしい。けれども、その深さというか、考え方や生きざまは伝わってくる――建築というまったく違う分野にいても、どこか共通する大事な何かを語っているような気がして、そういうことで今に至っています。

父親としての内田義彦についてはおいおい語っていきますが、子供のころのことを思い出すと、いろいろあります。

空間の想い出というのがぼくには昔からあって、それで建築に関わるようになったのかもしれません。昔の目黒鷹

内田純一（うちだ・じゅんいち）
建築意匠。一九四六年生。七〇年代にロスアンジェルスに居住。Cassini Designを主宰。国内外で講演ワークショップも行う。主な作品としては「那須みふじ幼稚園」「見目陶苑・土空間」「思為塾」「キリスト者共同体大阪集会」他、病院、保育園、住宅など。また藤原書店のサロン「催合庵」新装工事にも関わる。恩師はスイスの建築家ワルター・ケルラー。福島原発事故では相馬市に建てた「GRADI」館が被災した。

番の実家は、戦前に建てられた縁側がある家でした。長い廊下がL字型に走り、その交叉するところに玄関がある。そして縁側に面して小さな庭がありました。家には塀がなく、どこからでも入ってこられるような構造です。奥の間の八畳が父の書斎でした。その頃は電球一個の生活が普通でしたから、薄暗いところで遅くまで仕事をしている、そういう風景がイメージとして記憶に残っています。お客が多い家でした。人が来ない日がないくらい、いつも誰かと一緒でした。父は仕事や遊びの別なく、当時はからだが弱かったぼくの相手をお客さんにも委ね、つとめて明るくしていましたが、近隣でなにかあると表に立ち、結構おっかなかったという印象があります。

それから、家を増改築し縁側が居室に変わったんです。戦後の食糧が乏しいとき、父の母ハルさんがイチゴや野菜を作ったという庭もなくなりました。書斎は書斎、居間は居間、寝る部屋は寝る部屋というふうに分かれ、父親が縁側に出て、なんとはなしに出会いのときをもつということも減ってしまった。やがて中学のころから、ぼくの方はギターにはまり、将来は音楽に行くか医者になるか、自分の意志とは何か、自分はなにをやりたいのか、いろいろ想い悩みながら、結局、お金をためアメリカに渡り、空間に関わる仕事に進みました。そして父親が亡くなってから、父・内田義彦の本に接することで、また新しく出会っているような気持ちがします。藤原さんには本当に感謝しています。

II　内田義彦の根に迫る

「専門家」と「素人」をつなぐ

――内田義彦さんとのそれぞれの出会いを語っていただきました。出会いから今日に至るまで、内田義彦がずっと心のどこかにあったということも、語っていただいたと思います。これからはディスカッションで、内田さんがとりあげた問題について、語りあいたいと思います。では、内田さんと一番つきあってこられた山田さんから。

山田　一番つきあっていた人間が一番理解しているとはいえないわけですが……。もっとも私自身、内田先生に直接お目にかかったのは、学会の場などを含めて十五回あるかないかです。お葉書や電話はたまにいただきました。……で、これは弁解でも謙遜でもなくて、本心からそう思っているることなんですが、内田先生を一番理解できる人というのは、おそらく内田先生とは別の分野で専門を極めたような方ではないでしょうか。専門において深いがゆえに、専門を超えて普遍的な何かを感得した人。芸術家であれ科学者であれ職人であれ何であれ、そういうような方が内田先生の書かれたものに出会って、そこで感じたもの、対話したものを、その方自身のことばで語ったとき、そのとき初めて本当に内田義彦が伝わるというか、わかるというか、私たちにわからせてくれる。そういうことだろうと私はずっと思っています。経済学という同じ分野にいて、専門においてもそんなに深くない私には、内田義彦を本当に理解することなど、とてもできないという思いがあります。

とはいえ、私は内田義彦が好きで、何度も何度も読んできました。そのなかでわかったことは、結局、内田先生は『経済学の生誕』以来たくさんの本を書かれ、エッセイを書かれ、そして最後に『読書と社会科学』（岩波新書）を出されたわけですけれども、その全部を通してたった一つのことしか言っておられない、ということです。

ところが、その「たった一つ」が、私には的確に言葉にならないんです。内田先生のある面を捉えて「これが内田先生の言いたいことだ」と言った途端、今度はまた別の面が見えてくる。しかし、その二つはおそらくつながっている。――内田先生の書かれたものには、そういう性格がある。

るのではないでしょうか。私が語りうるのは、「内田義彦なるもの」ではなくて、「内田義彦について私が見た断片」でしかないと思います。

ご質問の「内田義彦がとりあげた問題」についていえば、例えば、専門家と素人という問題があります。専門家は自分の専門の中に閉じこもって、専門家の中だけで通じる言葉でやりあっている。科学者はその専門科学の言葉で、医者は医者の言葉で、別の業界の人ならその専門的業界用語でしゃべるわけですが、そこだけに閉じこもっていていいのか。この社会は分業の社会であって、お互いがそれぞれの専門をもち、その専門的な仕事が組み合わさって生産力的、物質的には豊かになるわけです。

けれども、内田先生が問うているのは、その分業は専門家と素人の分断を生み、しかも専門家は素人を支配してしまう。逆に素人は専門家に甘えてしまって学ぼうとしない。そういうことでは、せっかく分業社会をつくっても、専門家も素人もどちらも人間的に貧しいのではないですか、と。したがってもっと豊かな人間社会にもっていけるか。それを内田先生は「専門家」と「素人」という言葉で問われたし、「学術語」と「日常語」という言葉でも問われた。

内田先生の晩年の大きなお仕事として、『作品としての社会科学』(岩波書店)という本があります。そこでは、専門家と素人の問題が「作品」というキーワードを使って深められています。小説家は自分の書いたものを素人、つまり一般の消費者に読んでもらうべく書く。これは「作品」と言われます。これに対して学界の専門家は、専門家の中でしか通じない「論文」を書いて、専門家の中だけで流通させて、その中での自分の業績と評価を上げることで自己満足する。せっかくの専門的知識が、例えば社会科学の成果が、一般の市民に行き届いたかどうかには関心がない。市民の日常経験からも学ぼうとしない。つまり専門学問の成果のおかげで、われわれ市民一人ひとりがものごとを学問的に――社会科学的にであれ自然科学的にであれ――見る眼を豊かにすることにつながっていない。市民一般に届く「作品」になっていない。それをどう乗りこえたらいいのか。これが内田義彦の「一つのこと」つまり大きな問いの一つですね。

中村 私もまさにその通りだと思います。

――たしかにそうなんだけれども、「専門家と素人」というのではなくて、「専門家であると同時に素人」なわけですね。その複眼的な眼が非常に大事だということなんです。

山田　そのとおりです。内田先生は、「あの人は専門家、この人は素人」と二分してこれを語っているのでなく、分業社会では誰もがある一面では「専門家」であり、残りの面では「素人」であるわけです。つまり、一人ひとりの中にある「専門家的側面」と「素人的側面」との往復を問題とされています。

日本には「フォルシュング」がない

中村　私はつい先日、『科学者が人間であること』（岩波新書）という本を出しました。これは内田先生の影響で書いたものと言ってもよいのです。これを書いている間、内田義彦という名前が、いつも私の中にありました。三・一一大震災（二〇一一年）の後、科学者が人々の不信を招きました。生活者としての、人間としての、素人としての、自分というものがない。「専門家」だけが表に出てきたので、あれは一体何だということになったんです。非常事態でない時なら、専門家の中だけで通じる論文を書き、評価の高い雑誌に、できるだけたくさん出すという作業をしていればよいわけです。しかし、原発事故に対処するには、生活者の視点を持ち、思想を持たなければなりません。ところが実際には、内田義彦が「そうであらねばならぬ」と言っている人が一人もいない、ということにみんなが気がついたのです。それがあの大震災と原発事故でした。そのことが、私も科学者の中にいますから、非常に胸に刺さっていたのです。それでこの本を書きました。背景には百パーセント、私の読んだ内田義彦があるのです。

私は、内田さんが森鷗外の「フォルシュング」という言葉を引いて具体的に語っている話が忘れられません。学問と言い、科学と言っても、時代が違い、国が違えば、いろいろな形で行われます。日本の学問、日本の科学を考えるとき、明治時代にヨーロッパ、とくにドイツから学ぶわけです。これは森鷗外が言っていると内田さんが紹介しているのですけれども、「フォルシュング」という言葉には、いわゆる研究だけでなく思想も日常も入っている。それを「研究」と訳した時に思想と日常を落としてしまった。

だから、科学者が素人の面も持つなどという以前に、本当に研究者として存在しようとしても、「フォルシュング」、英語で言う「インクワイアー」という言葉がないために、「研究」などというつまらない訳語にしてしまったために、本当の「研究」ができていないと鷗外が言っているのです。この言葉について、内田先生がその意味を、非常に深いものとして解説してくださっています。私はこれはとても大きいことだと思います。

「学術用語」を日本語に翻訳するときに、中身がない形の言葉にしてしまった。明治以来百年以上の学問のありようのマイナスが今になって噴出している。三・一一後の原発の問題は、その象徴だと思うのです。

「フォルシュング」「インクワイアー」という言葉にピッタリするものが、日本語にはない。研究者がそういうものをもっていないというのは、鋭い刃物を突きつけられたような感じがします。学問を考える時、学術用語の問題を考える必要があると思います。

――内田さんが経済学者として学会の中でそういう発言をされても、研究者の中でそれを受け止める人がいないし、そういう人を育てようともしていない。

中村　そうです。ですから、問題は受けとめる側だと思うんです。内田先生はこれだけ言っていらっしゃる。三砂さんが学生の時に内田さんを見つけた時の気持ちがすばらしいと思うんですけれども、そういう感じで受けとめる人が、今、どれだけいるでしょうか。学者の中に、受けとめる感性を持つ人が少なすぎるのです。

心のふるえとともに生きる

――今、そういう状況が蔓延しているということは、危機だと思います。

山田　そうです。内田先生は、ご病気になられる前は学会でも活躍されていて、学問として一級の発表もされるし、いわゆる論文としても、本当に学界をリードするようなものを書いておられました。でも同時に、内田先生から陰口が出てきたんですね。私は悔しくて悔しくて。内田先生は、学問の根っこを問うていたんです。でもそれは、学界の一部では「内田義彦は経済学者でなくなった」という「素人と専門家」という発言がでてくるようになると、学界では「学問の外の世界」にされてしまうんです。そして今、そういう意識はどんどん広がっているのではないですか。

――「経済学者でなくなった」というその裏には、「そういうものは学問ではないよ」という意識があるんですね。学問というのは、顕微鏡でじっと見て何か見つける、それを書く、これだけが学問とされているんですね。とくに自然科学などではそうだと思います。

中村　最近、とくに競争意識が強くなって、余計にそうなっていますね。これは変えなければいけない。でも、自然科学者が内田義彦を読んだというのを、聞いたことがない。私自身も、経済学者と知らずに読んでみたらすばらしいとわかったのは最近です。

山田　三砂先生は薬学生の時に読まれたということですね。

三砂　ほんとうにたまたま、です。本からオーラが出ていた。

中村　見つけられたのは、すごい。やはりどこかに惹きつけるものがあったのですね、きっと。

三砂　そうですね。自分が求めているけれども、まだ言葉になっていないものですね。『学問と芸術』(藤原書店)に寄せたエッセイにも書いたのですが、内田義彦先生は私にとって学生時代からの道しるべ、という気持ちがあるんです。中村先生のおっしゃった「フォルシュング」とも関わりますが、自分のやっていることを手段にしない、ということです。私は海外でいろんな方にお目にかかってきましたけれど、この人は信頼できるとか、この人とはぜひ話がしてみたいと思う人は、みんな自分のやっていることを手段にしていません。有名な学者になりたいからこの研究をするとか、有名大学の教授になりたいからこの論文を書くとか、あるいは学問でなくても、ただお金を稼ぎたいからこの仕事をするなんて、そこに何の魂のふるえもありません。

内田先生の本によく出てきますが、自分が本当に駆り立てられずにいられないものがあるからこれをやっているんだ、ということのない人が、今、あまりにも多い。少なくとも今ここに来ていらっしゃる方は、地位がなかろうが、自分の本がなかろうが、お金が入らなかろうが、これをやることが嬉しいからやらずにはいられない、という思いで、経済学をやったり建築をやったり、生命誌をやったり、本を作ったりなさっているんだと思うんです。私も、本当に自分が楽しいから、女性の保健のことをやりたい。これで何かが見えるんじゃないかと思うから、やりたい。それは私の心のふるえであって、これを使って何かになってやろうと思っているわけではない。

でも、そうではない人が、世界中どこに行っても実に多い。私のいる分野でも、HIVを研究するとお金が入るからHIVの研究をしようとか、アフリカの妊産婦死亡を研究すると仕事がありそうだからとか、論文を書きやすいからとか、それがその人の本当の心のふるえから出てきているものではないというのは、一目でわかるのです。

内田先生が言っていたのは、自分が打ち込むもの、心のふるえによって突き動かされるものをもって生きていれば、どんな専門の人とも、あるいは素人とも、必ず響きあうところがある、そうではないものを廃していきたいということだったと思うんです。そのような姿勢があるからこそ、本当の学問であり、本当の芸術であり、本当の生活であり……というものが立ち現れるのだ、と。何もかもを、有名になるとか、お金を儲けるとかの手段にしてはいけないのだ、と。

内田義彦は、私の二十歳前後のそういう違和感を、上手に言葉にしてくださっていて、私にとっては、今まで生きてきた道すがら、それを確認するような一つの道しるべであったと思います。そういうものを持つことができたから、たとえば、今ここで、皆さんと出会えている。内田義彦にもう一度帰ることができている――そういうものだという気がするんです。「これこそが、私が生きることそのものだ」と言えるようなものを持つ、ということです。私が今学生に言いたいのも、そういうことだけだと思います。

中村　「生きることそのもの」というのは大事ですね。今、そういう感覚が消えてしまっている。

何かに向かって歩んでいるという楽しみ

山田　三砂さんが「手段にしない」ということをおっしゃいました。私が好きな内田先生の文章に、「方法を問うということ」(『学問への散策』『生きること　学ぶこと』所収)があります。その一節にこうありますね。

鉱山の爆発に際して防火壁の前に立つ技術者の話です。今、ここでシャッターを閉めれば、百人中九十九人は助かるけれども、一人は確実に死ぬ。その時に、九十九人を救わずして百人全部を殺してしまったら、これはよい技術者とは言えない。同じ九十九人を救ったとしても、しかし、その一人の命を意識して断ったという心の痛みを持たずして、九十九人を救ったということで安心してしまったら、その一人を救う――つまり百人全員を救う――という技術への、将来的な探究の志は出てこない、という一節です。

これは非常に印象的な言葉で、いわゆる科学や技術は、人間を「量」として扱い、「物」として扱い、そして「手段」として扱うという局面を、ある点では含む。しかし、人間を量化し手段視してその一人をたんに百分の一としてしか見ないか、それとも一人のかけがえのない人間として見るか。「百分の一」で止まっていては、将来に向けての本当の技術の発展、百人全員を救うという技術の発展はありえない。まさに「生きた全体」としての一人の人間、「手段」でない人間への眼。そういう一人の人間を意識して殺してしまったという心の痛みをもたない人間にとっては、それ以上の科学や技術の発展はありえないということですね。

三砂さんがおっしゃることはまったくそのとおりで、物事を「手段にする」人間からは、真に意味あるブレークスルーは出てきませんね。科学の世界にあっては、人間の物化・量化という局面も必要かもしれないけれども、そのことと、かけがえのない一人ひとりの生身の人間が生きているという事実との葛藤、――その葛藤を科学者は、いや、およそ何らかの専門をもつ人間は、きちんと引き受けなさい、と。内田先生はそうおっしゃっているのだと思います。

三砂　はい、そうです。

内田　父の著作の原点ともいえる『経済学の生誕』の出版は、家族にとっても大きなエポックだったように思います。原稿を書いては書き直し、書き直しては訪れたお客に見せ、見せてはまた原稿を書く。命を燃やしながらの日々だということは、幼な心にも感じていました。父の母ハルさんは、五男一女の末っ子の父にはあまり期待してなかったようですけど、完成を見ることなく、一九五一年六月に亡くなりました。ほんとうに厳しい人で、筋の通し方というか、一人の人間が生きるということを、からだで伝えてくれたように思います。子供のころは家族やお客さんがいつも近くで一緒でしたが、六〇年代に入ると、父親はますます仕事で忙しくなり、そして生活のため、母宣子は高校で英語を教え、家でも英語教室を開くようになりました。そうして、ぼくはぼくでいろいろとやりだした中にギターというのがあるんです。父親は「エレキ」と言ってましたが、ぼくにとっては「ギター」なんです。結構、音はうるさかったですね。アンプも自分で作る方ですから。だからエレキなんでしょうが、練習で夢中になって弾いていたら、ひょいっと部屋に入って来て、「君もやっと勉強するようになったな」と（笑）。ちょうど、大学に入る時期で、少しは受験勉強もしだしたのです。それを褒めればいいのに、和音やフレーズを探している最中にそう言われて、その意味が理解できなかった。ロックが勉強とむすびつくはずはない。反感の方が大きかったですね。内田義彦は「読むこと　きくこと」（本書所収）の中で、学問の有用性があるかどうかも大切だが、楽しみの感覚を失ってはいけない。人は何かに向かって歩んでいる。外からは何も変わらず成長してないように見えるかもしれないが、内面では魂が育まれている。内発的な成長をしている。そういう時に感じられるのが、本当の楽しみだ——というようなことを書いている。ぼくがギターを弾いている時に、そういう楽しみの顔をしていたんじゃないかということを、今になって考えるのです。

内田義彦の文体、言葉の断片

三砂 エッセイの中に「息子がギターを弾いて何かしら作っている」という文章が出てきて、何を作っていらっしゃるのかと思っていたら、アンプだったんですね（笑）。私が内田義彦先生にずっとあこがれてきたことの一つは、文体です。内容はもちろんですがぐいぐい読ませるような文体の力。

社会科学者でこれだけの文体をもつということ。自分に言いたいことがあるとき、大切なのは文体を鍛えるということ。文章のもつ力を明確に示されたような気がした最初の経験で、それは自分にとって、とても大きなことだったんです。学問、研究をやっていくには、自分が仮にも大学を出て何かを書きたいのであれば、大切なのは文体だ、ということです。

内容は、あってあたり前です。研究をしているんだから内容はあってあたり前で、それを乗せる文体というものを鍛えないと、人の心に届くものは書けないということを最初に教えてもらいました。小説などという形ではなくて、こういう社会科学系の文章として教えてもらえたということを、読むたびに思い出すんです。

——山田さん、内田義彦の文章に「文体」という言葉はあまり出てこないと思うんですが、いかがですか。社会科学者は社会科学用語で語ろうとするでしょう。それは、ほとんど翻訳用語で、こなれた日本語ではない。日常は使わないことばです。

内田さんから、こんな話を聞きました。たとえば内田さんの『資本論の世界』（岩波新書）、「ぼくはあの十倍の原稿を書いた」というんです。自分の原稿の書き方というのは、書いた原稿を読んで、テープに吹き込む。それを、今度は自分で耳で聞きながら、まっ赤にして縮めていく。それを二度、三度とくり返して、今の分量にした——ということを、四十年前に聞いたことがあるんです。だから、文体ということで言えば、特に後年のものは、だいたい語りの形のものが多いんです。もちろん、内田さんが最も考えられたのは、ジャーゴン（専門用語）と日常語の問題ですが。

山田 「内田義彦の文体はこうである」というふうにまとめることはとてもできないのですが、私が内田さんの文章でいつも経験することは、何か断片的な言葉が残るんです。全体は何を言っているのか摑みにくい場合でも、何かの言葉が非常に印象的に残って離れないのです。たとえば『社会認識の歩み』では「賭ける」です。ある一つのことに自分を「賭ける」、それが社会科学的認識の出発点だ、と。それから『資本論の世界』では「人間と自然との物質代謝過程」。『日本資本主義の思想像』（岩波書店）では「純粋力作型」……。そういう断片の言葉が、なぜか心に残る。凝縮しきっている文章だから、断片の言葉が光るのではないでしょうか。内田先生は、発表されるまでに何度も何度も推敲されて、使う言葉や引用を練って練って練り上げる。余談ですが、昔、内田先生は、「私は自分の文章ではなくて、別の人からの引用文が一番よかったね、と言われるような文を書きたい」、「あの引用がおもしろかったね、と言われるような文を書きたい」と、言っておられました。「文体」ということで私に浮かぶのは、そういうことです。

――鶴見和子さんが書いていますが、柳田国男が「四角い言葉と丸い言葉」ということを言っていた、と。だいたい学者は「四角い言葉」で語ったり書いたりするけれども、「丸い言葉」は大事だ、と。内田さんと通じるところがあるように思います。

山田　柳田国男の「四角い言葉と丸い言葉」は知りませんでした。内田先生は、どう見ても「丸い言葉」です。『生誕』は別かもしれませんが、とにかく、わかりやすい言葉です。しかし、それがすらすら読めるかというと、ところどころひっかかって考えさせられるという、そういう丸さだと思いますね。つまり、丸い言葉の中に深いものが入っている、という文章じゃないでしょうか。

内田　丸の中に四角がある、だけど全体として丸いという。昔の建物や寺院はそういう印象がしますね。ぼくは建築の空間に、どうしようもなくスクエアにとんがった四角があると、痛々しい、丸くあるべきだと感じますね。古典として建築ということを考えるとき、棟梁や職人の口伝はそのような「丸い言葉」だと思います。内田義彦は「古典としての読み」という、建築にも通じるような不思議なことを言っています。新聞や信号機のように、間違っては困るような「情報としての読み」とは別に、一読明快ではない世界がある。一読で了解とはいかない世界を読んでいくには、からだごと踏み込んでいかないと、読んでいけない。古典は十年ぐらい経って読み直してみると、全然違う――自分が十年ぶん成長している。同じ古典が、まったく違った形で見えてくる。古典を情報として読めば、信号機や新聞、マニュアル本を読むのと同じように、踏み込まなくたって良い。古典としての読みとはまったく違うもので、混ざりあっているけれど、つながりを見るにはつながりを切ってみることだ――古典芸能のお師匠さんが言うようなことを、「読むこと　きくこと」(前掲)のなかで語っている。東日本大震災で大きな被害を受けた福島県相馬市で行なわれた講演会がベースとなっていますが、ぼくもそのとき、同行しました。非常に印象に残っています。

――晩年、お体を壊されてからお会いしていても、お話しされる時に、宇野重吉さんのような……語りの芸を感じていました。

内田　先ほど山田先生がおっしゃったように、晩年の内田義彦は引用だけの本を書きたいと思っていました。『読書と社会科学』の出版よりかなり以前からだったように思うんですけど、三浦梅園に関する文献をいろいろ探していました。メモ帳や自筆の資料などが書斎に残っています。古典落語の噺家のように、梅園の時代の風景が見えてくるような、読んで楽しいものを著したいと言っていたことを思い出します。

建築の中でも、内田義彦を再発見したい

内田　文体のようなものを建築で考えると、建築の様式とか意匠とは何か、いろいろ考えたいんですけど、最近はどこか表情のない建築が増え続けてきたように思う。ぼくは、現在の日本の建築には「形」がないと思うんです。つまり、文体がない、文章もない。

三砂　そうですね、だから楽しくない。

内田　建築が楽しくないんです。それはぼくが発見したセオリーかなと思っていたのですけれども、内田義彦の影響かもしれない(笑)。『形の発見』の改訂新版が内田義彦生誕百年記念ということで出版されましたが、初版のもの以上に、内容が鮮明で、今の時代にこそ必要な、思想家としての内田義彦のメッセージが散りばめられています。丸山眞男、木下順二との鼎談「形の発見」のなかで、その言葉が出てくるのは、たった一カ所なんですが、内田義彦が芸能と伝統というやや平易な会話から、すっと踏み込んで行く一瞬がある――無念無想で師匠から習い、各々が内容の理解をふかめながら、型を意識に入れるという伝統世界の学び方から、近代を掘り起こそうとしたけれど、ふくらみをもって受けてもらえなかった。しかし「形を発見す

る」ということに、火花を散らすような白熱した論議の楽しさ、舞台で演じるような緊張した場面、大きくひろがっていくような、一つの中心があったのです。内田義彦は、からだでその感覚を捉えていたのではないかと、最近、感じています。

ぼくが建築に関わってきたことで、つよく感じるのでしょうけど、感覚で捉えられないかぎり、形あるものは形を壊されて行く。そこにあるのに眼に入らない。建築は壊しに壊して、生きたいのちある「生活の形」の傍らを通りすぎても止まらない。芸術の世界でも「壊さないと芸術ではない」という通念がまだ根強いなかで、経済優先という時流には呑み込まれぬよう、内田義彦の隠れた名著『学問と芸術』で語られるように、今、私がここに、生きていることから、建築を再発見できたら……と考えています。江戸時代の建築の形を見直すだけで、驚くような表現がずいぶんとありますね。

やさしく伝わってくるけれど、言葉には厳しい

三砂　先ほどお聞きした、一つの文章を書くのに何倍も文章を書いて、それを聞いてという中で練り上げられるスタイルですね。学生が文章を書くときに指導するのは、自分が書いたものを読み直して、自分のこともその文章も何も知らない人の眼でもう一度読み直せ、ということです。それは実はとてもむずかしいことで、それができたら物書きになれるということが最近わかりましたけれども（笑）。内田義彦という人の書く内容だけで十分にすばらしいんですけれども、それに私たちがとてもひかれるのは、そういうスタイル、その「文体」という表現をもっていらっしゃるから……。

山田　文体、スタイル、あるいは表現と言われたけれども、伝わらなければ学問としては完成しない、学問ではない——というのが内田義彦にはあるのではないでしょうか。中村先生も、生命誌研究館では単に研究するだけではなくて「いかに表現するか」ということが非常に大きな課題だとおっしゃっていて、これは「作品としての自然科学」だと思ったんです。

中村　ありがとうございます。その前に、内田先生は言葉に非常に丁寧な方だということ、私はそこが一番基本的なことだと思うんです。そして、内田先生は「学術用語はむずかしいからだめだ」なんて、一言も言っていませんよね。学術用語——「学者ことば」は使うけれども、きちんと考えないで、本当にこの言葉が必要か、適切かを考

えないで、ただその言葉を並べていくようなことを学者がやっているからだめなんだ、とおっしゃっているんです。学術用語を使うことはいいけれども、意識的に使わなければいけない――私はここがとても大事だと思うんです。わかりやすくするために、むずかしい言葉を使ってはいけない、やさしく書かなければいけない、というのではない。そこにある学術用語を使ってパッパッと並べたような文章ではいけない、ということなんです。

山田 専門家の文体は、たいていそうですね。

中村 そう。そこを言っていらっしゃるんです。意味のある言葉を使いましょうということがあってこそ、今三砂さんがおっしゃった文体ができてくるんじゃないかと思うのです。読んでいて、非常に言葉に厳しい方だという感じがします。とてもやさしく伝わってくるけれど、言葉には厳しい。

何を、どのように伝えていくか

中村 「表現」という意味で言いますと、この頃「サイエンス・コミュニケーション」という言葉が流行っていて、学者にとっては知識を伝えることが大事になっています。ただそれが「今の科学ではこんなことができるんですよ」という宣伝になっているように、私には思えるんです。でも、そういうことをしてもしかたがない。私が今やりたいことはこういうことで、それをこういう形でやっているんです、ということを、できるだけ美しく表現して、初めて伝わっていくのではないかと、私は思っています。生命誌研究館から出すものはそこに心がけてほしいということで、訓練をする。技術の訓練ではなくて、気持ちを出すかどうかという訓練なんです。単に形を整えて渡すのではなくて、自分の気持ちが表現できているかをチェックしなさい、と言っているんです。内田先生の本は、本当にそのお手本みたいなものですね。表現されていると思います。内田先生がそこにいらっしゃる、そのことが伝わってきます。

内田 そういう印象がしますね。

中村 それを三砂さんは、文体、スタイルとおっしゃったんですね。

三砂 非常に文学に造詣の深い方で、チェーホフはよく出てきますよね。チェーホフからの影響も非常に大きいんだろうと思います。

内田 チェーホフは大好きでしたね。宮沢賢治も読んでいましたが、やっぱり内田義彦の関心は、内発的な表現。それが瞬間という一瞬のなかで、ひろがりをもって開かれて行くような姿形だと思うんです。チェーホフで言えば——偶然にひろげた手の平に、どこからか小鳥が舞い降りてきて、傍にいてくれる。無理に摑まえようとしたり、変に手を動かそうとすると、飛び去ってしまうような、そういう瞬間のまじわりあい。その瞬間がふくらんでいくことで生まれる小宇宙。日本の民話や、木下順二の戯曲に「夕鶴」がありますね。『形の発見』のなかの、森有正との対談でも内田義彦のそういった姿が、表れている……。

三砂　そのような、スタイルを身につけるための文学の役割は、今、本当に顧みられません。けれども、中村先生がおっしゃったように、どの専門を自分のものとして、どう表現するかという意味において、文学や、素養から言葉を大事にする、スタイルを作りあげることを、骨肉化しておられます。そういうものがないと書けない、ということですね。

——さて、素養といえば、音楽です。これは大変なものでした。

内田　音楽といっても、ロックはそうでもなかったですが（笑）。そこにぼくの活路を見出したのですけれど、でも、最晩年はロックのこともいろいろ聴いたんです。そうすると「一を聞いて百しゃべる」というか、さっそく人に「君、これどう思う」と言ったり。いつのまにか逆にしゃべらされてしまう。ブルースとか何を聴いても、聞く耳は、内田義彦独自のものでしたね。グレン・グールドやワルターの最晩年の、素人の演奏のようなコロンビア交響楽団のベートーベンとか、ドボルザークの「新世界」も一緒にききました。ドビュッシーもペンタトニックな響きがあたらしい、ロックに通じる。「やっぱりロックも、当時のクラシックのように、権威的なものとはほど遠いね。よくわからないけど」などと語っていましたが、魂のふかみから感動をよびおこす音楽が好きでした。ベースがただブンブンと硬いだけのものは弱かった。不思議な父親でしたが、感覚はひらかれていましたね。

山を歩く——「学問への散策」

内田　ぼくは右の下腕の骨が一本しかなく、手の甲がまわらないんです。藤原さんに「純一さん、手の動き、おかしくないですか」と言われ、驚かされましたが、右左の腕の長さも違うんです。生まれたときから、からだは不釣り合いでしたね。

子供のころに、湯治場というのでしょうか、安くて自炊ができるような温泉に、静養をかねて長期滞在しました。

父は若いころから結核を患い、それが治りかけたころの想い出です。内田義彦は書斎にこもりあまり動かないという印象が強いかもしれませんけど、意外と山を歩くのが好きでした。原稿を書いたりする合間に、散策に出かけるんです。山といっても富士山とか谷川岳とか、立派なところではなく、もっと低い山。近場ではヤビツ峠とか、夏休みになると、長野の方にも行きました。菱野温泉という鄙びた湯治場はそこから先が山道となり、なだらかそうな山道でも、意外と道があやふやで、どっちに行ったらいいわからなくなるところがあるんです。これはぼくが小学校低学年の時のことで、うろ覚えなので場所がわからないんですけど、父親は山を歩くとき、「しるしをつけましょう」と言って、葉っぱをところどころに結ぶ。しるしをつけては登り下りをするのです。気をゆるめない。しかしある時、ほんとうに迷ってしまい、藪だらけの道なき道になり、野っ原に入り込んでしまった。緊張したんでしょうね、オナラが出て大笑いをした母親と一緒に記念写真?を撮ったりしていましたが、霧が流れるのを待って、しるしを辿りながら、やがて道がひらけ、戻ってくることができた。そんなに高くない山だけど、山を歩くのはむつかしいということを知りました。

　景色が見えるうちは、だいたいどっちの方向に行ったらいいか、見当がつく。だから迷うことも少ない。周辺の風景がおぼつかないところがかえってあやしい、というようなことを言っていたことを、今も思い出します。

「散策」という言葉が好きでしたが、よく「あたりをつける」ということを言うのです。チェックポイントというような意味の、古い建築の言葉でもあるのですけど、散策をしているつもりで、迷い込んでしまう。学問も自分の周辺が見えなくなるようなときがいちばんこわい、とも語っている。散策の心得とでも言うのでしょうか、しるしをつける、というそういう習慣が今も心に響いています。

山田　ブラッと歩きながらも、チェックポイントを忘れない……。先生に『学問への散策』という本がありますが、不思議なタイトルですね。学問ぬきの散策ではないんです。逆に、散策なしの学問、つまり学問への突進でもない。それから、学問での散策でもない。やはり「学問への散策」なんですね。そこが、内田先生の一番内田先生らしいところでしょうか。「学問」と「散策」——またまた私には「専門家」と「素人」の語がダブって響いてくるのです。また「下向きで考える」「上向きで考える」といった言葉も重なって聞こえてきます。

話を「きく」とは何か

——「聞と聴」という作品がありますが、内田さんは「きく」ことを非常に大切にしておられたと思うんです。対談などを読むと、相手の、たとえば調律師の方を思わずしゃべらせてしまうというか。そしてそれがたんなるテクニックではない。そのあたりを、どのように読まれましたか。

山田　ピアノ調律師の村上輝久さんとの対談（『内田義彦セレクション2　ことばと音、そして身体』藤原書店所収）は、内田先生ご自身が非常に気に入った対談だったということで、当時、私どもにもコピーを送ってきてくださいました。調律師の村上さんが、内田先生にいい意味で思わずしゃべらされている、そういう対談ですね。

——インタビューではない、素人が専門家に対してだけれど、単なる聞き手じゃないんです。内田義彦の妙味ですね。

山田　あくまで素人として、しかし非常に深く音楽を愛する内田義彦が、聞いているわけでしょう。音楽は好きだけれど、あくまで素人だと言っていますね。「私がもし音楽の専門家だったならば、こんな質問はしないし、できない」と。私に言わせれば、ほとんど玄人だろうと言いたくなるぐらいですが。深く音楽を愛した内田義彦ならでは、としか言いようのない感じのものでした。

——音楽だけでなくてね。みなさんにもインタビューのご経験があるでしょうけれども、聞き手によって、話す内容が全然違ってきますね。内田義彦の場合、聞き手でありながら、いつの間にか肩を並べているというようなことを感じるわけです。

三砂　すごい好奇心ですね。自分が知らないということをまったく恐れないし、非常にひらかれている。人間にたいする愛情を感じます。一人ひとりどんな人にも、その人の輝くところが何かあるはずだということへの信頼、そこへ向けてひらかれているので、私たちもついそれに乗せられる。それも、スタイルであり、姿勢ですね。何かおもしろいことがあるんじゃないかと、いつも好奇心をもってひらかれているという感じを、どの対談を見ても感じます。先ほど、内田純一さんもおっしゃっていましたね。

——すばらしい聞き手だったと思います。黙ってきく方がやさしいと思いがちですが、それがむずかしいというわけです。

内田　「読むこと　きくこと」(前掲)のなかで、上手に話すことはすばらしい、と言いながら、わかりやすくしゃべることも大切だけれども、上手に「きく」ということが大事ではないか。ヘッポコなしゃべりでも、考えがまとまらずに語っても、聞き手がうまいとそれを受け取ることができる——というような意味のことを言っています。

内田義彦は、「きく」ことの重要性——芸術や学問の世界だけではなく、社会全体から「きく」という風習が消えつつあるんじゃないか、と語っています。「きく」というのは、「有名な古典があって、これはすばらしい」とただ受けとっているだけでは、他人の言っていることをなぞるだけで、自分で本当に古典にきいたことにならない。「きく」ということは、日本の「木」の文化と結びついているように思うのです。建築でも、本当に木の言い分・組み具合を「きく」ことができるように、一人前に「なる」ためには、修練がとても大切です。自分でいろいろ「きく」ことを通して成長していく時に感じられる、ふかい楽しみの感覚。昨日より今日の方がすこしはましになった、とそう思う瞬間が建築の現場でもありますね。まだまだだと自覚する瞬間と重なって。これからは、いつもせかせかと煩く喋ったりするだけではなく、「きく」ということを、改めて育てていかないといけないと思います。それは内田義彦が河上肇や野間宏から学んだことかもしれない。内田義彦が名付けた「モ・タ・モ・タ」とは何かですね。

宝物の声をききとる

中村　「語る」というのは、自分の中にあるものを出していくわけだから。もちろん語るテクニックはありますから むずかしくないとは言いませんけれども、「きく」というのは、何がくるかわかりませんね。生きものは受容体をもっていて、外に存在していても、自分のもっている受容体にひっかからないものは、中に入ってきません。受容体をたくさんもっていなければ、「きく」ことはできないんです。ですから、きくための修練というよりは、あらゆることにひらかれて、あらゆるものを入れておくということがないと、受容体はできてこない。ですから、私は「きく」方がむずかしいと思います。

語るのは、自分の知っていること、興味のあることを、まあ勝手に言えばいいので、上手に語れるかどうかは別として語れますね。だけど、「きく」ことは、できない場合がある。自分の方に受けとめるものがないことがある。内田先生が、受容体がたくさんある状況を作っておられたというのは、人間的な大きさでしょう。

内田　最晩年は、知人を亡くして悲しんでいました。その人のことを思い出すと余計につらくなる、と言っていました。思い出す言葉がたくさんあったようです。生前は、その人が話していても、きくことができなかった。でももし本当にきいていないのだったら、話していたことを思い出すわけがない。その当時もきいていたに違いない、それを流してしまっていた、そう思うのが一番つらい――ということを語っていました。

――深いですね。

中村　本を読んでいても、読むときによって受けとめ方が変わりますね。それと同じことですね。こちら側がどうなっているか――やはり関係ですね。

山田　内田さんは、どんな平凡な会話であれ、相手の発言の中には宝物があるんだ、とおっしゃっていますね。その宝物というのは、はじめから宝としてきらきら輝いてあるわけではなくて、他のものと混ざって、宝として見えないような形でしか存在しない場合が多い。ダイヤモンドも磨かなければダイヤモンドにならないように、玉石混淆、渾然一体として、その宝物の発言や認識はあるのだ、と。それを耳ざとく聞き分ける、アラートな耳と言っていたかな、お互いにそれをつくりあっていかないといけない、と。それは「きく」というだけではなくて、人間の相互理解であり、社会形成にもつながってくる問題ですね。

「情報」として読むか、「古典」として読むかの問題で言えば、どんな言葉の中にも、古典として生きるような発言がある。そのときはわからないかもしれないけれども、後になって、「あの時の発言はこういう意味だったのか」という形でわかってくる。そういう形のきき方をしなければいけないとおっしゃっています。

まったくそうだと思うんですが、それは単に「ききあう」ということではなくて、人間の社会形成の問題だと思うんです。そのような人びとのつながりを作っていかなければいけない。「きく」ということが、人間と人間の関係の第一歩であって、上手に「きく」ということ、相手の発言の中に宝物を探すということが大切なんですね。

一言一言、大切な言葉をしゃべっている

――「関係」の大切さの話になりました。内田さんと親しい人で、丸山眞男さんがいますが、丸山さんは、例えば二時間お話ししていたとすると、だいたい一時間五十分ぐらい、次から次に速射砲のように一人でしゃべっておられます。こちらは相槌を打っておればよい。だけど、内田さんは絶対にそれを許さない。内田さんが二時間のうち一時間二十分ぐらいしゃべっていたとしても、こちらに四十分はしゃべらせるという方だったんです。そういう関係を非常に大切にされた方だと思うんです。木下順二さんはその中間ですね。野間さんは大変です。こちらが一時間二十分ぐらい話して、野間さんが四十分ぐらいです。しかし、その四十分は非常に重い言葉で、ドーンと大砲をぶちこまれるんです。四者四様です。私は丸山さんが百話したうちの一ぐらいしかついていけないけれども、私にとってはほとんど無意味なことではないかという気がする（笑）。内田さんは、一言一言、大切な言葉をしゃべっているということが、こちらに通じるような、そういう方だったんです。

山田　だから、初めてお会いした時、私は緊張したんです。もっとも、全部忘れてしまいましたが。

――内田義彦の提示した問題とは何だったのか。それは、人と人との関係をどのようにつなぐかということでもあった。「きく」ことのできる人を育てなくてはいけない、と。そして、何か一つのことを、いろんな角度から、また循環、円環として見ていくということの大切さなんですね。

III　若い世代に向けて

若い人に、内田義彦をつなぎたい

――内田さんが書かれ、話されてきたことは、今もけっ

して古くなっていません。われわれが今後、そこから何を学んでいくのかが問われていると思います。最後に、内田義彦をこういうふうに読んでみたらおもしろいという、若い方へのアドバイスになるようなことなどをお話ししていただければと思います。三砂さんからお願いいたします。

三砂　『内田義彦セレクション4　日本を考える』(藤原書店)の一番最初に入っている、内田さんが終戦後五か月半の時に書かれた「われら何を為すべきか」という文章が、とても好きです。六十年以上前に書かれたものであるにもかかわらず、本当にみずみずしくて、今読んでも、ふさわしくない言葉が一つもない、生き生きとした言葉ばかりです。先ほど申し上げたスタイル、文体ということに関連しますが、こういう文章にふれて、時代、歴史、さまざまなもののなかにいる人間の本質をつかまえてほしい。時代を越えて、このような文章を書ける、ということを、若い人たちに感じてもらいたいです。

私は大学に『生きること　学ぶこと』を何冊かおいています。一年生のゼミで三度くらい使いました。私のいる津田塾大学の国際関係学科は、一年生から、ゼミのやり方を学ぶゼミをやります。十五人ぐらいずつ、教師が選んできた本をみんなで輪読して、レジュメを作る。私はこの『生きること　学ぶこと』を使って、このあいだまで高校生だった学生たちに読ませる。

いつも、そのゼミの一番最初に、あなたが今まで読んだ本で一番印象に残っている本を十冊、作者と出版社も入れて書いてきなさいと言います。二人ずつ話をさせて、それをお互いに交換します。どうしても十冊書けない人は、映画が一個、マンガが一個ぐらい入ってもいいよと言うんですけれども、本当に本を読んでいない学生もたくさんいて、絵本の『泣いた赤おに』を挙げる学生もいますし、『こゝろ』と『舞姫』、教科書に載っているようなものが多いんです。でも、「あなたたちは社会科学の学部に入ったんだから、本を読むのがきらいというのはシャレにもなりません」「読まなければいけません」と言って、一年生に、毎週一冊、新書を読ませます。

同時に『生きること　学ぶこと』を半年かけて読んでもらいましたが、さっぱり読めない。けれども、スタイルは残る。私はこの本を読ませた学年のことは、内田義彦を読んだ学年と思って自分の中でも心にとめていて、その学年の人たちがどういうふうになっていくのかというのを、興味をもって見ています。

一年生の時に『生きること　学ぶこと』を読んで、二年生から私のゼミに入ってきて、四年間見てきた学生が何人かいますが、そのうちの一人は、ラテンアメリカに何回も行って、日系移民に関するすばらしい論文を書いて、その後大きな鉄鋼会社に勤めて、今は日本が中国に残した不発弾処理の仕事をやっています。もう一人、内田義彦を読んで、宮本常一を読むようになって、茅葺き集落などをまわり、農家の出身ではないんだけれど農村に興味をもって、県庁の職員になって、そこで出会った山間部の町会議員さんと結婚して文字どおり地元に根ざした仕事と生活をしようとしている。

彼女たちは大学に入って最初に内田義彦を読んだ学生として私の中では記憶されている。彼女たちに会うと、やはり読んだことを憶えています。あの時はわからなかったけれど、今はわかるような気がします、と。若い人たちが本を読まないとか言われますが、きっかけを提示すれば、必ず内田義彦の文体は届くし、それがその人たちの中で育っていくという実感があります。内容はもちろんですが、言葉が残っている、スタイルと言っていいものが受け継がれているということを実感しますので、そういう場を私たち先の世代が作ることが大事だと思います。

学生たちにいつも、コミュニケーションの力というのは、自分が話すことではない。周りの人が言っていることを、どれだけ自分がきけるかということだ、と言うんです。毎回十五人、毎週全員が話すことになりますが、一年たつと、全員がよくきける人になっていきます。だから内田義彦さんが残されたものを媒介にしながら、そういう場をつくる努力を、これからもしていきたい。そういうことへの一つの大きな道しるべを残している方だと思います。時代が変わっても、状況が変わっても読み継がれるものとして、若い人につないでいく仕事を、これからもしていきたいと思います。

——ありがとうございます。では、中村先生、お願いします。

必ず残る言葉がある

中村　若い人にと言われても、私は内田さんを若い時に読んでいないので（笑）、なかなかむずかしいんです。『生きること　学ぶこと』、『学問と芸術』、『ことばと音、そして身体』（いずれも藤原書店）……こういう本の題、言葉にぶつかって、何か感じませんか？　というふうに、逆に若い人に聞きたいですね。これらの本の題になっているのは、若い時に一回は考えなければいけないことでしょう。自分一人で考えているのではなくて、これらのテーマに関する本には、チャレンジしてほしいと思います。

私は大人になってから読んだんですけれども、「読んで損はない」——という言い方は変ですけれども、若い人たちにも必ずどこかに感じる、わかる、そうなんだと思うものがあると思う。山田先生がおっしゃるように、「残る言葉」というのが必ずある本だから、一度読んでみて、と言いたいですね。

——ありがとうございます。では、山田さん。

印象に残った断片を自分につなぐこと

山田　私は、一九七一年、最初に滋賀大学経済学部に就職しましたが、それ以後何度か、一年生後期から始まる教養ゼミという授業で、内田先生の『社会認識の歩み』（一九七一年刊）を取り上げたんです。二十名ぐらいのゼミでしたが、私もまったくの新米教師で、まだ学生と間違えられるような歳でしたし、いまから振り返ると教育者として十分なことはできていなかった。ところが、この十年間ぐらい、その当時の卒業生が毎年一回、私を囲んで会をもってくれるんです。あの当時はまだ学生運動も激しくて、大学紛争の余波も多く残っていた。学生も授業そっちのけで、宇野弘蔵に熱中している者もいたし、合唱サークルで活躍している者もいた。そんななかに、私が突如、内田義彦を持ちこんだというわけです。いま集まってくれる当時の学生さんたちは、もう定年組もいる年頃なんですが、そして全員というわけではありませんけれども、『社会認識の歩み』はむずかしかったけれども、はっきりと印象に残っている、そう言ってくれるんです。私自身はそんなに熱心に教育をした憶えはないのですが（笑）、私以上に内田義彦を憶えていてくれる。学ぶというのはこういうことだと初めて知りました。

知ったというよりも、感動しました。で、彼らの言葉を聞いていると、やはり「断片」が残っているんです。「マキャベリが出てきた」とか、「書いてあったルソーに興味をもって『人間不平等起源論』を読んだ」とか。また、社会人になって何十年ぶりかで、もう一度読んでみたとか。全体として一から十までどう書いてあったか、そんなことは残っていない。もちろん、学ぶときは全部残るように学ばなければいけないのでしょうが、残るものというのは、結局、印象に残ったある断片なんですね。

これはまさに内田先生が言っていることですが、「本を読むときは、まずは断片を自分につなげよ」と。それは本を読む時の第一段階です。第二段階としては、本当によく理解するためには、断片を本全体につながなければいけないのでしょうけれども、一番重要で基本的なことは、断片を自分でつなぐことだ、と。ある本を読んで印象に残った言葉を、自分の問題として受けとめることだというのです。これは私が内田義彦先生から学んだことだし、若い人にも言いたいことです。二十歳前後の学生さんにとっては、むずかしい社会科学の本を読むのは嫌になるかもしれないけれども、それでも心にひっかかってきた断片を大事にしてください、と。それが一番言いたいことです。

――ありがとうございました。では最後に内田純一さん、よろしくお願いします。

読むことの楽しさ

内田　若い人にと言うより、年とっている人にも、ぜひ読んでもらいたい（笑）。ぼくもそうですけど、読むことの楽しさが、どんな世代にも伝わってくるのが、内田義彦ではないかと思うんです。読むことができなければ、そばにいる方が読んであげると良いですね。内田義彦にかぎらないですけど、「きく」ということが、どんなに生きるための力になるのか。生きている言葉をきくことによる楽しみは、見えない形で残ってくるのではないかと思います。『生きること 学ぶこと』をはじめとして、内田義彦の文章は、中学校や私塾などでも教材として読まれているようですが、決してやさしくないものに触れることは大事ですね。

ぼくは建築やさまざまな専門の方にも読んでほしい。建築というのは、なんのための表現かということを意識しにくい分野なのです。地震に強い、丈夫な、壊れない建造物、コンクリートで固めればいいという発想も、建築の自然科学としての一つの側面かもしれません。それに比べると、縁側のように昔からある建築の形は、情報としては誰でもどこかで読んでわかっていることで、いまさら建築の古典としての読みには値しないものかもしれない。

しかし内田義彦が伝統や芸術を考えるときには、一人ひとりの生活にふかく関わっている形や様式が、如何に近代的な思考や専門領域のなかで、理解できにくいものになっているか、という問いかけのように思います。近代建築が、評論なきままに増え続けている建築の分野にこそ、内田義彦の世界が広まってほしい。

多くの方に、内田義彦を読んでいただき、生きることがすべてに深く関わっているということを、こころの中に思い描くだけでも、見えてくる風景が変わるのではないかと思います。十年百年先、千年先の自然の風景、地球のことを思う力を養いたいですね。

――世代は問わず、生きることを真剣に考え、かつ学ぶことを考えておられる方に、ぜひとも内田義彦を読んでもらいたいですね。私のささやかな体験の中でも、内田さんの語っておられたことを常に頭の片隅に置きながら、一つ一つ仕事をやってきました。学問とは何か、学問をどうやるか、学問はわれわれにとってどういう意味があるのかということを、内田さんは終生考えられた方ではないかと思います。「形」というものが崩れ、表現が非常に拙い世の中になってきた今、いったいどのように文化を再構築していくのか、大変な時間とエネルギーがかかると思います。

しかし、もともと日本の中には、今から約五、六十年前までは、そういうものをコツコツと作りあげてきた力があるわけですから、そこからも学びながら、本当に魂の入った日本の文化を構築していければと思います。そのために若い人に内田義彦を読んでもらいたいと思います。

本日は、どうもありがとうございました。

（二〇一三年八月二十六日／於・藤原書店「催合庵」）

2 今、内田義彦を読む

難しい本をどう読むか

片山善博　地方自治

一九五一年生。慶應義塾大学法学部教授。自治省、鳥取県知事、総務大臣等を歴任。著書『市民社会と地方自治』（慶應大学出版会）『地域間交流が外交を変える』（光文社）『日本を診る』（岩波書店）他。

初めて手にした内田義彦さんの本は『社会認識の歩み』（岩波新書）だった。おそらく大学三年生のとき、政治学の教授から勧められたのがきっかけだったと思う。

今でもよく覚えているのは、この本を読んでから、ホッブスの『リバイアサン』をとにかく通読できたことだ。ペインの『人間の権利』やトックビルの『アメリカの民主主義』などと並んで一年生のときの必読書だったこの本は、なんともとっつきにくかった。挑戦してみたもののあえなく挫折し、そのままになっていた。

これをとっつきやすくしてくれたのが『社会認識の歩み』で、「人間の自然状態は、万人の万人に対する闘争」だと論じたホッブスが、実は一人ひとりの人間の行動やその行動の背景にある情念に深い関心を持ち、そこを原点としつつ国家統治に論を進めていることをわかりやすく教えてくれた。どことなくホッブスに親しみを覚えるようになっていた。

併せて、本の読み方についての内田さんの考えにはとても勇気づけられた。まずは断片の理解から始めよという。「新鮮に断片を読むことが大事」で、体系の理解そのものも断片をどう理解するかにかかっているというのである。

ホッブスに限らず、社会科学の古典はどれも難解で、それぞれ全体を読みこなすには相当骨が折れる。ただ、いずれの本にも当時の学生の知識で十分読みとれる個所はあり、その部分すなわち断片はそれなりに理解できていたつもりである。

もちろん、そうした断片の理解にとどまっているだけでは困るし、なにより不完全燃焼ゆえの不満は募るのだが、それでも内田さんの「断片の理解から始めよ」という助言には大いに励まされた。とにかくまず読んでみて、理解できるところもあれば、理解できないところも多いが、それでいい。必要ならもう一度読んでみる。すると、今度は理解が数段深まっている、というのが今日まで続いている私の読書方法である。内田さんの読書論を勝手に解釈したのかもしれないが、このやり方でよかったと思っている。どんな本にも臆せず挑戦する勇気を与えてくれた内田さんには、本当に感謝している。

1955年5月

最近、社会科学の難しそうな本は敬遠されがちである。気になるのは、政治家や官僚たちの多くがこの種の本と疎遠になっていることで、そのことは彼らと直接話をしてみるとすぐにわかる。これを内田さんはどう思うだろうか。

内田さんは、学問の世界と現実の世界との関わりが如何に大切かということを、たびたび指摘している。日常の世界で起こる問題をどうしたら学問的に探究できるか、この視点を失ってはならない。常識を学問的に批判する目を持たなければならないともいう。現実の世界に深く関わり、これまでの制度や「永田町や霞が関の常識」を変えていかなければならないはずの政治家や官僚たちが学問の世界と無縁であっていいはずがない。

本を読むことが少なくなったのは、政治家や官僚たちだけではない。そもそも本を読むのが仕事だといってもいい学生の間でもこの傾向は顕著である。身近に接している学生たちには機会をとらえて読書を促している。その際は、内田さんから学んで身につけた流儀を紹介し、それが彼らにも有効であることを確認しているが、そうやって働きかけられる学生の数はしれている。

この際、できるだけ多くの人が内田さんの著作を手に取り、それを通して古典を含めた内外の社会科学の書物にあらためて関心を深めて頂くよう願っている。

内田義彦さんから受けた影響

花崎皋平　哲学

一九三一年生。著書『静かな大地――松浦武四郎とアイヌ民族』（岩波書店）『アイデンティティと共生の哲学』（平凡社）『田中正造と民衆思想の継承』（七つ森書館）他。

私が内田義彦さん――敬愛の思いを込めて〈さん〉づけで呼びたい――から受けた影響は、これだと個別具体的にはいえないものである。内田さんは、「人間が本当に深い影響を受けた場合、その影響を実証するということは、ほとんど不可能です」（「生きるための学問」、『生きること　学ぶこと』）と書いておられるが、まさにそういう影響なのである。

内田さんとの縁は、私が『資本論の世界』（岩波新書、一九六六年）の書評を、雑誌『世界』の「読書室」に書いたことに始まる。私のつたない書評に、思いがけず内田さんから葉書をいただいた。「いいたくていい盡くせなかったことをよくよみとって下さったものと感謝しています。（中略）いつか東京にでも来られる機会にでも、お目にかかりたいものです」という、心をはずませるひびきをもったものだった。内田さんの葉書、書簡は、たとえ一枚の葉書、一葉の書簡でも、ほとんど必ず推敲のあとがある。

いただいた葉書について、こんな経験がある。内田さんから、私が書いた「田中正造の思想」（雑誌『世界』）の読後感が寄せられたときのことである。ほめてくださっていて、とてもうれしかった。しかし、直後に身の引き締まることがあった。

「『世界』のご論稿拝読。深い感動をあたえられました。何かものすごいものがものすごい早さですぐ側をかけぬけていった感があって……」という一節があった。その二日後、内田義彦さん宅を訪問したとき、内田さんが、葉書の文面で「ものすごい早さで」のところを「ものすごい勢いで」に直して、といわれた。自分が出した一枚の葉書の文面について、そこまで緻密に吟味されるのか、と驚倒した。

たしかに「勢いで」の方がはるかに適切ではあった。この経験は、一枚の葉書をしたためることにも、深く思いを込めるあり方への敬仰の念として心に残っている。あとでよく考えてみると、一枚の葉書も「作品」とする振る舞いなのだった。

新著が出るたびに署名してお送りいただける幸せに恵まれて、そのつど、私は文字どおり一冊一冊を熟読、愛読してきた。お目にかかる以前に『経済学の生誕』には目を通していたが、私は哲学畠の駆け出しの研究者で、経済学史にはなじみが薄かった。『資本論の世界』に出会ってから、『経済学史講座』にさかのぼり、筑摩書房の経済学全集の『経済学史』所収のスミス研究や『社会認識の歩み』(岩波新書)を読んだ。

私には内田スミス研究は歯が立たなかった。しかし、『日本資本主義の思想像』、『学問への散策』、そして『作品としての社会科学』と読み進めて、内田さんの世界に引きこまれ、その思想論、学問論のとりこになった。

私が得た特権というか、格別な恵みであったのは、内田さんのお宅での一対一の座談で、学問だけでなく、広く文芸や演劇や音楽等々について学ばせていただいたことである。研究室でテキストを読んでいただいたり、学会での討論で教えていただいたりしたことはなく、その意味では、家塾の一人弟子のようなかたちであった。お宅へうかがうと、いつもちゃんと準備して迎えて下さった。あるときはクラシック音楽、例えばベートーベン田園交響曲のレコードをかけて、その演奏の解釈についての話から。あるときは落語のテープ、またあるときは木下順二さんの『花若』、山本安英さんの芸についてなどから話が始まる。内田さんは、私のような若いものにも友だちとして対等に接して下さった。「な、君、そうだろう!」と肘でつつく、といったぐあいに。

さて、受けた影響は実証できないということについてだが、読書や思索の方向、進め方が、内田さんに出会う前と後とではっきりちがったと証言することはできる。日本思想史への関心がつよまった。それまで読んでいなかった河上肇を読むうち、経済学書ばかりでなく、五百ページもある晩年の『陸放翁鑑賞』(全集第二〇巻)を耽読したり、森鷗外も、史伝三部作、とくに「渋江抽斎」がおもしろくて、一文をものしたりした。そういう方向は必ずしも内田さん自身の関心の方向とは一致しなかったかもしれないが、私の歩みを方向付けた。

その後、私は幕末の探検家松浦武四郎の歩いた後をたどり、「松浦武四郎とアイヌ民族」を書いた。そして、足尾鉱毒事件で知られる田中正造の思想に魅かれ、「田中正造の思想」、「田中正造と民衆思想の継承」などを書いた。さらに水俣病にも強い関心をもち、女性の民衆思想家として、石牟礼道子さんの全集を読み、論じもしている。その間、私には、内田さんの「作品としての」という言葉がずっと鳴り響いていた。

私は、マルクス研究から内田さんに近づいたが、アカデミーでの学問研究者の道を中途で転換し、在野で生きて自前の思想をつくる方向へ歩み出した。内田さんは、私のそういう無謀な転換のあとも、かわらずにあたたかく、友だちとして遇して下さった。その師恩への感謝は決して忘れることはない。

内田義彦における音楽

山﨑　怜

経済学史・財政思想史

一九三〇年生。香川大学名誉教授。著書『経済学と人間学』（昭和堂）『《安価な政府》の基本構成』（信山社）『経済学体系と国家認識』（岡山商大）『アダム・スミス』（研究社）他。

内田の学問とか思想を語るばあい、音楽を避けて通ることはできない。しかし、私は内田の音楽思想とか音楽観を正面から論じた文章を知らない。しかも内田自身は「ぼくは…芝居が好きで…ときには生意気なことをしゃべったり、パンフなどに書かされたりすることもあるん」だが、「音楽のほうは、聴き手としてもしゃべったこともないし、書いたことも一度ぐらいあるかなという程度で」あり、「ほんとうは芝居より音楽のほうが好きなん」だが、「それだけに、こわいというかあまりしゃべりたくない」（「調律の思想」、『内田義彦セレクション2　ことばと音、そして身体』所収）としている。この対談でも「音」、ピアノの音については語っているけれども、音楽について語っているとはいえないし、しかも内田は聞き役、あるいは第二ヴァイオリンかビオラを奏き、第一ヴァイオリンを奏いていない。

対談のもう一つ、「音楽　この不思議なもの」（『言葉と科学と音楽と』所収）で谷川俊太郎と語りあったときも、縦横無尽に第一ヴァイオリンを奏き、その音楽思想を十二分に開陳したのは谷川のほうで、内田は自説をかなり語っているようにみえるが、私にはつねに控え目に述べているとしか思われない。やはり「こわい」というか「しゃべりたくない」のであろう。

谷川は音楽は詩を超えて最高のものといい、その理由を明確に語るが、内田のほうは音楽を身体をつき動かす最上のものだと匂わせるのだが、その実体に触れたくないのか、あえて不満な音楽について述べ、「そこからは自分の仕事なんです」とさえ、いう。

その内田が語った唯一の音楽観は次のものである。「音楽の持っている抽象性というかな、無方向性。しかもそれ自体は無方向でありながら人を特定の方向に引っぱる力の大きさ、その恐ろしさを感じるんですね。人を引っぱる力の絶対値の大きさ。抽象化されて無方向であるがゆえに、心の奥深くで語りかけ人間の行動を引き出し組織するその力の大きさは演劇を越える。悪魔だか神だか解らんものに神の声を与え、神と同じ組織力を与える。」／…「音楽」も「ドラマトゥルギー」も人間を「共通の場所へ引っぱる。だけど、その内容、方向はわからん。なにかそこのところが、演劇よりももっと恐ろしい、大きな力を持っているだけに恐ろしい、そんな気がしますね。」

この内田の所説はそれ自体が抽象的で、ここから内田の音楽思想を具体的に知るのは困難だと思う。そこで、以下、私は内田の晩年、十数年間、あの薄暗い書斎で音楽を共にした人間として記録しておきたい。四国に住む私であるが、学術会議の仕事で毎月あるいは毎週のように上京の機会に恵まれ、右の年数以上に内田宅を訪れ、ある一日の午後と夕刻の午後八時四十分まで音楽を聴いた。その回数は四十回から五十回位に達した。管球王国の内田は真空管を温めて待っていてくれたし、裕子さんによると、「父は山崎さんの来られる日は朝から、そわそわ、いそいそとうれしそうだった」という。

さて、内田の学問と思想を考えるとき、内田語録から援用するのが手っ取り早い。内田はしばしば「賭け」とか「アンガージュマン」「テイク・パート」（『社会認識の歩み』）に言及した。作曲家が調性はハ短調で行こう。最初の一音や和音はこれで行こう。あるいは演奏家が最初の指をおろす。

もう、これしかない。あとに引き返すことは到底できない。そして音符のそれぞれが役割を果す。そうした創造の真剣勝負を内田は音楽の書法から学んだ。しかも、それを形の発見と呼びベートーヴェンの作品で説いた。かれほどスコアの音に宿命的に賭けた、アンガージュマンにふさわしい典例の作曲家はいない、というか、すくない。そしてさらに「無方向でありながら人を特定の方向に引っぱる力」の大きい音楽なのだが、フマニスムスの方向が確然たるベートーヴェンの音楽に安心して命をあずける内田の姿がある。

再び、内田は学問書法として森鷗外のシュトレーバーとフォルシャーというドイツ語を引きつつ、地位保全と獲得の動物的野心によるシュトレーバー（モーレッ人間）と、業績や結果を求めず、「大志（のみ）を懐いてフォルシェンする」、つまりフォルシャーとの対比による学問と芸術の相互媒介性（『学問と芸術』、『生きること　学ぶこと』）はベートーヴェンの音楽（その初期、中期、後期の諸作品）によってこそ解明される。この作曲家ほどシュトレーバーらしき人はいない。しかし、この作曲家ほどフォルシャーだった人もいない。

例示はいくらでも可能である。紙数が限られているので一つだけ挙げよう。内田はベートーヴェンの作品一三〇、そこから生まれた「大フーガ」（作品一三三）を愛した。ラ・サール四重奏団の、その熱演を愛し尽くした。そこにはシュトレーバーから、いかにフォルシャーに自己変革を遂げるかの苦悩に充ち充ちたものがあるのだ（関心のある方は作品一三〇のオリジナル版と、大フーガをその第五楽章の後半に置き、新六楽章を最後の締めくくりとした改訂版とを比較していただきたい）。

もう一つ、アルバン・ベルクのオペラ作品『ヴォツェック』に触れたい。その緻密なスコア作りに内田は驚倒した。そしてベルク自身が作曲について自伝的に述べた講演のレコードを「一枚のレコード」に挙げた（『形の発見』新版）。「これも音楽といというかあまりしゃべりたくないのか」、これも音楽そのもののレコードではない。話はうすのろの生体実験の材料にされている極貧の一兵卒ヴォツェックが純情な娼婦マリーを愛して子供もうまれるが、彼女の不倫をうたがい、その命をうばって自分も溺死、最後のシーンはその子供の遊ぶ場面。二十世紀前半を代表するオペラの名作。三幕構成、第一幕（五つの小曲）、第二幕（五楽章の交響曲）、第三幕（六つのインヴェンション）。プロット、科白、演技、歌唱にあわせて調性と無調性のあり方、音符、リズム、和声、強弱が徹底した厳格さでアンガージュマンされ、息をのむ。その一つ一つについて自ら語るベルクに内田は気を失うほどの衝撃をうけた。無調の中で「形」を発見する、例えば無調の中で和音をどう作るかというベルクの賭けがあるからだ。作品の結果ではなく、その創造過程なのである。

内田は方法の思想家である。対象からみれば学問は「真」、芸術は「美」を問題とするはずだが、創造過程からみれば人間と世界の絶対的意味を問う上で両者の協働と一体性こそが不可欠であった。方法から肉迫する内田にとって、バッハを除くバロック音楽、またフランス音楽は「美」には関係しても学問方法との類縁がすくないとみてか、私に対して、「バロックやフランス音楽はぼくは得手でないんだ」としばしば洩らされた。フォーレやフランク、ラヴェルやドビュッシーを内田の書斎では一度も聴いた覚えがない。

最後に再度、強調しておく。内田の思想史や学説史、学問論や社会科学やことば論、人間論や教育思想など、すべての言説で、分かりにくい文脈とか時間とか空間とかにおける重層的で段階的な思考、反転のくり返しで不分明な箇所に逢着したとき、それを方法の世界に導いてドイツ・オーストリアの音楽用語で読み解くと、かなり深刻な疑問も氷解することがある。

以上、本来詳述すべきこと、山程ある検証すべきデータの開示など、紙数からすべてを記述することはできず、また尊称も省いたことをお断りしたい。

じつはここで筆を擱く予定であったが、どうしても一言つけ加えて締めくくりとする。音楽愛好家は一般にこれは秀逸な作曲家であるとか見事な演奏家とされる人物を自己の愛好リストから消去することはしない。私はペルゴレージもストラヴィンスキーもシベリウスもウェーベルンもその他も玉手箱に入れてしまう。しかし、内田は正直に覚悟を決めてベートーヴェンにしぼり込む。旋律、和声、リズムではむしろ後者ほど関心がふかく、強奏から弱奏、またその反対の移行とか、スタッカートやレガート、主題と変奏の妙に執着されたと思われる。そして何よりもエネルギーの配分(オーディオ用語のダイナミック・レインジ)にある。しかもテーマは標題の有無に関係なく明晰なのだ。それを聴くとき、内田は全くの忘我の境地、鬼気迫る数時間、不気味な沈黙がつづく。やがて疲労と呆然自失、そして覚醒。それは趣味なぞの類ではない。学問も芸術も塊になって襲いかかるかのようである。音楽こそは、内田にとって「一人一人の人間が生きるということそれ自体のもつ絶対的意味」(『学問と芸術』)を体現したものだった。なぜなら、生と死の一体性、同時性を自ら表現するしかない唯一の芸術こそが音楽だからである。

ある思い出

竹内洋　歴史社会学

一九四二年生。京都大学名誉教授。著書『メディアと知識人』『丸山眞男の時代』『教養主義の没落』（中央公論新社）『学歴貴族の栄光と挫折』『パブリック・スクール』（講談社）他。

いまから四〇年ほど昔のことになる。わたしは、一九七三年にある私立大学社会学部の専任講師となった。専門教育以外に一般教育の社会学は若手が担当する慣行になっていた。一部（昼間部）と二部（夜間部）の「社会学」を三コマ持っていた。高度成長経済の時代といいながら、まだそのころは、二部の学生には年齢がまちまちの勤労学生がかなりいた。一部の学生とは教室の雰囲気がちがっていた。一部の授業では、学生に社会学用語や抽象的学問用語それ自体について違和感がないようであった。違和感がないというより、学校とはそういうところだと、わかってもわからなくても学校知として受け入れていたからではないだろうか。二部のほうは、昼間、働いている学生が多かったから、生活知＝日常知の厚みが大きい。社会学用語や抽象的学問用語、そして論理の組み立ては生活＝日常知と異質な知とみなされた。それだけに、その違和感を率直に質問する学生がすくなくなかった。

大学教師なりたての二年目の新学期のころだったようにおもう。自分たちも生きていく上でものは考えるが、学問のように抽象的には考えない。いったい抽象的に考える意義はどこにあるのか、というような質問が出された。

誰しも、社会科学を学びはじめたころには、その独特な社会科学用語や問題への接近法について違和感をいだくものだが、大学院に進み、学会誌などに投稿する論文作成をしていくうちにこの最初の疑問は忘れてしまう。その意味では、初心に帰らせてくれる、虚を衝く質問だった。わたしは思わず、こう答えた。H_2Oという表記をやめて水を「無色透明で冷たく形をもたないもの」と定義すれば、具体的で日常知と乖離はないが、そこから先にすすめないのではないか、と。

これは、将来、学者になろうとするものにはなにがしかの説得力はあっても、学者になるわけでもない者が学問に接することの意味の答えにはなっていない。説得力がないことは自分でもわかった。しかし、苦労人の勤労学生であるかれらは、大学教師なりたての助教授の説明にいまひとつ要領を得なくとも、それ以上問い詰めては困らせるだけと、納得したような顔をする優しさもあった。わたしは、すぐさま、内田義彦のエッセイを思い出したので、「今の質問に対する答えに近いものが内田義彦という経済学者のエッセイにあったとおもうので、来週紹介します」、そう言って、おわった。

そのとき、思いだしたのが、『学問への散策』に所収されている「実社会と学問的抽象」だった。学問が抽象的だというが、実は人間はだれしも抽象化の作業をしているのだとするものである。そこで内田自身の体験が披露される。すぐれたデザイナーの、ある織屋の話である。かれはデザインを決めるために東京に出て、ファッション・ショーを見、ショーウィンドーを覗く。それは今の流行をみるためではない。ファッション・ショーやショーウィンドーは流行の原液で、それが何十倍、何百倍に薄まって、今年流行の商品になって店頭にでる。その薄まり方を知るために、原液としてのファッション・ショーやショーウィンドーをみてまわるというのである。原液の薄まり方を知ることで来年の流行予測のよすがにするのだというところがポイントである。かれは「学者であるはずの私に、抽象の意味を論じて語ってくれたのだ」、と内田は書いている。

学生たちもこの内田の言う例は説得力があったようで、そういえばと、それぞれの生活の場での抽象化経験談義になった。日常知と学問知が必ずしも具体知と抽象知に対応するといったものではないことは伝達された。同時に、内田が強調している、社会科学を素人の眼で洗い直し、社会科学によって素人の眼を洗い直す（「経済学をどう学ぶか」、前掲書所収）往還運動などについても話した。

ところが勤労学生が主体だった二部が大学になくなったころから、さきほどふれたような質問をする学生もいなくなった。試験や資格のための学校知というツール的理解が浸透したからであろう。学問知は単なる情報になってきた。

ゼミで、学生がおもしろい本や論文を紹介発表したときに、著者はどんな人かを問うと、慌てて奥付をみて、著者の生年と学歴をいう学生がふえた。ひとりの著者にいれあげて個人全集を読むことが少なくなったのも、書かれた本とその人の生き方とが不即不離な作品という受けとめがなくなったからだろう。

起こっているのは、社会科学という学問知の官僚制化である。一般学生だけではない。学者予備軍の大学院生でさえも、論文生産に忙しく、若さゆえの特権である「社会科学を素人の眼で洗い直す」暇(スコレー)がないのである。「生きる」ことと「学ぶ」ことはひとつのことであるとした内田義彦の「作品」が今こそ繙かれなくてはならない。

内田義彦から程遠い、今の日本

海勢頭豊

シンガー・ソングライター

一九四三年生。沖縄問題を訴え活動。製作した映画「GAMA——月桃の花」を全国の中高校で上映。著書『真振 MABUI』『卑弥呼コード 龍宮神黙示録』(藤原書店)他。

人間の行動を正すための内田義彦の思想方法が示唆するところを、今の日本に、どのように活かせばいいのだろうか。にわかに答えは見つからない。すでにこの醜い国の病体は腐臭を発し、なのに司令塔自体が強い病気持ちのため、賢人の処方を受け付けてくれそうにないのである。彼は熱に浮かされた眼で、教育基本法を改悪した、あの時から譫言を言い続けている。「美しい国日本」と言い続け、内田義彦流に言ってみれば、美しいもの、美しい言葉は醜い、ということを知らないようだ。

彼は、美しい日本を取り戻すために子ども達を教育し、全ての国民に国を愛するように義務付けるための政治をめざしているという。天皇を元首にして、国家が国民に命令を下す、現憲法とは真逆の憲法に創り変えようとしているが、これって？ 戦前と同じ「神国日本」の「美しい国、強い国、自信と誇りの持てる国」にしよう!ということのようである。青春時代にあの戦争を体験した内田義彦が生きていたら、どう言うだろうか?

ところで、今、そのような日本の病状の悪化に一番困惑しているのが沖縄である。韓国も中国もだが、看護人の立場にある表向き同盟国の米国でさえ、手の施しようもなく困惑しているのが見て取れる。しかし、日本国民はそのことに気が付いていない。すでに大本営発表の下請け機関である大手メディアの誘導に洗脳されて、国民の大半が彼を支持し、巨大与党を生み出してしまった。世論調査曰く、「ほかの内閣より良さそうだから」。「何とバカな……」と笑ってはいけない。このような程度の低い国民を育て、再び「美しい国日本」を取り戻そうとしているのが、彼の夢なのだ。

歴史の真実と向き合わない、戦前に犯した罪と真剣に向き合おうとしない、この国の国民性を、一体どうしたらいいのか? 私は歴史擬装装置の伊勢神宮「遷御の儀」を見て悲しく思った。ことある度にテレビに現れる「有識者」なる奇妙な人々がいる。その大半が褒美目当ての洗脳され呪縛された「専門家」たちなのであった。内田義彦の提言した「学問の総合統一」を、理想社会の処方箋として実行に移すには程遠い所にあるのが、今の日本の病状である。

現憲法を変えようとすればするほど、理想は遠ざかってしまう。特に第九条の絶対平和主義を無にし、相対的な都合に合わせて集団的自衛権の行使を認めてしまうことは、即、国家自滅の道を許すことになる。それにもう一つ、国家体制を崩壊させかねない重大な問題があった。名護市辺野古への米軍の普天間基地移設問題を日米合意とうそぶく新基地建設問題である。沖縄県民がそのことに強く反対しているのに、司令塔の彼は聞く耳を持たない。

問題の辺野古の海と大浦湾には、今でも龍宮神ジュゴンが現れて泳いでいる。旧約聖書を読めば分かるが、「神」はジュゴンの絶対的平和の力を精霊の力と認めた上で、幕屋をジュゴンの皮で覆うよう、ユダヤの民に命じているのであった。ところが天皇を「神」とした明治以降の日本は、その命令に背き、七十年前と同じ大破局への道を進まんとしているから恐ろしい。

このような時こそ、国家のあり方、真の市民社会の建設――なにより「一人一人が生きることの絶対的意味」――について考えつづけた内田義彦に耳をかたむけてはどうか。

内田義彦の痛切さ

山田登世子　フランス文学

一九四六年生。愛知淑徳大学教授。著書『メディア都市パリ』(ちくま学芸文庫)『晶子とシャネル』(勁草書房)『贅沢の条件』(岩波新書) 他。訳書に、バルザック『従妹ベット』(藤原書店) 他。

内田義彦のことばは、心に迫ってくる。その痛切さ。『読書と社会科学』をあらためて再読して、その痛切さに、泣いた。

よもやそれほどの衝撃をうけようとも思わずに本にむかったのに。

私はおもわず知らず歳月をふりかえっていた。『作品としての社会科学』のあと、内田義彦の最後の作品である『読書と社会科学』を読んでからの長い月日を。あれからもう何十年も経っていたのだ……。

内田義彦はいつもそこにあったはずだった。それなのに――背教者のようなうしろめたさが追いかけてくる。

内田義彦の学問論は「信」に満ちている。古典の読み方を教えて、内田義彦は言う。「信じて疑え」と。信じてかかることができるようでなければ、読み深めなどしようがない、と。同時にもう一つ大切なのは、読みすすめてゆく自分の読みにたいする「信」である。古典を読むとは、この自分の信を賭けて、古典と格闘することなのだ。

内田義彦のことばの熱さは、古典に相対している自分、いま・ここにある自分を仮借なく問いただしてくる。迫ってくるのである。

迫られて、逃れようのない自分がいる。

古典と格闘する自分、それは、いまこの時代を生きている自分、時代の苦難を聡く深く感じとっている自分でなければならない。その自分をじっと持ちこたえつつ、古典にむかう。古典を読むとは、書物をとおして世界を把握することなのだ。

――本をではなくて、本で「モノ」を読む。これが肝心

大佛次郎賞受賞記念講演、1981年

で、つまり真の狙いは本ではなくてモノです。

ああ、と悲鳴にも似た何かがこみあげてくる。私はそのようにモノを見、世界を見てきただろうか、と。否、否、否……あとずさりする私に、周到なことばが追い打ちをかけてくる。

——本に読まれてモノが読めなくなるような読み方では困りますね。

ああ、私は幾度本に読まれてきたことだろう。本に読まれて、自分を持ちつづけることを放棄してしまったことが幾度あったことか。

内田義彦のことばに照らされて、くっきりと自分が見えてしまう。

以前に読んだときは、まだ時があった。未来があった。内田義彦に学んで歩むことができると思っていたのだ。若さが味方してくれていた。

それから数十年。今となって、その道の、何とはるかなことだろう。もう私には歩めない……。照らしだすことばに耐えきれず、くずおれて、ただ涙をかみしめる。

若き日の先哲

アダム・スミス

内田義彦

アダム・スミスは一七二三年スコットランドで生れ、一七九〇年同じスコットランドで死んだ。一七七六年にかれが書いた「国富の本質と原因の~~性質~~研究」(~~通例~~「国富論」)ま~~本は「国民の富」の名で知られている)~~は、普通「道徳哲学」という広い、その名にふさわしい内容の流れの中にありうるから、「

第一稿 [illegible]、
第一稿 [illegible]

2

「経済学」という独自の学の分野を打ち立てたものであり、裏から言えば、人間の学としての社会科学は経済学をもつことによって始めて可能になることを示してみせた本である。かれ自身は、経済学とともに、法学を書くことで道徳哲学の体系を完成しようという意志をさいごまでもっていたが、死によって果せなかった。だから、スミスの名は、もっぱら「国富論」の著者として知られている。

そのスミスの「若き日」の姿を断片で伝えることは

譬話の伝授

〔知性の世代相続のために〕

稲賀繁美

美術／比較文化

一九五七年生。国際日本文化研究センター教授。著書『絵画の黄昏――エドゥアール・マネ没後の闘争』『絵画の東方――オリエンタリズムからジャポニスムへ』『絵画の臨界――近代東アジア美術史の桎梏と命運』三部作（名古屋大学出版会）他。

庭石の配置ということがある。めぐり歩く回遊の順序に従って視界が開け、光景が揺れ動く。そのなかで、それぞれの場所に、ふさわしい石を適切な位置に配列する。およそこれは、整然と並べるなぞといった操作よりは数等倍むつかしい「藝当」である。内田義彦という経済史家は、そうした機微を弁えていた稀有な存在といってよい。そして彼はそれを、しばしば、あたかもさりげないことのようにやってのけた。裏に苦心を隠しつつ。

大小も違えば形状も異なり、肌触りや色つやにいたるまで様々な自然石を、ある空間に落ち着かせるという技術。それは単に素材を機械的に同じ寸法に切り詰め、タイルのように並べて均一な平面を作ることではない。選ばれたそれぞれの石塊はそれぞれに自己主張するが、おのずと主たる座を占める石、それに寄り添うことで引き立つ石、空間に読みの流れを描く石と、定まってくる。序列からはずれて隅に捨てられる輩も現れるが、これらの捨石が実際には全体をきりり引き締める要の役割を果たしもする。そしてこればかりは、実地に石どもと格闘して、矯めつ眇めつの試行錯誤を繰り返さぬ限り実現できない。あらかじめ設計図を描いて、そのとおりに施工すれば事足りる、といった生易しい技ではない。

実はこれ、一本の論文あるいはおよそ「ものづくり」一般を為す際の要諦でもある。

大学の教養課程の授業で、初心者がともすれば陥りがちな思い込みや弊害に捕われたとき、そうした固定観念からかれらを脱出させるのに、何が有効か。ふと思い出して使うのが譬ばなしだが、それらがよくよく考えると内田義彦経由で仕込んだネタだったことに思い至る。

空間の配置に続いて時間の読みに話を移すならば、例えば桐生の機屋さんの話がある（一八〇頁）。

機屋さんは銀座にファッション・ショーを見に出かける。ウィンドウに飾ってある見本はそのままでは世間で通用はしない。それを十倍も百倍も希釈したものが、初めて一般に普及する商品となる。だがそのいわば原液を確認し、店を廻ると流行の方向が見えてくる。次の季節、翌年に何が流行るかが予測できる。これはデザイナーならずとも、もファッションに敏感な方ならば実感がおありだろう。抽象と理論構築に関するこうした話題は、頭脳の片隅に記憶しておくと重宝する。試してみるがよい。新年に香港にでもゆくと、春になって日本列島で何色の服が流行るか、素人でも数か月は早読みできる。これがプロとなれば、その前年から次の年の戦略を練っておくことになる。それは目星を立てつつ、そこからわざと必要なだけ方向を逸らせて、自らの商品の先行き予測を立てる「自己実現の予言」だ。

「僧正と三人の隠者の話」はトルストイ経由で知られる民話だが、これにもずいぶんお世話になった（六八頁）。高徳の僧正が離れ島の三人の隠者に祈禱の文句を教える。ようやく暗唱したようなので島を去ると、突然背後の彼方が光り輝く。何事ならんと見やると、件の隠者たちが海上を滑空して僧正の船に近づいてくる。船べりに辿りついた彼らは僧正にこう訴える。せっかく教えてもらった祈禱の文句を忘れてしまったので、もう一度唱えて欲しいと。僧正は十字を切ってこう答えたという。信心深い隠者たちよ、汝らの願いはすでに天に届いておる。今更自分がそなたたちに教えることなどなにもない、と。

この有名な逸話、果たして内田義彦経由で入手したのかどうかも、今や定かでない。だが起源の探索よりも大切なのは、この譬の伝えるメッセージだろう。仏教説話は東西に伝播して世界を周回した。起源も不確かな変遷を経た譬の或るものは、イスラーム圏を経てキリスト教の外伝に変貌し、それと同一起源と想定される逸話が反対に中国経由で『今昔物語』にも辿りつく。天草版のイソップ説話には、そうした逸話が東廻りと西廻りで再度遭遇した事例もある。なかには起源の物語には存在しなかった教訓が、伝播の過程で加算された折節さえ見受けられる。真理は啓示の起源から流出するだけではない。むしろ真理への帰依の「行」のうちに、ふと顕現する。そうした伝承の動態を理解するうえでも、トルストイが再話した民話が孕む教訓は貴重だろう。それはまた、内田義彦をいかに次の世代が読み継いでゆくべきかをも、暗に物語る。

内田義彦が生を受けた一九一三年は岡倉覚三の没年でもあった。覚三の『茶の本』にみえる「伯牙の琴馴らし」の逸話を述べる紙面はもはやないが、内田はそれを大塚久雄経由で語っている（一一〇頁）。学統とは異なった学術の秘事伝授である。太古からの歴史の記憶を蔵した大樹。そこから作られた琴は、その記憶を甦らせる楽器として蘇生する。ここで大塚は史実に語らせる秘術を説き、内田はそこから、専門の聴き耳と無念夢想の聞く耳との往還へと話題を転じる。過去の声に未来の命を宿らせる秘訣である。

宿痾の食道癌治療のための集中治療室滞在から最後の生還を果たしたおり、内田義彦は、生命維持装置の騒音の内に、初めてLebenswesenという言葉の語感を実感しえたと、嬉々として報告している。継承される生命の本質に肉薄した内田義彦の学問的生命を、今こそ引き継ぎたい。「伯牙の琴」は、我々の手に委ねられているのだから。

＊括弧内の頁数は、内田義彦『生きること　学ぶこと』藤原書店、二〇〇〇年相当頁数。本稿の一部は、シルクロードの交易都市、トゥルファンでの移動学会で披露したところ、ジャック・ルゴフやウンベルト・エーコらからお褒めに与った。一言ご披露して、生前直接に謦咳には接しなかった内田義彦の学恩に、遥かに感謝する便（よすが）としたい。

内田義彦の音楽論

田中秀臣　経済学

一九六一年生。上武大学ビジネス情報学部教授。著書『沈黙と抵抗　評伝・住谷悦治』（藤原書店）『経済論戦の読み方』『不謹慎な経済学』（講談社）『デフレ不況』（朝日新聞出版）他。

内田義彦にとって音楽とは、ただ単に彼の趣味嗜好の対象ではない。内田の音楽論は彼の社会や経済を見る「眼」にとって欠かせない重心となるものだった。

内田の音楽論のルーツのひとつが、戦前に読んだ園部三郎の「ジャン・ジャック・ルソーと音楽」（一九三六年）[1]だ。「ルソーという思想家を知るうえに音楽家ルソーを知ることが重要」という問題意識は、園部の論文を読んだことで培われた(2)。

園部の音楽家ルソー論は、二つの主要論点を提起していた。ひとつは、音楽における民族性の優位、もうひとつは音楽と大衆の関係である。園部によれば、ルソーの音楽論は、旋律(歌)と和声を対比させ、前者が後者に勝っているとするものだった。園部が引用したルソーの言葉がわかりやすい。

「人間を最も感動させるのは、単なる自然の模倣ではなく、人間的感情に最も自然に訴える力である。音楽にその力を求めるならば、それは歌の中にある。即ち旋律の中にある。しかも旋律は人間最古の音楽的階梯であり、且つ各民族で各々その国語に規定された歌をつたえのこしている」。

(近代音楽論 *Dissertaion sur la musique moderne* よりの抜粋(3))

旋律(歌)の民族性を、ルソーはフランスとイタリアの旋律の違いとしてまずとらえていた。フランスの方は和声的であり、「自然を対象として、それを最も合理的に旋律化すること」であり、ルソーの批判対象であった当時の大音楽家ラモーの考えに結晶した。対して、ルソーがひいきしたイタリアの旋律は、「自然によって与えられた感動を音楽化すること」であった。ルソーの音楽の構成要素における旋律(歌)の優位は、各国の言葉で伝わる「民謡」に最もよく表れている。

園部の描くルソーでは、和声的音楽の代表はフランスの宮廷音楽であり、旋律的音楽の代表は、イタリアのオペラや各国の民謡であった。ルソーは後者の旋律的音楽の消費者である「大衆」を重視した、というのが園部のルソー論の肝である。

「音楽形式の盛衰の最後の決定者は結局は大衆そのものではなかったか。一定の時代に先んずることができた少数の作家、その価値の最高的判断者である大衆——この歴史的事実は、大衆は一定の条件の下でだけ暗愚とみられるのであって、常に発展性をもっているものであることをものがたってはいないだろうか。十八世紀の先覚者ルソーは、ふかくこの問題に立ちはいったのである。そして大衆のための音楽として、民謡の——したがって旋律の主導者となったのである(4)」。

ここで注意すべきは、「大衆」はいたる国々に存在するという意味で共通性をもつということ、さらにその国々の「大衆」は、それぞれの国語(民族性)という特殊性をもつということである。(園部による)ルソーの音楽論は、この「大衆」のもつ二面性（共通性と特殊性）によって規定されている。

ところで何よりも「大衆」を、社会や経済の最終的な価値決定者としたのが、内田ではなかったろうか。「自然」を単に合理的に対象化し、それを機械的に「大衆」に押し付ける知識人の専制に対して、内田は「大衆」の目線に立って抗議していたのではなかったろうか。

実際に、ルソーの音楽遍歴から、内田が読み取ったものは、まさに社会を判断する基準として、内田が再三参照した「自然人」という「大衆」の姿である。

ルソーの音楽遍歴は、教会の音楽教師から学んだ半年ばかりの音楽教育をもとに始まった。ルソーはその経験だけで、名前をヴォソール・ド・ヴィルヌーヴと変えた渡り音楽家になり放浪の旅に出た。旅の途上で彼は善意の村人たちにしばしば出会った。やがてルソーは成功して上流社会に参加するのだが、その成功以降、この善意の村人たちのような人々に二度と出会うことはなかった、と内田はルソーの自伝的作品から紹介している。

「音楽はルソーの魂のよりどころともいうべき「自然」の象徴であったが、かれの「自然」あるいは「自然人」には、どうも二つのものがひそんでいたように思われる。一つは、ローファー的な、ルソーをして渡り音楽家ヴォソール・ド・ヴィルヌーヴたらしめたようなそれであり、もう一つは、そういう人間を、こんなものにしたのは何かという、反省のなかに鋭く生きている自然である」[5]。

内田の「自然人」のこの二類型は、木下順二の戯曲『夕鶴』や『彦市ばなし』などの登場人物のキャラクターから導きだされたものだ[6]。

第一の自然人の類型は、ルソーが放浪中に出会った親切な村人たちに例解される「歴史的、実在的な自然人」、「生活力にあふれ庶民的だが、生活力があって現状を操作し生きのび得るだけしばしば現状没入的であり直接に歴史的現実の否定者ではない」[7]。他方で、第二の自然人は、「かれを取り巻く、あるいはかれの中にある社会人との緊張のなかで反省のなかに生きている自然」であり、「過去の追想といういたましい反省のなかで、再構成し、その意味を知らせるもの、そこにかれの――第二の意味の――自然人がある」[8]。

第一の自然人としての庶民的（大衆的）なものが、第二の自然人の知識人的なものと「結合」することで、ルソーの音楽的特質が現れる。この内田の自然（人）論は、園部のルソー論と比較するとわかりやすい。園部では、ルソーの音楽的対比から、「大衆」（＝旋律）と知識人（＝和声）が画然と区別され、音楽的な価値の最終的判定者として「大衆」が優位だとされていた。しかし内田がルソーの音楽的体験から読みとったものは、庶民（大衆）と知識人の「結合」である。庶民と接触することで、第二類型の自然人＝知識人は、「知識人それ自身のなかにある圧服された自然の意識」を呼び覚まし、現実への反省と批判を得る。これを契機に第二の自然人（自然の意識が覚醒した知識人）をして歴史の再構成にむかわしめるだろう。

内田が音楽の判定のみならず、社会や経済の最終的な判断のよりどころにした「自然状態」は、このような庶民と知識人の相互干渉的な「結合」の状態であった。庶民だけだと歴史密着的であり、現状没入的である。しかし他方で庶民はいたるところいたる時期に存在しえたであろう。その意味で「共通性」をもつ。他方で、第二類型の自然人は特殊的な存在である。

木下順二の作品『夕鶴』で例示してみよう。純朴で欲の塊であるような村人（第一類型の自然人）にそそのかされて、妻のおつうの鶴である姿をみてしまった夫の与ひょう（第二類型の自然人）は、かつての歴史（妻のつうとの生活、彼女への裏切りと喪失）を反省し、その歴史物語を現時点から批判的に再構成していく役回りを演じている。[9] 純朴で世俗的な庶民は「共通的なもの」であり、彼らと接触することで、つう（世界のいくばくかの道理）を知った与ひょうは「特殊的なもの」であり、それらが混然一体となって結合し、『夕鶴』という作品の深さ、強さにつながっていく。

この「共通的なもの」（庶民）と「特殊的なもの」（知識人）との「結合」した自然状態への注目。それがルソーの音楽や木下作品だけでなく、内田の音楽そのものの見方につながる。以下は詩人の谷川俊太郎との対談である。

「谷川：僕は、いい音楽・悪い音楽というものはない、つまり、上品な音楽・下品な音楽というのは基本的にはないだろうと思ってる人間なんですが、その音楽を受けとるときのその人間の状態によって、音楽は人を暗い、不健康なところに引きこんだりすることもありうる、そんな気がするんです。

内田：だと思いますね。ただ、その暗い、不健康な、という場合の健康概念ね、いったい何を指して〝健康〟と言うのか。それと〝恐い〟ということで言えば、モーツァルトを聴きながらアウシュビッツの〝管理〟を果たすというか、音楽の持っている抽象性というかな、無方向性。しかもそれ自体は無方向でありながら人を特定の方向に引っぱる力の大きさ、その恐ろしさを感じるんですね。

人を引っぱる力の絶対値の大きさ。抽象化されて無方向であるがゆえに、心の奥深くで語りかけ人間の行動を引き出し組織するその力の大きさは演劇を越える。悪魔だか神だか解らんものに神の声を与え、神を同じ組織力を与える。（略）共通の場所へ引っぱる。だけど、その内容、方向はわからん。なにかそこのところが、演劇よりももっと恐ろしい、大きな力を持っているだけに恐ろしい、そんな気がしますね[10]」。

音楽の無方向性の強調、しかしいざ特定の方向に人間を引っぱっていけばとてつもなく大きな力を作用する。その恐ろしさの認識を、内田は語っている。

「内田：（略）ただ、僕は、やはり音楽には——音楽が抽象的であるだけに——いろんな他のジャンルで得た、あるいは得られる体験が抽象化されて入り込んでいて、そういう形で複雑で具体的な現実と連なっているような気がするんだな。抽象的であるがゆえにその全体に浸透し、全体を統合するものとして音楽がある。僕の場合には[11]」。

この（現実と連なる）抽象的な全体的な統合性、これを内田はおそらく「自然状態」として理解している。先ほどのルソーの音楽論や『夕鶴』論と同じく、ふたつの自然人の「結合」の状態である[12]。そしてこの自然状態は、繰り返しになるが、もちろん共通的なもの（庶民）と特殊的なもの（知識人）の「結合」の場所でもある。その「結合」の場所から、音楽を理解すること、これが内田の音楽論の要所だ。

「内田：ええ。自然状態において、共通なもの普遍的なものがつかめる。しかもそれぞれに個性的なかたちで。作曲家あるいは演奏家がドイツで作ったものを、いま、ここで私が聴くのですから。全然別な形で共通なものを認識するわけです。共通な、普遍的なものを理解することで、初めて個性的になる。逆に普遍的なものに触れることで、初めてヨーロッパを知ると同時に日本をあるいは日本に生きている私を知る。たとえば、谷川さんがヨーロッパでこれこそがヨーロッパであると感じられたことと、こういうものが日本である、そこに自分の原型がある、ということの発見とは、たぶん同時発見なんだろうと思うんです[13]」。

音楽は普遍的で共通的なもの、その結合としての「自然状態」。音楽の共通なもの、普遍的なものをつかむことが、音楽を個性的なものにする。これを社会におきかえれば、庶民と知識人の相互作用のなかで、個性的なもの（〝わたし〟）が見出される。だが、この〝わたし〟が見出されるまで、内田自身の体験からいうと一筋縄ではなかった。

一九七一年に国際的な調律師の村上輝久との対談で、内田は、共通的なものと特殊的なものの「結合」あるいは「バランス」としての調律論を提起した。しかしそれに対する村上の答えは、実に「きびしい対応」のものだった。村上にとって内田のいう意味での「結合」は意識されておらず、むしろ調律での技術の問題がクローズアップされている〝だけ〟だった。(14)

調律師でも、音楽家でも、また『夕鶴』の与ひょうでも、彼らが想念にあるのは、単に調律や演奏、または（物語世界を生きるという）演技という「技術」のみではないか？これら文化的なものへの自然状態からの判断は、まったく当事者意識からは縁遠いもの、無縁のものではないか。

この「きびしい」問いに対する内田の模索は、彼自らが（音楽とも劇とも違う）自然状態に身をおき、まさに調律師や物語の登場人物と同じ、当事者になることで、一定の方向を得た、と私は思う。

その内田自身の自然状態体験は、一九七四年の生死をさまよった大病の経験である。ＩＣＵに一週間隔離され、医療スタッフ以外と隔絶された状況。ところがこの社会ともっとも切り離された状態（自然状態）でこそ、彼は「社会」というものにふれた。その「社会」とは病室の外で彼を励ましているであろう家族、採血に協力してくれた学生たち、そして医療スタッフへの「思い」である。

「その、社会から隔離されて一人ぼっちで死と戦っている生物としての私を支えてくれたのは、鮮明に蘇ってくるこういう方々の思いでした。社会から切り離されて孤独な戦いをすすめることを余儀なくされることで初めて、私は、社会というものを知った。社会が、私の外にあるだけでなくて同時に私の中に入って私を支えている、それがつまり社会というものなんだということを知ったんです(15)」。

放浪していたルソーや与ひょうと同じように「自然状態」に当事者としてあること。そこから「社会」を見る眼を得ること。そこにまた「個別的なもの」（〝わたし〟という個人）が見出されることを、内田は自ら確認した。

「ところが、生きるということ、つまり私という個人が行なう物質代謝に即して組織が目に見えてきた。前には人間に独自な物質代謝という言葉で社会的なそれだけしか思い浮かばなかったんです(16)」。

自然状態からの文化的なものや社会への反省。そこから導き出される「個別的なもの」（共通的なものと特殊的なものの結合）。

共通的な価値観と特殊な価値観とが、激しく対立する文化の様々な局面（例：特定のマンガ作品の評価や規制を巡る問題、あるいはヘイトスピーチの問題などまさに現在問題はあふれかえっている）を考えたときに、この内田の音楽論の方向性――共通的なものと特殊的なものとの結合こそが個性を生み出す――は、思想のひとつの方向としていまだに生きているだろう[17]。

（1）園部三郎『音楽史の断章』音楽之友社、一九五二年に収録。なお内田は唱歌「むすんでひらいて」を園部の論文を読んだことで、ルソーの作曲だと知ったとするが、現在の研究では、同曲は、ルソーのものではないことが実証されている（海老澤敏『ジャン＝ジャック・ルソーと音楽』ぺりかん社、二〇一二年を参照）。

（2）内田義彦「ルソーの「自然」と音楽――オペラ『村の占者』を中心に」『日本資本主義の思想像』二二〇頁、岩波書店、一九六七年。

（3）園部、前掲書、三〇頁。

（4）園部、前掲書、三七頁。

（5）内田、前掲、二二八頁。

（6）内田義彦・木下順二「『夕鶴』をめぐって」『「日本」を考える　内田義彦セレクション4』藤原書店、二〇〇一年、八二頁等参照。

（7）内田義彦「ルソーの「自然」と音楽――オペラ『村の占者』を中心に」二二八頁。

（8）内田義彦「ルソーの「自然」と音楽――オペラ『村の占者』を中心に」二三〇―一頁。

（9）ちなみに内田にとって『夕鶴』のおつうは、真理の一部を与ひょうにもたらすエージェントという意味での「第三類型の自然人」でもある。

（10）内田義彦・谷川俊太郎『対話　言葉と科学と音楽と』藤原書店、二〇〇八年、四九―五一頁。

（11）内田・谷川、前掲書、五九頁。

（12）おそらくルソーならば、「旋律の統一性」とでも名付けたものである。

（13）内田・谷川、前掲書、六〇頁。

（14）村上輝久・内田義彦「調律の思想」『ことばと音、そして身体　内田義彦セレクション2』藤原書店、二〇〇〇年、一〇一―一五八頁。村上の応答が内田の考えにとって「厳し」かったという感想が対談の末尾にある。

（15）内田義彦「『作品』への遍歴」『内田義彦著作集　第八巻』岩波書店、一九八九年、三一八―九頁。

（16）内田、前掲、三二一頁。

（17）この共通的な価値と特殊な価値との文化的な対立と結合を文化経済学の側面から論じたのが、タイラー・コーエンの『創造的破壊』（田中秀臣監訳、浜野志保訳、作品社、二〇一二年）であり、社会政策的な側面から論じたのが、シセラ・ボクの『共通価値』（小野原雅夫監訳、宮川弘美訳、法政大学出版会、二〇〇八年）であろう。音楽論の文脈としては、田中秀臣「大瀧詠一と文化の経済学」（『電気と工事』二〇一四年三月号）七二―三頁、「日本をうたう歌手さや」（『正論』二〇一三年七月号）三二六―九頁を参照。

内田義彦の思想から考える「新琉球学」

松島泰勝　経済学／琉球学

一九六三年生。龍谷大学教授。NPO「ゆいまーる琉球の自治」代表。著書『沖縄島嶼経済史』『琉球の「自治」』（藤原書店）『琉球独立への道』（法律文化社）他。

人はなぜ学問をするのか。「人間が生きるということそれ自体にかかわって学問の意味づけが行なわれないかぎり、学問は、学界の権威によりそった学界のための学問になるか、社会的有用性のための、手段としての学問に転落する他ありません」（二三九〜二四〇頁。以下、『生きること　学ぶこと』藤原書店、の頁数を示す）

学問とは一部の学者のものではなく、ツールでもない。人間がこの世で生きていくためのものであり、生きること自体が学問である。

琉球を対象とした学問である沖縄学は、一八七九年に琉球が日本に併合されて以降、伊波普猷、東恩納寛惇、比嘉春潮等の琉球人を中心につくられ、現在も研究成果が生み出されている。沖縄学は近代琉球の植民地状況の中で苦悩する琉球人を解放させるための学問として誕生した。琉球人が自らの力で差別や支配から脱するために、つまり人間として生きるために沖縄学が形成された。

しかし現在の沖縄学は、研究のタコツボ化、専門化が進み、専門用語が多用され、生活者の感覚や問題意識から遊離した「研究のための研究」に堕したケースも少なくない。また琉球を分析、検討、評論し、研究成果を生み出すという研究スタイルに自足する人々も多い。琉球は研究の素材（スタッフ）であり、研究業績蓄積の手段でしかないのだろうか。

内田は次のように研究者の「アカデミック・アニマル」化を批判している。「日本の学問が研究の仕方においても、伝達の仕方においても、わが事ならぬ「学問の事」として、本質的にはその技術性において考えられているのと無縁ではないと私は思う」（三〇頁）「大局として見れば、学問は現実をみる眼の深化のためにあるのであって、学問のために現実が必要なのではない。学問研究の深化をたんに専門研究の循環として空回りさせないためには、社会の中に生きる一人として、自分の生きる生き方を、理論的・専門的研究に媒介させてゆきながらつねに考えていなければならない」（二〇三頁）

琉球と自分との関係をどのように考えるのか、そして自分の生き方や琉球との関わり方を学問によって如何に認識し、変えるのかという課題が琉球の学問に突きつけられている。

日米の植民地支配下にある琉球を研究することは、研究者の当事者性、立場性が問われてくる。琉球人が自己解放、つまり自らのアイデンティティを確立し、植民地的取扱いに対し「否」を唱え、人民の自己決定権を行使する過程や方法をどのように研究するのか、そして、研究成果を如何にして現実の琉球に反映させ、植民地状況を変えていくのかが、今日ほど琉球の学問に求められている時はない。

内田は人間の自立にとって社会科学が不可欠であると論じている。「社会科学を忘れた自立は、いわば軟体動物的自立であろう。人間が柔軟にして強靭な存在になってゆくためには日常見聞きする現象を学問的にとらえるという、簡単なようで厄介な操作を絶対に必要とする。国家が社会科学を必要とする局面をいうのではない。そうではなくて、人間が自立する条件としての社会科学の必要をいうのである。そういうものとしての社会科学を、一人一人が自分のものとしなければ、自立した、自分の足で立った人間とはいい得まい」（二一六頁）

これまでの沖縄学の最大の問題点は社会科学的研究が重視されなかったことにある。沖縄学は琉球の言語、信仰、歴史、民俗等を中心とした人文系の研究の総体であり、研究の主な担い手は学者であった。琉球や琉球人の植民地主義・自治・自立・独立を考える場合、社会科学が基盤にならなくてはならない。「新琉球学」は琉球人が抱える社会的問題に向き合い、その解決に取り組む学問、つまり経世済民の学を目指す。

新琉球学の担い手は一人一人の琉球人である。専門家と素人とは次のような関係をもつ。「せっかくの専門家が素人と切れてしまい、切れることによって素人が専門家に支配され操作されてしまう。分業が人間や社会に恩恵をもたらすどころか、人びとを抑圧してしまう。しかも、社会全体で専門家と素人が分断されるだけでなく、一人ひとりのなかで交差され統一されるべき「専門家の眼」と「素人の

眼」が分断される。仕事人たるあなたと生活人たるあなたが別人になってしまう」（viii頁）

人間は人間的本能として学ぶ（一五四頁）。自らの問題を他人まかせにせず、自分の問題として受けとめる。そこから問題意識が生まれ、学問が始まる。新琉球学は琉球人すべてに開かれている。二〇一三年五月一五日に発足した琉球民族独立総合研究学会の会員資格は琉球人に限定しているが、様々な分野の琉球人約二〇〇人が集まった。日常的な反基地や反植民地の活動をしながら、人間として生きるために琉球独立を学問しようと考える琉球人が増えている。琉球人が自らの力で島の問題をとらえる眼を深化させ、新しい社会をつくる、それぞれの過程が新琉球学という学問そのものの形成となる。琉球人は学ぶことによって今の奴隷の境遇から脱することができる。

社会科学における新たな文体の創造

宇野重規　政治学

一九六七年生。東京大学社会科学研究所教授。著書『民主主義のつくり方』（筑摩書房）『西洋政治思想史』（有斐閣）『〈私〉時代のデモクラシー』（岩波書店）『トクヴィル』（講談社）他。

社会科学の文章というと、私が大学に入学した当時（一九八六年）はまだ、かなりいかめしい言葉遣いが目立った。夏休みの課題図書の一冊に丸山眞男の『現代政治の思想と行動』があったが、内容もさることながら、文体もかなりインパクトがあったことを記憶している。なるほど、大人の学問とはこういうものなのだと、そのときはじめて思い知った。

「信仰と神学をめぐっての果しない闘争はやがて各宗派をして自らの信条の政治的貫徹を断念せしめ、他方（中略）絶対君主も熾烈な抵抗に面して漸次その支配根拠を公的秩序の保持という外面的なものに移行せしめるの止むなきに至った」（「超国家主義の論理と心理」）などは、その一例である。

もちろん丸山の場合も、後年の『「文明論之概略」を読む』などになると、元々が私的なゼミ形式ということもあって、かなり柔らかい言葉遣いになっている。とはいえ、丸山の場合、最後まで漢文調の、ある種の名調子こそがその特色であったといえる。

あるいは一九八〇年代は、社会科学における文体の変革の大きな転換期だったのかもしれない。実際、この時期以降、社会科学の文体に漢文調が目立たなくなり、「蓋し（けだし）」、「就中（なかんづく）」、「況や（いわんや）」といった言葉も使われなくなった。

その意味からすれば、内田義彦は、社会科学における文体の変革の、非常に重要な先駆者だったことになる。内田の場合、一九七一年の『社会認識の歩み』において既に、その文体の斬新さは明らかであった。意図的な「ですます」調の活用もあって、その文章は、あたかも内田が目の前で語っているかのような錯覚を読者に与えた。

このことは、単なる書き方の問題にはとどまらない。内田の場合、そもそも社会科学とは、一人ひとりの読者が自らの社会に対するものの見方を獲得するためのものであった。内田は「自前の概念装置」や「社会科学の視座」といった言葉を好んで用いたが、そのためにも、社会科学の言葉は日常語から完全に切り離されてはならなかったのである。

ある個人が日常生活のなかで出会った経験を元に、そこからそのエッセンスを抽出し、自分なりの社会の見方を導き出すためにこそ、社会科学はある。社会科学は単なる欧米からの輸入品にとどまってはならず、普通の人間が活用できるものでなければならない。

内田の、あたかも話し言葉を思わせる、コロキアルな文章は、一九八五年の『読書と社会科学』においてすでに完成されていたが、この文体こそ、まさに内田の社会科学観と密接不可分なものであった。

内田のこの文体であるからこそ、「自分でも社会科学の古典を読むことで、自分なりの社会を見る目を養えるかもしれない」と誰もが思うことができる。その勇気も出てくる。それと比べれば、当時の（あるいはいまでも）社会科学の文体は、多くの場合、一般の読者を想定しない、ややもすればエリート主義的なものになりがちであった。

しかも、内田の文体の特徴は、単に柔らかく口語調というだけではなく、一人ひとりの〈私〉に訴えかけてくるという点にあった。「概念装置」や「視座」という場合も、特定の正解があるわけではなく、それぞれの個人が「自前」でつくり上げることが求められたのである。

さらに内田の場合、社会科学とは、生き方と密接に結びついていた。人は社会のなかで生きていく以上、流されることもあるかもしれない。しかし、一人で本を読み、自分なりの社会の見方をつくろうとするとき、その人間は自由であり、その自由は脅かされてはならない。内田にとって社会科学は、個人の自由にとって不可欠の道具であった。

そして社会科学の読書を通じて、人は同時代の諸個人はもちろん、時代を越えた個人と、対話したり共感したりすることができる。〈個〉になった先に、新たな精神的な連帯の可能性を示したことこそ、内田の一連の著作の最大の魅力であった。

はたして、内田によって切り開かれた、社会科学における文体の革新は、今日なお十分に継承されているのだろうか。そしてさらに、より生き生きとした社会科学の文章は開発されているのだろうか。

むしろ、日常語と結びついた社会科学の文体という点において、後退したのではないか。あるいは、単に文章が口語的になっただけで、一人ひとりの個人に「自分も社会科学を通して社会を見たい」と思わせる訴求力を持てずにいるのではないか。

自ら社会科学に従事する人間として、この問いに向き合っていきたいと思っている。

「内田義彦」はどんな味がしたか

小野寺研太　社会思想史

一九八二年生。文教大学非常勤講師。論文「日本における市民社会論の生成」『社会思想史研究』三四号（藤原書店）他。

丸山眞男は、内田義彦への追悼文で、彼の毒舌には「いつもある爽やかさがただよっていた」（丸山「内田義彦君を偲んで」〔一九八九〕）と述べている。戦後すぐに開かれた「青年文化会議」の会合で、著名な経済評論家が行った報告を、内田は「つまらぬ話だったね」と一蹴した。内田の批評はそれほど厳しいものだったが、そうした評価の激しさは、彼の率直さと無邪気さに由来するものであり、決して陰口や不愉快な言葉として響くことはなかった。丸山はこのように回想している。

丸山が述べる通り、陰湿さや重々しさとは対極にあるような「爽やかさ」を持った批評や議論が、内田には可能だった。そんなことができるという点で、彼は稀有な存在だった。アダム・スミスの読解を中心とする経済学史研究の高い専門性と、クラシック音楽や演劇、文学に通暁した幅広い文化的教養を背景に、「学問をする」ことと一人ひとりが「生きる」ことの連続性を、いくつもの対談やエッセイで、鋭く、そして熱く語るスタイルは、彼だからできたことであり、彼だけに許されたものだった。

内田の言動に感じられる、そうした「爽やかさ」は、彼の時代にどんな意味を持ったのだろうか。ここでは、戦後初期から『経済学の生誕』〔一九五三〕にかけての時期に限定して、思想史的な視点から論じてみたい。

終戦直後の数年間に、内田は時事問題に対する発言を積極的に行っている。これは、後年に時事問題への直接的な言及が減っていったことを考えれば、特徴的である。戦後の民主化と復興に向け高揚する雰囲気の中で、「何か言わなければ」という思いが彼を支えていたのだろう。雑誌『潮流』に掲載された論考「戦時経済学の矛盾的展開と経済理論」〔一九四八〕は、そうした風潮を反映したものである。そして、内田のこの社会的発言を読むときには、私たちはいくぶんか慎重になる必要がある。

この論考は、大河内一男と風早八十二が、戦時中に展開した生産力論を再評価したものである。一般的に生産力論とは、総力戦で必要となる軍需の増産に対応するため、基幹産業、とくに重化学工業の生産力を高め、それ以外の産業を整理縮小して、産業構成の高度化を目指す議論を指す。これは統制経済論の基本的な考え方であり、当時はよく知られたものだった。

内田は、生産力論が主張する産業構成の高度化は、近代的な技術を習得した熟練工の大量創出と前近代的な（職人気質の）労働者組織の変容をもたらし、結果的に戦中期日本の近代化を推進したと論じた。戦争遂行のための生産力論が、日本社会の近代化（さらには民主化）に対して、実は「寄与」していたのだということである。内田は、戦時中の大河内や風早らが、社会政策の充実化による労働力の保全を訴えたことの背景には、このような生産力論の機能性に対する意識があったとして、彼らの歴史的意義を評価したのである。

あと知恵ではあるが、こうした内田の生産力論評価は、それなりに際どいものでもあった。重工業における労務管理は、第一次世界大戦後から企業主導で周到に進められ、労働者の帰属意識を高める方策として、技術養成教育や職階制が導入された。確かに日本の重工業化は、近代的な技術を労働者に身につけさせ、親方や職工に人格的にも支配される関係をそれなりに対等なものに変えた側面もあったが、同時にそれは、企業側の労使協調路線に沿った近代化策ともいえるものだった（竹内静子『一九三〇年代の構造』［一九七五］）。そこから考えると、内田の論考は、マルクス主義的な近代評価としてはぎりぎりのところに触れていた。生産力論が日本社会の前近代的な側面を払拭したという論点は、かなり慎重に読まなければ、単なる「ブルジョア・イデオロギー」にしか見えないからである。実際、内田の論考が載った『潮流』の特集号は、「正統派」の論者から「反マルクス主義」的だと批判された。「正統派」からすれば、生産力論などは資本主義寄りの弁護論に過ぎなかったのだ。

問題は、その後の内田の対応である。内田は、『潮流』に対する批判があった後、初期の代表作『経済学の生誕』につながるアダム・スミス研究を本格的に開始している。当時を振り返った平田清明との対談で、このスミス研究への取り組みを、内田は「迂回生産」と表現している。

内田は、アダム・スミスの理論的研究を迂回することで、『潮流』の論考と同じことを目論んだのだ。彼がやろうとしたことは、「様々な問題を抱えているが、とはいえ端的に否定すべきでもないもの」、そういうものとして、戦後の日本が進めようとしている「近代」の意味を考えなおすことだった。

『経済学の生誕』は、前編で一八世紀の西欧思想史に位置づけられたスミスの歴史的特徴と意義を論じ、後編でマルクスの経済理論から見たスミスの経済学の問題点を指摘するものである。特に、前編が当時から高い評価で迎えられた。この著作の人気の理由の一つは、スミスをただ持ち上げるでも切って捨てるでもなく、あるいは両論併記でもなく、現在から考えて問題はあるにせよ、その思想的な「うまみ」は「うまみ」として最大限読み尽くすという姿勢が貫かれていたところにある。

あえて大胆に『経済学の生誕』（の前編）を要約すれば、内田はスミスの経済思想から、伝統的な社会から脱けでた人びとが、個人として立ちながらも互いにコミュニケーションしあい、協働して暮らしていけるという近代社会の理念（ヴィジョン）を読み取った。スミスが提示した社会像は、近代的な分業関係の維持・発展こそが、個々人にとっても社会全体にとっても重要なものであることを教える。水平的な人間関係こそが、国を豊かにするだけでなく、「国際的平和と独立の条件として」（『経済学の生誕』）も機能する。

　その後の内田が描いていった経済学史は、スミスの正義論を軸にした社会展望を、マルクスの社会主義論へとつなぐというアウトラインを持つものだった。スミスはマルクスの思想とつながることで、ブルジョア・イデオローグ以上の歴史的重要性を持つ思想家となり、さらにマルクスはスミスの思想とつながることで、暴力革命や階級独裁といった非日常的な社会変革の理論家という存在から、日常的な営みの意味や社会の成り立ちを理解するための独創的な思想家として輝きだす。『潮流』の論考から『経済学の生誕』に至る思考の道筋をたどって見えてくるのは、全面肯定するでもないが、端的に否定すべきでもないものとしての「近代」が有する一側面を取り出すことで、スミスとマルクスの双方を重要な思想家として位置づけていった、内田の知的営みである。

　もちろん、こうしたスミスやマルクスの読み方は、「甘い」ともいえる。内田の捉えた近代が資本主義社会である以上、たとえどんなに良質な部分があるにせよ、無数の「穴」がそこかしこに空いていて、人びとを待ち受けていることも事実である。内田と同時代にそれをいち早く指摘したのが、小林昇だった。小林はあくまでもアカデミックな厳密さを追求するというアプローチによって、スミスの経済的自由主義が必ずしも政治的民主化とセットになって進んだわけではなかったと論じ、内田の読解に異議を唱えた。むしろ小林は、スミスの経済的主張が、イギリス本国の保守主義を支えることにすらなると述べて、内田の近代観が照らさなかった部分を明らかにした。

　両者のスミス解釈の当否はひとまず措いておきたい。ここで考えたいのは、内田の著作が同時代に果たした「機能」である。内田が、近代資本主義の問題を等閑視して、楽観的だったというのは、まったく正しくない。むしろ反対に、内田は資本主義が人間の生活をいかに包摂し、脱しがたいものにするシステムであるかということに常に敏感だった（例えば『資本論の世界』［一九六六］がそうであるように）。

　ただ内田は、そうした近代資本主義がもたらす無数の問題をいくつも指摘し、「だからダメなんだ」と、怖い顔やあきらめの顔を見せることはしなかった。近代の良質な部

分と深刻な部分を両方知った上で、彼自身も悩みながら、近代社会をどう生きるかについて、友人や教え子を静かに鼓舞していた。資本主義の機制に向けて刺々しいいら立ちや腹立たしさをむき出しにするでもなく、あるいはその機制に無自覚な相手を恫喝するでも説教するでもなく、内田はスミスとマルクスから、近代の両義性とその理念について語った。だからこそ、その未来への展望は、彼を読む者に自然と活力を与えてきたのではないか。内田がそう願い、同時代の読者がそう欲したからこそ、「内田義彦」という知識人の営みは、支持されてきたのではないか。

よくできたカクテルがそうであるように、爽やかな後味は、酸味や苦味の絶妙なバランスからなっており、必ずしも味覚として単純なわけではない。内田の言動に感じる「爽やかさ」も、丸山のいう率直で無邪気な毒舌に加えて、近代の両義的な性質の中から可能性を取り出そうとする眼差しによって、できていた。その内田の「爽やかさ」に対し、いま何を思うか。心地よさと共に可能性や展望を見るのか、あるいは指摘されぬ近代の弊害や悪の部分に物足りなさを感じるか。その濃淡は人によって大きく違うだろう。いずれにしても、戦後の一時代、その文脈にあって活き活きできた存在としてならば、内田義彦それ自体は、現代にはもはや必要ないだろう。しかし、「内田義彦」的であること、彼のような問いの立て方をして近代の性格について考え続けようと粘ることは、今でも必要である。そういう視点で彼を読むことは、なお意味を持つ。それが、「内田義彦」を味わうことに他ならない。

Ⅱ　内田義彦を語る

1　内田義彦と私

＊ここでは、主として内田義彦の没後に各界の人びとによって綴られた文章のなかから掲載した。文末に出典を明記しないものは、二〇〇二〜二〇〇五年頃の段階でご寄稿いただいたまま、今日まで発表できていなかったものである。掲載が大幅に遅延したことを、関係者にお詫び申し上げる。（編集部）

日本人そして世界人である稀有の社会科学者

作家
野間　宏

日本人にして世界人であるという、今日いたるところで、出会えそうに見えて、決してありえないと言ってよい、稀有の人であった内田義彦。社会科学者でありながら、芸術をもっとも高い位置において、一切の事物に、まず感性をもって接しようとした人。

今年、私はこの私の眼を耳を、たえず洗いつづけてくれた若い時からの友にして、先導者であったひとを失った。

アダム・スミスの国富論の基礎と、人間の学とその道徳、感情の理論である道徳哲学を見届け、その方法を鋭く磨いてはじめて、マルクスの社会科学のうちに、まず自然の存在を見出し、人間と自然の関係を問いつめる理論を提出した。

内田社会科学は決して直輸入の学問ではない。科学的真理と宗教的真理の二つがあるとした河上肇の学問の根底を問いつめ、熊沢蕃山の国の本としての土地と民論、三浦梅園の宇宙・自然哲学とその人間論等を、荒廃する地球の時代の今日に真に生かそうとする現代日本、世界の傑出した学問である。

(小冊子「追悼・内田義彦」藤原書店、一九九〇年)

(一九九一年没)

内田先生の「さようなら」

俳優　山本安英

内田義彦先生は躊躇する私に「是非独りでおやんなさい」と強くすすめて、〈山本安英の会〉の発足を促して下すった方です。そして一年間、お忙しい中、約束して下さったとおり、月に一度必ずわが家にお越し下さり、〈会〉の運営について援助推進し軌道をつくって下さいました。

内田先生と初めてお会いしたのがいつだったか思い出せませんが、『経済学の生誕』が出版された時、すぐに私にも下さいましたが、その直後、売り切れで一冊でも欲しいと西谷さん（未來社）にとり戻されてしまったことを覚えています。私にはその内容など、むろん分りませんが、ただ芸術への理解は専門を超えてと申しますか、裏打ちされてと言うべきなのかもしれませんが、ほんとに深い方でした。『夕鶴』『花若』『子午線の祀り』と、そのおことばは、演じる私にとってひとつひとつが貴重で適切なものでした。それは深い理解とともに、ほんとに好き、惚れこまなければ言えない種類のことばだったとつくづく思います。

なにかと長く電話でおしゃべりしたものですが、いつも最後に「お休みなさい。体を大事に……、さよなら、さようなら」とおっしゃるのです。普段からの習慣なのでしょうが、私にはつう（『夕鶴』）の消える時のせりふ「さよなら……ほんとうにさようなら」が重なってなんとも気になって、いつもちょっと強く明るく「またね」と答えて受話器を置いたものです。あのお声の調子が思い出されてなりません。（小冊子「追悼・内田義彦」藤原書店、一九九〇年）

（一九九三年没）

内田義彦について

劇作家　木下順二

内田義彦について書く、という課題を抱えこんで二十日以上、何度か書きにかかってみるのだがうまく行かない。前に彼の著作集の月報に書いた時も——彼は著作集刊行中に亡くなり、私が書いたのはその後だったが——こういうふうで、結局意に充たぬものしかできなかった。

なぜだろう、とこのところ考えているうちに気がついたのは、内田義彦と私とのつきあいは、森有正と私とのつき

左から山本安英、長幸男、宇野重吉、木下順二、内田義彦

あいにきわめて似ていたのだということだ。

このところ私は親しい親しい友人をたて続けのように亡くして来た。八八年には宇野重吉と小津次郎。八九年に内田義彦。九一年に野間宏。この四人のうち三人とは、共通のテーマでしばしば話しあいや議論をした。宇野重吉とは演劇、小津次郎とはシェイクスピア、野間宏とは文学。だが考えてみると内田義彦とはそういう議論やテーマとあまりかかわらない、しかし楽しい話ばかりしていたという思い出が残っている。森有正の死はもう十六年の昔になるが、彼の葬儀の時に読んだ私の〝別辞〟をいま読み返してみて、驚くほど内田義彦にそのまま当てはまることばがそこにあることに気がついた。「哲学者や思想家や教師や宗教者や、その他何やかやできみがあったかどうかはぼくは知らない。人間としての実在感、人間であることの楽しさ、豊かさ、おもしろさ、おっかなさ、わけの分らなさを……きみはぼくに感じ通しに感じさせてくれて、そしていなくなってしまった。ぼくにとってきみは、限りなくやさしい人間であった。これだけをいってしまえば、あとはもういうことは何もないという気がする。」――

この〝これだけ〟の具体的な中身を、あのとき私は「森有正よ」という二十何枚かの文章で改めて書いたのだったが（『展望』一九七六年十二月号）、内田義彦の場合も、何十枚かを使わなければとても無理なのだ。

　というのは、例えば内田義彦はこういってくれている。「彼（木下）の問題こそ私が問題とすべき問題であったなと痛感させられ、彼のやり方を私の領域でやるにはどうしたらいいかと終始考えてきたといっていい。」（『作品』への遍歴」）。これは私にとっても全く同じであり、「彼（内田）の問題こそ……」といい直せば、それがすなわち私の気持である。

　ただそれが、直接に内田義彦の専門領域である経済学の〝問題〟ではないというところに難しさがあるのである。それは私も、一九五三年の『経済学の生誕』以来、内田義彦の専門的著作のどれだけかを、覚束なげに勉強してこなかったわけではない。だが私にとって、「彼（内田）のやり方を私の領域でやる」ために必要なのは、そういう〝学問〟の先にある、内田義彦しか持てない得難い発想や思考なのであった。そこのところを私は、〝内田義彦さんを偲ぶ会〟式次第の紙片に、内田義彦へ呼びかける形でこう書いている。

　きみの専門分野において、きみの思索は驚くべく深いものであったらしい。そのことをぼくなどは、そのこととしてはただ推測するよりほかないのだが、しかし芸術の分野においてきみが示してくれた深さを知ることによって、そのことを確認できるという思いがぼくにはある。

　ほんの一例――

　森有正との対談の中できみは、ウェーバーの典型論に拠りつつこういってくれている。――『夕鶴』のつうみたいな人間は日常世界にいない。いわゆる典型の対極だ。だが、われわれは絶対にそういう存在になれないと感得すればするほどそちらへ心がひかれていく故にこそ、現実には一人もいない存在だからこそ、つうは典型なのだ。……

　このような発想の中に、きみの柔軟な精神の鋭さと深さを、ぼくはつくづくと感じないではいられない。

　こんなようなふうな内田義彦の、敢えていうなら〝問題提起〟に、私はどれほど刺戟され、変ないいかただが競争心を煽られて来たか分らない。

　以前に書いた文字をなぞりながら、この短い文章を終ろ

う と思う。いつの頃からであったか、内田義彦との電話は毎度大変な長電話になり、そしていつの頃からであったか——というのは、その頃より前にはそうでなかったという意味だが——電話を切るとき彼は、そこまでのやや弱々しい雑談の調子よりちょっと違った感じで——深い声で、といったらいいだろうか——ゆっくり「さようなら」と必ずいった。

おそらく誰との電話でも、彼は最後にそういっていたのだろう。だが私はいつもその声を、私だけへのメッセイジというような思いで聞いた。そして受話器を置いたあと、いつもひと呼吸、頭の中で彼の「さようなら」という声音をくり返した。

それにしても、いつか十分なスペースで一度内田義彦を書いてみたいものだ。

（『機』一九九二年九月、藤原書店）

（二〇〇六年没）

私にとっての内田義彦

経済学 杉原四郎

ミル、マルクス、河上肇。今の研究テーマは？ という質問に対して、私はここ二十年来、いつもこう答えてきた。この三人の思想家のそれぞれに関心を寄せるとともに、ヒューマン・ネイチュアについて、人間と自然との関連について、また労働の本質についてなど、三人に共通する根本問題について三人を読みながら追究してゆくことが私の課題であった。

こうした過程で、私の机上におかれていたのが、三人の諸著作とともに、内田義彦の著作であった。内田の著作は、三人の著作を、現代の日本で私が読みかつ考えてゆくうえでの必須の媒体であった。その意味では、上の質問に対する答えとしては、ミル・マルクス・河上肇・内田義彦と答えた方が、より正確であったかもしれない。

一

内田義彦に魅せられたのは、私の場合も『経済学の生誕』

によってであるが、本書とほぼ同時に書かれた「古典経済学」（出口勇蔵編『経済学史』第四章）が私に大きな影響をあたえた。全体の構想をのべた(一)「一七七六年とスミス」を内田が、(二)「一八一五年とリカード」を吉澤芳樹が、(三)「一八四八年とミル」を行沢健三が書いた本章は、本来古典経済学の代表者のなかには入らぬミルをあえて最後にもってくる（河上の場合と同様に）ことによって、古典経済学とその真の克服者としてのマルクスとの対比を鮮明にするねらいがあった。内田は(二)の中で、現在「一八四六年におけるミルとマルクス」を書くことを期していると書き、『経済学史講義』の「はしがき」でもこのテーマにふれているが、内田は結局それを書かなかった。彼はイギリス市民革命が生み出した学問体系が経済学を結実させたことを重視するとともに、『リヴァイアサン』の常識批判を論じたり、スミスの人文学体系を再評価したりして、イギリスの近代的学問の全体系に関心をもちつづけていたのだから、社会科学体系の再編成を企図したミルへの関心を晩年にも持ちつづけたと思われる。『ミルとマルクス』を、私は誰よりも内田にこそ読んでほしいと思って書いたが、それから三十年後のわが国のミル研究がいかに発展したかをまとめた共同労作『J・S・ミル研究』（一九九二年）を内田に読んでもらえなかったことは残念であった。

二

『資本論の世界』のⅣ「労働と疎外」で、内田は『資本論』の「労働過程」をとりあげ、その重要性を詳論している。「労働の意味をいかに、その十分な拡がりで摑まえるかということに、歴史理論家マルクスの問題があった」と内田はいい、「労働過程」論をⅤ「相対的剰余価値の論理」やⅥ「資本と人間の再生産」とつなげて展開することによって、ユニークな『資本論』解釈を提出する。そこにシュミットの『マルクスにおける自然概念』の労働過程論に対する批判がこめられていたことは、『作品としての社会科学』で指摘されている通りである。

私が戦後最初に発表した論文「必要労働と剰余労働」は、マルクスの労働概念を十分な拡がりでつかまえようとする試みで、内田の問題意識と呼応するものであった。ただ私の場合は、抽象的労働の費用的側面、労働時間の量的疎外の問題が重視され、内田の具体的労働の創造的側面、分業の質的疎外の問題が重視されているのと異なることは、内田が平田清明との対談で、私の見方に注文をつけていることがしめしている。この点をつっこんで議論したかったが、その機会を逸したのはくやまれる点の一つである。

三

内田河上肇論は『日本資本主義の思想像』にあらわれ、『作品としての社会科学』でヨリ詳しく論じられる。とくに後者の「『ある日の講話』の河上肇」は、従来の河上論には見られぬ内田独特の切り方で河上の初期の分業論を題材にその思考法を論じたもので、私は強く感銘した。またマルクス学の伝播者の道をえらんで土法的学問の創造者の道をやめた後の河上の「創造に働く幼児魂」が噴出したのが漢詩だったという指摘も印象的だった。

ただ明治後期の河上の作品には、内田の驚嘆した分業論と共に、労働費用論や労働時間論があり、この観点が、マルクス研究の中にも存続して、後期の『資本論入門』――内田の推賞する――にも生きていることが、内田の河上論にはなぜか出てこない。この点はさきのマルクスの労働論とも関連する問題で、それの説得的な解明が私の内田に対する重い宿題として残った。（『機』一九九二年九月、藤原書店）

（二〇〇九年没）

今も残る未練の思い

政治学　福田歓一

丸山先生から令名を聞く

経済学史の領域に内田義彦というプロミッシングな学者がいると、最初にわたくしに教えて下さったのは、南原繁門下の兄弟子丸山眞男先生であった。その内田先生がはじめて著書を公刊されたとあって、『経済学の生誕』の一本を求めて大きな知的興奮を味わった感動は忘れようもない。わたくしはすぐに丸山先生にもそれを話したらしく、後年丸山先生の「内田義彦君を偲んで」を拝見すると、「偶然ですけれどもやっぱりそうなのか、福田君も同じような感想でこの書物に接したのだなとうれしく思った」とあった。丸山先生の「政治学史、政治思想史と経済学史とのつながりがついた」という思いは、たしかにわたくしのそれでもあった。

毎月、先生と同席できた幸運

一九六一年、その内田先生から、わたくしは思いも掛けず『経済学史講義』をお贈り頂いた。まだ一面識もない大家からこのような御厚情に与ったのが、『生誕』に挟まれた一枚の読者カードを未來社に送ったことによったとは、後日先生から伺った。それは、わたくしが岩波書店の雑誌『思想』の編集の相談に与ることになり、堀米庸三、隅谷三喜男、加藤周一などの先輩とともに、毎月内田先生と同席する幸運に恵まれて、はじめて内田先生と直接に言葉を交わすようになってからのことである。このエピソードは先生の著作集が公刊された一九八八年、その「月報」の第一号に書いた。先生との接触は、わたくしの場合ほとんどこの会合の席に限られていたが、席上の会話がどんなに大きな恩恵であったかも、もちろん「月報」に記した。何かにつけて先生に突っ掛る生意気な若僧に、先生は終始寛容で、あたたかく受けとめて下さり、多くの人の力説される内田先生のきびしさ、「率直で無邪気な毒舌」に出会うこともなかった。わたくしはただ先生の御健康を案じていた。最後に頂いたお葉書は、八八年十一月二十七日付で、お送りした小著へのあたたかい御感想に添えて、「一日の多くを文字通り食べるのに費やさざるを得」ない「この頃」を述べながら「月報ありがとう」と繰り返されている。

駆けつけた丸山先生の思い出話

それだけに、翌年三月先生の訃報を聞いたときは、朝急いで飛び出して、はじめて伺う鷹番（たかばん）のお宅を捜しながら、すぐに弔問しないではいられなかった。もう二度とお話できない先生にお別れして、帰途ばったり会ったのは、わたくしには先輩であり、内田先生には長い専修大学の同僚福島新吾さんであった。後日その福島さんから、そのあとすぐ丸山先生が駆けつけられて、実に三時間あまり思い出を話しつづけられたことを聞いた。両先生の御交情の深さを知るだけに、お取り込みの中にはじめての者がと遠慮して、日本の思想史のこの上ない証言を聞き損ったことに心残りを禁じ得なかった。

ところが、丸山先生は三月三十日、千日谷会堂の「内田義彦さんを偲ぶ会」を欠席されて、引受けられていたスピーチをなさることができなくなった。前日「気道・気管支の状態がおかしくな」って司会者木下順二さんに急遽御連絡があったという。高齢の大塚久雄先生は、はじめから出席を断念され、「内田義彦さんを偲ぶ」という短いメッセージをテープにとって流された。それだけに、著作集最終巻の別冊として「偲ぶ会」の記録「私の中の内田義彦」があり、そこに丸山先生からは八一年四月「内田義彦の全快と出版を祝う会」のスピーチが寄せられている。それにしても、逝去直後三時間にあまる「丸山眞男の中の内田義彦」がテープにとられていたら、という未練の思いは、わたくしには一層切ないのである。

(『機』二〇〇一年五月、藤原書店)

(二〇〇七年没)

河上肇と内田義彦

演出家 竹内敏晴

内田義彦さんとことばを交わしたのはいつだったのかどうも覚えがない。いずれ「夕鶴」とか「沖縄」とか木下順二作品の上演会場の人混みだったろうが、と思っているうちに、「ある日の講話——河上肇への一つの入り口」(『内田義彦セレクション4 日本を考える』藤原書店)を読んでいてあっと思った。

「(…)数年後の『大逆事件』に際して胸のすくような言葉となって噴出する。(…)「「民主国ヨーロッパは天賦人権、すなわち民賦国権。個人が自明の目的であり国家はその手段であるとすれば、日本は天賦国権、国賦人権。自明のもの、自己目的とされるのは国家であって、個人はその手段だ。」国家は彼等があらゆる犠牲を供する唯一神にして、彼等は国家を犠牲とすべき他の神あることを夢想だもする能はず(…)」」

(同書二三〇頁)

それでは内田さんとことばを交わしたのは、大逆事件を扱った木下杢太郎の戯曲「和泉屋染物店」上演の際だったろうか。この戯曲は木下の故郷である伊豆大仁の古い染物店に、雪の夜秘かに逃亡中の息子が姿を現わし、驚く年老いた父に向って、別れを告げに寄ったのだと言う。かれは、時代は変らねばならぬ、そのために自分は生命を賭けて働き「あの事件」に参加したのだと思いのたけを叩きつけると慌しくまた雪の中へ姿を消す。若いわたしの初めての演出作品であった。

木下は「事件」を知った直後たしか一日二日でこれを書き上げると、それきり文学者としての筆を絶つ。「和泉屋染物店」は、北原白秋らと刊行していた『スバル』一九一一年三月号に掲載された。

木下の絶望に対して河上は明確な意志をもって言論に拠

る戦いに進み出る。この対比について交わしたわずかな人々との文言の中に内田さんが入っていたのだったろうか。東大YMCAの寮の薄暗い講堂の片隅で。

「ある日の講話」と、続く「河上肇と私」は、わたしにとってはこのセレクション中もっとも重い文章だ。特に後者において内田さんは河上の歩みに自分の歴史を重ね合わせ、自分の学問の生成についての仮借ない吟味を試みようとしている。しかしその前にもう一つふれなければならぬ文章がある。

この巻のプロローグとしておかれている「われら何を為すべきか——コロンブスの小さな卵の話」は、「あまりにも堂々たる米軍の進駐ぶりに接してから早くも五ヶ月近く経った。」と始まる。そして進駐軍兵士の、たとえば電車の中で立っている婦人のために席を空けさせたといった、コロンブスの卵のようなごく当り前の、なされるべきことをさり気なくやる「いい話」を見聞きする時「そこには敗北感（…）があるのではない、むしろ当然敗けるべきものに敗けたと云う一種痛快な感じ、彼我を越えた物の道理に接した感じがあり、心のどこかに置き忘れられていた理性が、物の道理に接して不意に目ざめた時の自己への嘲笑と健康な笑いがある。」と書く。

わたしは読みながらあっけにとられていた。二〇歳で敗戦にぶつかり、生きる基盤が崩壊して飢えと混乱と絶望から失語に陥って彷徨していた当時のわたしとの、あまりの落差に。

文はそれから、わたしたち日本人の、自然と理性でなく権威と伝統に身を引き渡す戦時中からの姿勢に対する痛烈な批判が続く。そして「我々はもっと素朴な心を持とう」との呼び掛けに至る。わたしは深くうなづきながらどこか苦い滓のようなものが胸に沈むのを感じた。その明るさ健全さ、「普遍的な」理性へのあまりに疑いのない信頼に対して。

ところが「河上肇と私」の中で、わたしは次の文章に出会う。

「戦後、解放とみられる時期に、私はやはり心からの解放を感じられなくて模索に模索を重ねていた。」はてな？とわたしは疑う。「確かに一方ではそれは解放であった。少くとも私のようなものの行動範囲に関するかぎり、私をさまたげるものは何もなかった。私をとりまくすべての人は、それぞれに自由に自分の道を走っていた。多くの人は水を得た魚のようにマルクス主義経済学に帰っていった。私はその人々をうらやましく思い、一面尊敬の念を持ちながら、戦前のマルクス主義経済学への復帰をもって自分の新しい出発点にすることはできないと考えざるを得なかった。(…)解放によって接触する機会が多くなったところの、マルクス主義にあらざる友人、経済学者にあらざる友人の語るところは、旧来のマルクス主義経済学が告げるところよりも、的確で手ごたえがあると認めざるをえなかったから。」他方それは、「マルクス主義の伝統をつぐと自認していた自分には、多分にいかがわしいものを感じた」、と書く。かれの解放と崩壊の二重性の自覚がここに現れる。そしてかれは「的確で手ごたえ」あるものと「それをいかがわしく思うこと」の双方を大事にしつつ自分の立脚点を築いてゆくほかないと覚悟するに至る。

これが、河上肇の初期から明治末期、さらにその後の思想の展開を貫く地下の流れとしてのモチーフの発見へとかれを導くのだ。それは内田自身の自己発見の歩みでもある。「われら何を為すべきか」一九四六年一月から「河上肇と私」一九七七年、この間三十年。「河上肇と私」のラスト。「一九四六年河上は敗戦による「解放」を迎えて死んだ。しかし、いま河上は安らかに眠ってはいないのである。」そして内田自身もまた。

(二〇〇五年頃)
(二〇〇九年没)

日常を学問する

評論家 江藤文夫

日常的態度と学問方法

「大塚先生が面白いと言われた。」

きつい口調であった。

NHK大河ドラマの、たまたまその原作を読んでいた私は、原作の味わいを消し去ってしまったこのドラマに失望感を覚えていた。晩餐後の一刻、「一緒に観よう」とのお誘いにも、すぐには応えられなかった。対して、この一言であった。

大塚さんは、多分原作をお読みではなかったろう。私自身がこのドラマから、原作との比較で〝消し去った〟その構想や味わいを、あの透徹した目で引き出されたに違いなかった。作品や事物との出会いには、こちら側の力量にも関わるその出会いの時期やありかたを含めて、こうした微妙な諸要因が付随している。心すべきことであろう。

この時は、しかし、何よりも内田さんの一言に打たれた。

学問とその方法を通しての、人間的信頼の深さが、日常における趣味とそのありかたにまでおよぶ。諸事への目の向けかた、さらには人生の趣味とも言うべきもの、それらが人間的態度の根底にあるものを映して、学問の方法にからむ、とも言えようか。

ボンサーンス（良識）ということばの響きも、十九世紀から二十世紀初頭にかけての、フランス作家たちのボンサーンス否認の言説の系譜も、両者の表裏の関係も、このことと無縁ではないだろう。個々人の思想体系あるいは日常の思考方法が、それぞれの体質とその絶えざる組みかえ――それはつねに〝流される〟ということとともにあるが――と密接に結びついているということも、これと同義であるのかも知れない。内田さんの大塚さんに向かう姿勢は、その学問方法とつながったものであった。「批判的継承は全面的傾倒のなかから生まれる」とは、内田さんご自身のことばであった。これを〝文化〟の問題として読み解くこともできる。

内田義彦を読む

「正確さということ」という短いエッセー（『内田義彦セレクション1』に収録）が『毎日新聞』に載った時、これをゼミ合宿のテキストに、十時間かけて読んだことがある。なぜ書斎の整理から始まるのか、から始まって、延々たる議論が続いたのだったが、それを聞きつけられて内田邸に呼ばれた。その要旨を、テープレコーダー（当時は大きかった）を前に約一時間半。その間、筆者は終始無言。文中に現われないところにまでつい足を踏みこんだ、冷汗もののの報告であった。

「行間に書きこみすぎて行が読めなくなったって?」そのお電話は「社会科学の視座」の際である。私の読みに対するユーモラスな、しかし痛烈な批判であって、「来ない?」は気の重いお誘いであった。講演のテープを聴かせて下さった。明らかに三ヵ所の読み間違いがあった。筆(話)者の語りのリズムと読み手のリズムとの差から生じたものであり、しかも論旨の重要な部分に関わった箇所であった。作者をくぐる——あるいは時代をくぐるにも——作業のありかたを含めて、読みということをあらためて考えたのであった。

あるインタビューに、「一番正しいことが果して一番正しいかどうか」という題がついた。コペルニクスからガリレイにいたる歴史的・理論的過程についての、〝地動説の天動説的理解〟を戒めるお話であった。

ことばに媒介される対話の間接性、〈聞と聴〉に関して、聴いて聞こえず、の問題提起、話しことばの書きことば性と書きことばの話しことば性、等々、隣に坐らせていただいて、そのことばの一々をその息遣いとともに聴く幸運な機会をしばしば得た。ただしそのために、お話の細部にわけ入りすぎて、〝聞〟が成り立たなかったかも知れぬ。〝作者がそう書いていること〟を読むのに、作品世界のなかに生きる作者を、いわば本人の〝外〟にとらえることが必要なのと同様に、語りを受けとめるにも、ある距離の設定が必要である。

論文を書く際に万年筆でなく鉛筆を使えとのお勧めには、日常を学問する、という問題提起がひそんでいたのだが、いまだに承服できないでいる。学問と日常にわたる力不足のためである。

(『機』二〇〇〇年七・八月、藤原書店)

(二〇〇五年没)

内田さんを聞く

コラムニスト 天野祐吉

目の前がひらける

社会科学の本はあまり読まない。読んでもすぐ眠くなってしまう。が、内田さんの本は、読んだというほど読んではいないが、ぼくにしてはかなり読んだ。なぜか。眠くならないからだ。なぜ眠くならないか。面白いからである。

「面白い」というのは、目の前の視界がパッとひらけて、いままで雲に隠れて見えなかったものが、とつぜん見えてくることをいうんだそうな。雲の切れ間から光がさしてきて、それがこっちの顔（おも）をパッと明るくする（白くする）ところから「面白い」という言葉ができたという面白い説を、いつか何かで読んだことがある。

内田さんの本は、まさにそういう意味で面白いのだが、面白いことが書いてある社会科学の本は、別に内田さんの本だけとは限らないのに、とくに内田さんの本をぼくが面白いと感じるのはなぜなのか。それはたぶん、内田さんの本がわかりやすいからだろう。

〝わかりやすい〟というのは、別に、むずかしい専門語を使わずに、やさしい日常語で書いているから、という意味ではない。もちろんそれもあるけれど、内田さんの文章には〝声〟があるのだ。言葉が〝音〟として届いてくるのだ。

琵琶法師が語る正調の「平家物語」を、録音で聞いたことがある。そのとき、聞きはじめて三分間で、ぼくは絶句した。なぜって、「祇園精舎の鐘の声、諸行無常の響きあり」という、五秒もかからずに読めてしまう冒頭の一節を、その琵琶法師はなんと三分もかけて語っているのだ。

長い、というだけではない。「ぎーおーんー……」とひびくその音のつらなりのなかから、壮大な平家物語の舞台装置が、ぼくの目の前にゆっくりせりあがってくる。「あ、そうだったのか」と、ぼくはこのときはじめて、「平家物語」が〝わかった〟ような気になった。

声が聞こえる文章

ぼくらはいま、たいていの文章を黙読する。ことさら音読はしない。が、この国で黙読が一般化したのは、たかだか百年くらい前のことにすぎない。気が遠くなるほど長い間、言葉は〝音〟としてあったのである。

その〝音〟が、いまは書き言葉からほとんど消えてしまった。テレビから聞こえてくるニュースも、あれは書き言葉をアナウンサーが音声化しているだけであって、言葉としての音はない。「市場の混迷は必至の情勢であります」なんていう言葉の、どこに音があるのか。

こうしたことが、どんどん書き言葉を届かなくさせてしまう。〝すぐに届く〟ことがいのちのジャーナリズムの言葉だってそうなのだから、アカデミズムの世界はなおさらのことだろう。言葉に音なんかがあると、かえって邪魔なのである。

音を失った言葉の洪水のなかで、内田さんの本には、みずみずしい音がある。声が聞こえる。言うまでもないけれど、それは講演や対談など、話し言葉で話されたものだけではない。原稿用紙に向かって書かれたものについても同じである。

その声が、ぼくを、どきどきするような知の高みに、〝ウチダ・ワールド〟に、連れて行ってくれる。ぼくが知るかぎり、こんな学者は、そうはいない。

(『機』二〇〇〇年九月、藤原書店)

(二〇一三年没)

内田義彦の青春

社会思想史 住谷一彦

「青年文化会議」

敗戦の年の秋に中村哲、瓜生忠夫、桜井恒次、内田義彦、嘉門安雄等が中心になって「青年文化会議」をつくろうという相談が行われ、翌年二月二日その設立総会が東大山上会議所で開かれた。そのための事務は「東大新聞」編集委員であった桜井恒次がもっぱら携わった。「東大新聞」一九四六年二月一一日号は、それについてこう報じている。

「巷に満ち溢れる失策と飢餓とインフレの現実に眼を蔽い、敢えて責任を感ぜざる従来の自由主義者、古い型の指導者に対して、『青年文化会議』は青年の立場から明らかに訣別し、日本再建の文化的母胎たらんことを期して発足したものである。右の見地から同会議は、特に会員に就いても制限を行い、二十代並びに三十代の進歩的青年に限定されている。当日発表された宣言は左の如し。

宣言

青年文化会議は新時代に共感を持つ二十代及三十代の青年の団体であって、共同研究の討議機関であり、社会的経済的民主主義の実現は、吾々の共同目標であり、社会に残存する封建制と非合理性は、その共同の闘争目標である。されば吾々は新しい文藝復興の担い手として更に亦新しい社会秩序建設の前衛たらんことを期するものである。従来の自由主義者の根本的欠陥であった節操と責任感の欠如を痛感し、日常生活に於て社会的モラルを体現し、以て新生活運動の推進体たらんと欲する、我国の自由主義者は、明治維新以来の自由民権運動を継承育成することなく、封建的なものを克服し得ず、剰へ、軍国主義に屈伏さへするに至った。之に鑑み吾々は自ら反省すると共に、かかる一切の旧き自由主義者との訣別を宣し、茲に新なる民主主義建設の軌道を拓かんとする。この為我等相集り、社会文化一般の現実問題を討議して自らを豊かにし、且その成果を以て若き民衆に呼びかけ、啓蒙活動に邁進することを誓約す。」

議長は川島武宜、副議長中村哲、書記長瓜生忠夫。そのとき選ばれた運営委員一三名のなかに内田義彦、野間宏、丸山眞男の名前がある。

毅然たる自己の確立を求めて

「宣言」は当時の時代的雰囲気を反映してすこぶる興味深い。前半にもみられる民主主義の実現、社会秩序建設の前衛といった表現に若い世代の気負いが感じられるが、しかし、この「宣言」の特徴は、むしろ後半の、当時ややもすれば政治活動、労働運動に走りがちな若い世代の傾向と異なり、「日常生活に於て社会的モラルを体現し、以て新生活運動の推進体たらんと欲する」ところにある。個々人の日常生活裡に社会的モラルが浸透されることが目指されているのだ。そこに当時議会制民主主義の啓蒙活動に東奔西走していたオールド・リベラリストへの対抗意識があったことは確かであろう。

この彼らへの「訣別」という一句は瓜生忠夫によれば川島武宜の提案で挿入された由であり、それが彼らの怒りをかって、東大内の施設の利用に不便を感じる場合が多々あったという。ともあれ、「青年文化会議」のメンバー二九名は、その大半が三十二歳前後であり、青年というには何ほどか年をとっていたが、戦時体制下に青春の喪失を強いられた三十代は、その間の十年を差し引いて自分たちの年齢を数えたという。その意味ではまさに彼らは「青年」であった。それは桜井恒次が会報『文化会議』創刊号を企画したときに共通論題として「我等何を為すべきか」というレーニンまがいのテーマを課したなかにも表われている。そして執筆者の多くがそれを「我等如何に生くべきか」とトルストイ風に転釈したことに、彼らの時代への姿勢が看てとれよう。

興味深いのは、彼らの大半が戦時中自己に忠実な生き方に徹し得なかったことへの悔いと、その反省に立って時勢に流されない毅然たる自己の確立を目指していることである。創刊号巻頭の内田義彦の論稿が、それをよく表わしている。「自然科学だとか、社会科学だとか、藝術だとか、科学だとか、余りにも早く地図を作ってしまふ前に、我々はもっと素朴な心を持たう。」内田義彦の青春は、この「文化会議」と共にあった。そして、内田義彦は、このときのような瑞々しい魂、何事にも新鮮な驚きと好奇心をいだく青年の生き方を最後まで持ち続けた人であった。

附記　本稿の「青年文化会議」に関する資料は、今年（二〇〇〇年）五月二十日立教大学における「比較研」で報告された専修大学大学院生種村宣文氏の「青年文化会議について」で配布された資料集からの引用である。記して種村氏に深謝する次第である。なお文中の小見出しは編集部による。

（『機』二〇〇〇年七・八月、藤原書店）

私のなかの内田義彦

経済学史・財政思想史　**山﨑　怜**

内田先生と私の出会いは、先生の企画編集になる『古典経済学研究』（上巻、未来社刊）への私の書評（『六甲台論集』第四巻第三号、一九五七年一〇月）の抜刷を向こうみずにも、じかに、そして同じ学会員とはいえ、みず知らずといってよい若輩の私がお送りし、先生から便箋七枚のご返事を親しくいただいたことにはじまる。しかし、その頃の先生は『経済学の生誕』を出され、また右の『研究』を公にされて、学界では——おそらく先生には不本意なことであったであろうが——輝くスターであられ、いつも何人かのご友人や知人に取り巻かれ、固くガードされている感じで、私如きが近づきうる雰囲気から遠かった。

ところが右から五年後に不思議にも「スミスの会」が私に機会を与えて、一対一で先生と私が接触できることとなった。スミスの会は当時東京のブリジストン・アラスカを例会の場としたが、会長の大河内一男先生は学史学会の地方での大会に合わせて、時折、その前後にスミスの会をやってはどうか、と提案され、六二年十一月九日、高松の琴参ビルで第三七回の例会が開催されることになった。しかも報告予定の方が急病となり、代わりに内田先生がルソー作詞作曲の『村の占者』についてレコード演奏を聴きながらのご報告をされるという、私にとっては千載一遇の好機が訪れた。

東京の内田先生からはあらかじめ準備すべき再生装置のこと、部屋の大きさや音量のこと、いろいろとご意見をたまわった。これには私の出番しかないのである。例会当日はじつに楽しく、二〇名の参会者は報告と音楽のいずれにも堪能したが、問題は先生と私との関係にあり、オペラ演奏の途中で先生が「ちょっと音量をしぼって下さい」といって解説がはいるとき、私が音量をしぼるとか、ここがあの「結んで開いて」のメロディですという部分は音量を上げたり、また、繰り返す、といった作業を私がつとめた（なお現在では「結んで開いて」のメロディはクラマーの「ルソーの夢」によることが判っており、先生の『著作集』第五巻でも言及されている）。つまり私は嬉々として先生の助手をつとめた。

　おどろきといえば、先生はペイパーらしきものはほとんど手にせず、「手ぶら」（先生の持論）で報告、片手に井上究一郎訳『告白録』と文庫版『エミール』の一部をもつのみ。大きく全体の風景を述べると、やがて小さな樹々の芽吹きに触れるという自在な話しぶり、ルソー前半生の貧しい徒弟・放浪時代の明るさと、後半、思想家として名をなして以後の陰惨な「知識人」時代の暗さ、その境界にある「村の占者」の位置づけ、「自然」から「人為」（「文明」）への人類史の堕落とルソー個人の人生での「自然」から「人為」への道行きとが重なり、後者への踏み台となった出世作「村の占者」の主題がうたう「自然」への賛歌の有する自虐的なかなしみがいま学界の寵児に立つみずからを人知れず語るかにみえて私は打ちのめされた。

　私の第二のおどろきは、先生が『告白録』の全ページを暗記しておられるほどに読み込まれ、次々に必要な箇所を秒よみで援用される密度の高さ、傍線でなく、ティッシュ・ペイパーを所構わずはさんで、『告白録』の上部は白いペイパーが白いバラのようにあふれ出るありさま、そこをいちいち開いては朗読されるのだが、よどみのない迫真性と緊張感に充ち、ルソーなる人物の生身のよろこびと悲哀がその場を包んだのだった。

　私は先生ご持参の貴重な米エンジェル・レコード（35421/L）とその解説書を厚顔にもお借りし、それを録音、またコピーをし、ルソー音楽について勉強しなおし、その後、教室、私のゼミナール、小さな研究会で何度お話したことかと思う。このスミスの会は先生と私の関係が第二段階にはいったことのきっかけであったと今にして思う。第一段階では論文などの交換、学会での目くばせとか何分間か程度の会話にすぎなかったのに、第二段階から個人的な交流がはじまり、先生宅にお邪魔することとなった。

　翌六三年のことと思われる。私は先生宅に招かれ、手作りの夕食にも誘われた。食事のほうは腹工合がわるいとお断りした上で例の薄暗い応接間兼書斎でほとんど押し黙ったまま、レコードを聴かせていただいたが、語らいらしい語らいのないまま、私は辞去したのである。会話は「いいでしょ」「いいですね」程度だった。雰囲気としてはじつに幽暗、鬼気迫る感じなのだが、不思議な安らぎの時間が過ぎて行った。忘れられないのは銘器クォードのコントロール・アンプ22、メイン・アンプⅡであり、後者のパワー管KT66が暗闇に灯をかがやかせ、アキシォムのスピーカーから流れ出た人の声の息づかいである。その後も時折、午後二時または三時にご自宅に伺い、明るい午後は語らい中心、夕刻が近づくとアンプの電源をオンとして真空管をあたため、暮れなずむ夕べにレコードをきくこと二時間、次いで先生は夕食に誘われるが、適当な理由をつけて午後七時すぎに辞去することを常としたが、夕食を前にして辞去するという所作がいつまでも許されるはずもなく、やむなく夕食にあずかることもあった。しかし食事が常道となったのは七二年以降の第三段階、あるいは第四段階以降である。

音楽後の夕食は音楽の余韻にひたる上でも音楽についての語らいを深める上でも不可欠であることを知り、夕食を固辞しつづけた過去のおろかさが思われたが、何事にも一定の時間が必要であると思う。

そんな中で七一年の暮か七二年の春ではなかったかとおもうのだが、先生に招かれ、音楽を聴いたあと、帰り際に、先生は「荷物になって恐縮だが」といわれつつ、公刊されたばかりの対談集『読むということ』の二冊を取りださ れ、一冊は私への、もう一冊は私の同僚への手渡し分とされ、その場で黒々と大きい文字で署名されたのだが、おどろいたことに、先生は矢庭に怒ったような顔つきに変わられ、本のケースに巻かれた帯広告を二冊ともばりばりと破り捨てられた。「そのままにして欲しい」と小声でつぶやいた私には叱正のまなざしを向けられ、とりつくしまもない先生の見幕にたじろいでしまった。

このことを長く忘れていたのだったが、先生の没後の九三年四月、先生宅で奥様とお話し中、ふと、この本が帯をつけたまま、書棚に収まっているのがみえ、先生の意に反するとは思いつつ、事情を打ちあけ、これをいただいたのである。それは地は緑色、白ぬきの文字で「深く思考する人たちの多彩な対談」とあって、「読みこむ、読みとる、読めた、とはどういうことか」にはじまり、「〝読み〟の構造を解明する」におわり、背文字は「現代文化の本質を明らかにする」となっている。破り捨てるほど恥ずかしいものなのであろうか。

緑色といえば先生は緑と茶が好きであり、岩波書店の著作集の表紙も最終巻の帯広告も緑、藤原書店版『形の発見』

の表紙も黒緑色、岩波版学芸カセット（内田義彦講演）、著作集月報集成版表装もすべて緑色、そして奥様が先生記念の会に出席される際も緑の服をまとわれる。緑は自然、安心、癒しの色であり、茶は音楽に関係していると私は思う。

先生は七四年に大手術をされ、私は七五年から七七年にかけてヨーロッパに留学、その準備中にプールで大事故に遭って長期入院、先生へのお見舞いもかなわず、帰国後に病後の先生にお会いしたが、先生はめっきり痩身になられ、内柔外剛の先生が外向きにも柔になられたと感じた。第四段階はこうして大病後の先生との日々、ベートーヴェンでいえば「復活の歌」（ロマン・ロランによる）の時代であった。先生が久方ぶりに横浜の学会に顔を出され、第一日目がおわって暮れなずむ夜の坂道を懇親会に向かって歩きながら、私は「音楽を聴かれていますか」と訊ね、「聴いているよ」と先生。「何がいいのですか?」と私。いきなり大声で「大フーガだよ。これしかない。」「演奏は?」との私の問いに、「ラ・サールだ」との澄んだ声があたりのしじまにひびいた。丁度そのとき夜空に宵の明星が光っていたのをなぜか覚えている。

「大フーガ」を私は先生の愛したドイツ語シュトレーベン（努力する、精進する）の典型のような、また二〇世紀、二一世紀を先取するかのような音楽とみる。結果でなく過程そのものの音楽。名演奏は数多いが、ラ・サールはとくに秀抜。先生の耳と精神をまたしても確認したし、先生にとってリハビリとは何であるかの全貌が直ちに理解できたように思った。

私の内田語録に「ひっかかる」がある。先生は何事にも「ひっかかる」ものを求められたから、それがないものは気に入らない。バロック音楽も近代フランス音楽も「ひっかかる」ものがない。「大フーガ」はこれに反して「ひっかかる」ものの大結晶、大堆石なのだ。ベートーヴェンほど「ひっかかる」ものを音楽とした作曲家は珍しい。それは初期、中期、後期を問わなかった。

「ひっかかる」は音楽に限らない。人にも学問にも適用され、名論であれ卓説であれ、ひっかからないものはお好きでなかった。具体例はここでは避けたい。そうすると先生のスピーカー、アーデンは磁性体がフェライトであり、「ひっかかる」ものがないといいたかったが、怒りをかうのでいえなかった。じつは第四段階では迫力増加のためと劣化や部品不足の理由で旧製品たちは軽井沢の別荘に移され、鷹番の装置がすっかり変わっていたのだ。

私としては先生がもう少しマニアックであって欲しかっ

たと考える。このこともあり、八〇年一二月の高松での集中講義の折に一夕、私の家で夕食を差し上げ、二階のオーディオを聴いていただいた。モニター・レッドとゴールドの比較視聴であり、ベートーヴェン後期の弦楽四重奏中心であったが、夜が深まるにつれ先生の表情は一変してデーモンと化し、翌日の集中講義など全く忘れ果てたおもむき、午前様となり、心配した私が失礼にもホテルへの帰還を促す始末となった。ほとんど沈黙のままタクシーに乗られたけれども怒っておられたのではない。嵐が吹きぬけただけである。これは第五段階のはじまりであった。その後、先生から（本来は公にすべきことではないが、今回は最後の機会でもあると思ってゆるしていただきたく）、君を知ったのはぼくの最大のよろこびだとか、君はぼくのシンユウだとか、「心の友ということばを思いださせていただいた」とか手紙にかかれ、「おだてられた」し、著作集の編集過程や『読書と社会科学』の成稿の日々に意見をきかれ、いくらか述べると、にわかに鬼面になられて「君に加わって貰いたいので岩波に電話する」と受話器に向かわれたので私は懸命にそれを抑止するということが一再ならず、あった。

しかし、そういうことを書きつらねるのは私の本意ではない。そして紙面も尽きたので、一、二の内田語録を書き留めておきたい。

「ぼくは人を弟子呼ばわりしたことは一度もないし、心でそう思ったことすらも一度もないよ。」そういう先生だが、何回か、にやりとして「丸山君はぼくの弟子だよ」と冗談とも真顔ともつかぬ顔でいわれた。「君は指揮者では誰が好きか？」と訊ねられ、「フルトヴェングラー」とこたえたところ、即座に「それは丸山君だ」と。「木下君は勉強家だ。じつに物事を知っている。月報に頼もうと思っている。しかしぼくのほうは書いていないんでね。」「ぼくは病気をして『作品』を書いた。大病がなければ書かなかったと思う。」「学問は宝探しといわれるが、一般の宝探しは何が宝か分かっている、金とかダイヤモンドとか。しかし学問は何が宝か分かっていない。それでも宝探しという。だから、しんどい。」「登山は山頂を目指す。『資本論』の序文に、輝ける絶頂に達するとありますが、学問は頂上のない山を登るんだ。登ってみると頂上がどこにあるか分からない。だから、しんどい。」私の注釈。そこで楽しみは途中の道行きなのである。方法の思想家、内田先生らしい。

なお、別事であるが、ご長女の裕子さんは私のために幾度かブイヤベースを作って下さり、それをたら腹食べて動けないほどになったとき、彼女が手を叩いてよろこんでくれたことが忘れられない。先生は娘が私（山﨑）のための食事や出会いを大事にしているから、とくによろしくとの手紙を下さった。裕子さんは細密画に長け、辞典のために鳥の挿絵を寄稿するとか、幻想的な風景の向こうに馬がみえる画を描かれることがあった。画稿の名手であった。私が午年であり、木下順二が馬の本を執筆したりして話題には事欠かなかったのである。

（二〇〇五年頃）

内田義彦さんとの往復書簡

中国文学者　一海知義

今から十七年前、一九八五年一月二十六日、内田義彦さんから私あてに新刊の岩波新書『読書と社会科学』が送られて来た。

私は経済学とは無縁な、全くの門外漢であり、内田さんとも面識はない。ただ何かのきっかけでその文章を読み、まことに失礼で生意気な言い草だが、「社会科学者にしては珍しく文学や音楽のわかる人だな」と思い、折りにふれて対談の記録や随想などを読んでいた。とりわけ、私が『河上肇全集』の編集に関係し始めた一九七七年、その同じ年に内田さんが編纂された『河上肇集』（近代日本思想大系一八、筑摩書房）が出版され、その解説を読んで、まことにユニークで斬新な河上論に感銘を受けた記憶がある。

それにしても、一面識もない私などにどうして著書を、と思いながら、大学教員にとって最も多忙な年度末だったので、パラパラとはじめの方のページを少しめくっただけで、机上に置いておいた。

それから四日後、少し時間ができたので、あらためて読みはじめた。読み出すと、おもしろくてやめられない。ところがほぼ半分ほど読み進んだところで、突然私の名前が出て来たのには、驚いた。

この本は全体が三章に分かれ、

Ⅰ　「読むこと」と「聴くこと」と

Ⅱ　自由への断章

Ⅲ　創造現場の社会科学——概念装置を中心に

という構成になっているが、その第三章の第一節「日常語に見えるもの」の冒頭（一一七ページ）に、次のように私のことが出て来る。

日本語と漢語

一海知義さんという、神戸大学の中国文学の先生に『漢語の知識』という本があって、岩波のジュニア新書に入っております。

このあと内田さんは、日本語の中の漢語について、二ページほどにわたって説明を加えた上で、また私の本にふれて、次のように述べる。

一海さんのこの本は、ふつうわれわれが無意識的に使っている漢語は、ほんらいどういう意味であり、それがどう化けたか、そのあたりをまことに手ぎわよく教えてくれます。

「勉強」という章を枕にして、「落第」「浪人」「先生」「希望」とつづく構成が第一卓抜です。学生諸君にとって日常なじみの、親しい（いとわしい？）言葉を例にとって話がすすんでゆきますので、君たちにはとくに読みいいでしょう。サービス満点の大勉強ですが、かといって読者におもねることもけっしてない。小著ながら中身はずっしりと重く、深い研究の余韻を読後に残して、学問のあり方を教え、学問への意欲をふるい立たせてくれます。平素日常語として使い慣れ、その意味は明確に――いとわしくなるほど明確に――知悉しているつもりのことばであるだけに、そのどんでんがえしの効果は大きい。衝撃的です。そういう話のすすめ方、考え方自体、大いに教えられ、考えさせられました。

なかでも、枕におかれた「勉強」という章の中身は、私がいまここでお話ししようと思っていることに事実上重なっておりまして、教えられることも多く、教わりながら想像力を刺激されました。

それで、そこを借りて私の話の入口とさせていただこうと思うのです。

「日常語に見えるもの」というこの一節は十五ページほどだが、そのほとんどが私の著書の冒頭部分の分析に費やされている。いささかほめ殺し的気味もないではないが、著者の私自身が気づいていないような「発見」もあって、まことに興味深かった。

私は早速内田さんにあてて、次のような礼状を、旧著一冊を添えて送った。

拝復

先日は御高著『読書と社会科学』御恵投たまわり有難

く存じました。学年末の諸用にとりまぎれ、昨日ようやく拝読し了ったところです。

もつれた糸がときほぐされて行くような――それもスラスラとではなく、ゆっくりと時間をかけて――、そんな気持で前半を読み了え、さてこの方法で、次にどんな実習が展開されるのか、どんな「古典」がどのように読み解かれて行くのか、と楽しみにしながら読みつづけていると、突然私の名前が出て来て驚きました。

小著『漢語の知識』については、かっていくつかの紙誌に書評や紹介が載りましたが、こんな深い形で読みほぐしてもらったのは始めてで、正直いってとても嬉しく思いました。まことに失礼な言い方ですが、文字通り「知己を得た」という気持で、まず身近な者にその喜びを吹聴いたしました。

小著のことはさておき、御高著は「生きた読書論」として、機会あるごとに学生たちに薦めたいと思っております。いくつもの知見をひろめ得ただけでなく、想像力や好奇心をいたく刺戟されて、楽しい時間を過ごさせていただき、ほんとうに有難うございました。

いっそうの御自愛、御健筆を念じあげ、とりあえずの御礼まで。

不尽

二月三日

一海知義

内田義彦様

この礼状に対し、しばらくして、内田さんから次のような返事が来た。

先日は失礼をもかへりみず、新著を御送り申上げましたところ、御ていねいな御書簡賜はり、また御著書を御恵投くださいまして、ありがとうございました。小生の蕪雑な論著にも御関心を寄せていただいており、この度の本をも早速深くお読みいただきまして、感謝にたえません。人文学と社会科学とくには経済学が、あまりにも切れすぎているという感をもって仕事をしてきましたし、今後もしてゆきたいと考へておりますので、今後も、御仕事から理解出来るかぎり学んでゆきたいと考へております。

いただいた御本、興味深くまた有益に読ませていただきました。言葉（と）いうものについての御説明もさることながら、コンポジションの妙、教育のあり様、学ぶものの心事をみごとにとう一、それに対応していて、感心いたしました。私ども社会科学者も、これから大いに「勉強」したいと思ったことです。
御指摘ありがとうございました。ほかに、若干の誤記ミスプリもありますので、増刷の折、訂正いたします。
三月十日
内田義彦
一海知義様

以上が内田書簡（仮名遣いは原文のまま）である。私の書架には、「文人墨蹟」とラベルを貼ったファイルがあり、作家や歌人、書家、そして大塚久雄、寿岳文章、吉川幸次郎といった学者からいただいた書簡がはさまれているが、文人内田義彦からの書簡もそこにはさんである。

（二〇〇二年頃）

時代を生きた人々への共感

元岩波書店編集者 加藤亮三

野間宏からの手紙

若き日の野間宏が内田義彦宛に出した一通の書簡が残されている。野間は書いている。

「昨日高安（国世）の家を訪ね、君の例の問題（経済学者か文明評論家か）を出しました。高安も文明評論家としての生き方に於ても君が生き得ることを言っていました。僕は、君の姿や君の歩きぶりから、君の本質を文明評論家として把えているように思います。」

若き内田の姿を彷彿とさせるような一節であるが、さすがに大戦中に苦楽をともにし、強い絆で結ばれていた親友同士のことである。野間と高安の内田へのこの期待は、そののち内田が練磨を重ねて到達した領域の本質を先どりしている。

発信は一九四五年十一月十七日。軍事権力の崩壊がもたらす解放感と、廃墟と化した国土からたちのぼる虚脱感との奇妙な並存の中で、漸く経済再建の方途が模索され始めた時期のことである。

経済学者としての内田の名声を不動のものにした『経済学の生誕』が刊行されたのは、それから八年後の一九五三年十一月、「学界になぐりこみをかけた」とのちに内田自ら語った処女作は、読むものに圧倒的な感銘を与えた。それはただスミスの経済理論の構造分析において無類の犀利さを発揮したことによってだけではない。スミスの時代を文明社会の危機としてとらえ、そこに生きたスミスの思想的立体像に多方向から光をあてて生き生きと描き出し、スミスが立ち向った時代の課題と共通の問題が今日の文明社会の底流にあると示唆したこと。文明批判を内包する内田のこの壮大な冒険は、当時の人文科学系アカデミズムに大きな衝撃を与えたことは多言を要しないだろう。われわれのいまを切り開こうとする立場に立っての、過去のいまを生きた人々との共生、そして共闘——。ルソー、マルクス、ウェーバー、兆民、河上肇等を対象とする内田の思想史研究の中軸にあるこのテーマは、以降、通奏低音となって内田の作品の中に展開してゆくことになる。

時代批判の視角

「文明開化」に懐疑的だった漱石の、近代日本に対する批判は名高い。しかし、作風、文体、境涯において漱石とは対蹠的な鷗外に、次のような叙述があることはそれほど知られていないようだ。『当流比較言語学』で鷗外は、教師に迎合する学生、栄達に憂身をやつす官僚など、ドイツ語で揶揄的に使われるStreberに相当する言葉が日本にはないことを指摘し、それは日本人がシュトレーバーを卑しむ思想をもっていないからだと断じている。「立身出世」という言葉が、明治以来高度成長期まで、いかに多くの日本人を呪縛してきたかを想う時、鷗外の言及の重さは明白だろう。

「学問と芸術——フォルシュングとしての学問」という論考の中で、内田は鷗外のこの文章に視線を凝らしている。官界高位の鷗外の、十九世紀末のドイツでの留学体験から発しての論とあれば、漱石の言説のようには素直に受けとれないとしても、鷗外の指摘に、現代日本でいまなお構造的に不変な精神的風土を感じとった内田の鋭敏な感性は、同じ環境にあった覚醒者に、惜しみないエールをおくるのである。

科学の専門化、技術の巨大化、情報の機能主義支配の時代を見据え、それゆえ学問と芸術の不可分性を強調してやまなかった内田は、たんなる社会科学者ではない。半世紀の日本の激動を体験し、潮流にさからい、学問、芸術、社会と人間のありようにラディカルな問いを発信し続けた内田の、文明批評を深部に内在させた批判精神は、有史以来の危機の時代にあって、今後ますます共感の輪をひろげてゆくと信じたい。

（『機』二〇〇一年一月、藤原書店）

自分の言葉で考える存在になるには

――『生きること 学ぶこと』を読む――

生命誌研究者
中村桂子

日々、新聞やテレビでの報道を通して知らされる「社会」の状況は決してよいとは言えず、自分もその構成員の一人であり、なにがしかの責任を負っているのだと思うと、なんとかしたいと焦る。政治、経済など直接社会を動かすところでなく、生物学という小さな世界で暮らしている者として今最も気になっているのは、「自分の言葉で考える」という基本が失われていることだ。自分、言葉、考えるという単語は、人間が生きることの基本を支えるものであり、学問の世界はもちろん、誰にとっても大切なものだ。それが消えてしまったら、人間として生きている人がいないことになると言ってもよく、今後が心配である。

経済学者である著者の学問に対する態度は、この疑問にある答えを与えてくれる。学問とはどのようなものであるか、それにどう向かって行ったらよいかという問いを立ててのさまざまな思考は、学問を越えて生きることのあり方を示している。ここで、経済学（社会科学）とは無関係、いや学問など関心ないと言わないで欲しい。専門知識にこり固まった学者の学問ではないものがここにはある。

内容を紹介しよう。構成は四部から成り、常識を問うに始まり、次いで方法、さらに教育、芸術を問うと続く。常識の項では、日常と学問の関係が扱われているが、面白かったのは「適度な正確さ」という話だ。例にあげられているのは、中谷宇吉郎による地球の円さ。地球が円いということは今や常識だが、少し知識のある人になると、実は地球は完全に球ではなく南北方向に縮んだ楕円になっていることを知っている。そこで、著者は夏みかんのような形の地球を頭に描き、この方がより正確だと思っていた。ところで中谷は、楕円と言っても、地球の直径は一万三千キロ、南北の半径が短いのは約二二キロなので、直径六センチの地球を描くとすれば、その差は線の幅の中に入ってしまうと教えてくれる。

　つまり、学問的に正確だと思っていたことが、現実を知るうえでは決して正確ではないことになる。茫漠（ぼうばく）とした全体認識による安易さでも、学問的正確さへのこだわりでもない、適度な正確さが、具体的対処にとって重要であり、学問の社会の中でのあるべき姿という指摘が面白い。

　日常と学問について考える場合、言葉の問題も重要だ。科学の本の場合英語の方がわかりやすいことがある。ほとんどが日常語で新しい言葉でも類推ができるからだ。著者は「専門語を学問を理解するのに必要な用語として覚えるのに精一杯で、社会そのものをこの眼で学問的に見るための言葉として獲得していない」と今の学問を批判する。

　これは科学（社会科学も含めて）が輸入したものであることと深く関わっており、日常語で話せることになって初めて自分の学問を産みだせるのではないかというわけだ。学問と社会という問題が重要になっている今、また日本語について考えることが大事になっている今、これはおろそかにできない課題だ。

　どうも書評というより、著者の名を借りて自分の気持ちを述べている格好を呈してきたが、それほどに共感するところが多いということなのでお許しいただきたい。方法についても同じだ。ここでも基本は、社会の中での学問のあり方にある。方法としては、学問論上の問い、つまり原理への問いとハウ・トゥ的思考があるが、これが相互に浸透し緊張関係にある状態で考えようというのが著者の姿勢だ。具体例がある。結核で入院し、医師の指示に忠実な患者として暮らしているうちに、ある時その指示を拒否する事態が起きた。その時から自分を看護人として見る眼ができたという。この看護人の立場こそ、原理とハウ・トゥを結ぶものというわけだ。

　曇った眼、澄んだ眼という指摘も面白い。アダム・スミスについて考える時、二十世紀から十八世紀を見たよく見える眼と同時に、十八世紀の中にいて不透明だった眼も必要であり、ここから創造が生まれるという指摘である。その他、社会科学の分化と総合、学問の創造と教育、学問と芸術など興味深いテーマが並ぶ。いずれも、複合の眼で、日常感覚を生かしており、音楽など楽しみの中から生まれてくるものこそ学問であるという姿勢が貫かれている。

　狭い意味の学問論ではない。あなたの好奇心を生かして知的存在として生きていこうという誘いである。ＩＴ革命をいうなら、コンピュータやそのソフトウェアを云々する前に、人間自身が真の意味での知的存在でなければならない。ここにそれを試みた先達がいる。平易な言葉の裏には複雑な意味が含まれていることも承知のうえで、平易を平易のまま大いに楽しんだ。

本書は、内田義彦セレクションの第一巻であり、以後、『ことばと音、そして身体』『社会科学をどう学ぶか』『日本を考える』と続くことになっている。

(『毎日新聞』二〇〇〇年七月二十三日)

内田義彦から学んだこと

小児科医 **山田 真**

無暗に買いだめた本を書棚に並べて時々ながめてみるのがわたしのちょっとした趣味である。大半は並べてあるだけで目を通していないのだが、いつか読む日もあろうと思っていた。しかし今となってみると残された日々に到底読み尽せないことがはっきりわかる。そこでこれだけはというものを読んでおこうと書棚をながめて選ぶのだが、この作業がなかなか楽しい。ところがそんな折、「自分を読め」とばかりに迫ってくる本がある。それは大ていかつて一度読んだことがある本で、そんなものを再読している暇はないはずなのについひっかかっては再読、三読をしてしまう。内田義彦の著書はそんな本のうちの一つである。

小児科医を業とするわたしにとって内田は全く畑違いの人であるし、その著作も内田の専門である経済学に関するものが多いのだが門外漢のわたしが何度読んでも新しい発見があり、わたしの糧になるのだ。実際、内田の文章の中には医者や医学に関することがしばしば出てくる。

わたしは医者の世界にいて、まわりの医者たちが患者さんに説明をする時、患者さんには決して理解できそうにない専門用語を平気で使いながら「十分説明したから患者さんは正しく理解したはずだ」と勝手に納得していることが多いのを苦々しく思っている。内田はそういう現実に鋭く気づいて、病院の待合室で見た次のようなエピソードを紹介している。

「胃カメラの検査を受けに来た男性の患者に担当医が〝朝食は抜いて来たか〟と問うていた。

患者はパンを食べてきたとこたえた。どうして食事をしてきたのかと問いつめる医者に患者は〝朝はごはんを食べないで来いと云われたからごはんを食べないでパンを食べてきた〟とこたえていた。」

なんともほほえましいエピソードである。

ここでは「ごはん」という言葉が食事を明示せず米飯と同義になってしまったために患者さんの側はパンを食べてしまったという思いちがいで、専門用語云々の話ではない。しかし、言葉を大切にする内田にとっては聞き逃せぬことだったのだろう。

医者については『内田義彦セレクション3　ことばと社会科学』のプロローグ「私の『古典』」の中でもふれられている。

「この間、ある新聞に、外国人が日本に住んでいやになるのは、外人なのによく日本のことが分かりますね、と言われることだということがのっていました。外国人には日本のことは本当にはわからないという頑固な態度。

あれを読んで私は、いろんなことに思いあたりました。お医者さんにみてもらうと、医者はどの道、素人である患者に向って話しても駄目だという気持で、いいかげんなことしか話してくれないし、患者である私は、医者が私の悩みをぶつけても分かりようがないというあきらめがあって、いつしか習性になっている。きけば――ある程度は――分かり合えるはずのことも聞かない。」

これは現在の日本での医療に対する批判として当たっていると思う。最近はインフォームドコンセントが大事などと言われるけれど、患者が医者の情報に基いて判断するためには情報はきわめてわかり易い言葉で伝えられているということが前提になるが、医者の側も患者の側もそんなことはほとんど期待していないのが実情だろう。それは医者が専門外の社会科学の専門書を読もうとする時、わかりやすさをほとんど期待しないで読みはじめるのと同じことかもしれない。しかしそれでは医療は開かれた医療にならないし、学問もまた開かれた学問にならないのではないか。

内田は続けて書いている。

「そういえば、教員と学生がそうでしょう。もう少し話せば――あるいは聞こうとすれば――完全には分からなくても――ある程度のことは分かるはずでしょう。それをやらないで最初からあきらめている。『内の世界』以外の人とはとうてい話が通じないという、あれです。お互い同士がそうですね。『ツーカー』とまでは、むろんいかなくても、もう少しお互いに努力をすれば、ある程度のことは話しあえるんではないか。そういう人間としての信頼をお互いにもつこと。それが、とくに現代のように超専門化の時代には、必要だと思うんです。」

わたしは深くうなずく。専門家だけでわかりあえてよしとしてしまう、いやもっと言えば専門家にしかわからないということで自分の学問を高級なものだと思いかねない専門世界の危険性を問題にし続けた内田から、医学の世界にある者は多くを学ぶべきだと思う。

さらにまた内田は「思想が何らかの意味をもつとすれば、必然に何らかの意味で生体実験を伴わざるを得ない。」といい、「およそ思想を持つということは、被告人の席に自らを置くというほぞを固めなくては出来ぬ仕事である。」とも言うが、このように真摯な学者としての態度にも学びたいと思う。また「思想というようなものを持った生物が現れなければ地球はいま少し住み心地のよい所であったろう」と語る内田の苦悩を分かちあいたいとも思う。

（二〇〇五年頃）

星の声のひと　内田義彦

フランス文学　山田登世子

星が凍る日も近そうな晩秋。星に呼ばれるように、ふと宮沢賢治を読みかえしたら、とまらなくなって読みふけってしまった。『セロ弾きのゴーシュ』など、何度読んでも感動する作品だが、こんどは三度も読んでしまった。

ゴーシュのところにやって来る動物たちがたまらなく良いのである。生きているのだ。とくにわたしが好きなのは、あの「かっこう」である。ゴーシュのセロにあわせて音楽の練習をするあのかっこうの鳴き声。「かっこうかっこうかっこうかっこうかっこう」と眼をつりあげて真剣に歌う。きりがないのでゴーシュがやめると、「……かっこうかくうかっかっかっかっか」といいながら、いかにも不満そうにやめる。そのかっこうの声の描写の素晴らしさ。「……かっかっかっかっか」とやめる――そう書いているから、つんのめりそうに懸命に鳴いているかっこうの真剣さが、ありありとこちらに伝わってくる。

賢治にはほんとうにかっこうの声が聞こえていたのだと思う。猫の声も、狸の声も、彼の耳に聞こえてくるのだ。そして、その動物たちの声を読者の耳にありありと響かせる語りの「声」を賢治はもっている。そう、宮沢賢治とは声のひとなのだ。星の声、天の声、宇宙の声が彼の耳には聞こえていたにちがいない。

そう思っていたところに、我が意を得る本に出合った。内田義彦の遺稿集『形の発見』（藤原書店）である。以前から大の内田ファンのわたしだから、以前に読んだものもあるが、「賢治の世界と人間」ははじめて。飛びつくように読んだ。そして、やっぱり、とうれしくなった。内田義彦もまた賢治の世界に「声」を聞いているのである。賢治を読むと、人物たちの声が聞こえると内田義彦は言う。そして、その声は天につながっている、と。事実、『よだかの星』は天の話である。よだかは星になりたくてなりたくて、だのになかなか天まで飛べない。醜く地をはって生きている人間は、そう簡単に天まで飛べないのだ。その天の「高さ」が、痛く胸にしみる。そして、その天と、「人間の内から聞こえてくる声」はつながっていると内田義彦は言う。

わたしのなかで、内田義彦と宮沢賢治がひとつのものになってゆく。二人とも、ひとの声に「耳を澄ます」ひとなのだ。「聴くということ」のできるたぐいまれなひとなのである。ひとの話を聴く。ひとのこころを聴く。宇宙のこころに耳を傾ける。

そうして聴くことができるひとはまた、語る「声」をもったひとでもある。賢治の語りの素晴らしさは、聞きほれる声の素晴らしさだ。同じように内田義彦を読むよろこびもまた、その声を聞くよろこびなのである。内田義彦の本が凡百の学者の本とちがうのは、彼の本から声が聞こえてくるということなのだ。

そしてその声は、「肉声のように」ありありと、というのとは少しちがう。たしかに肉声のようではあるのだが、かといって個人の声ではないのである。そう、それは星の声なのだ。喧(やかま)しく耳ざわりな知識を忘れさせて、はるかな英知を語り伝える声。

その声を聞いていると、何もかも忘れはてて聞きほれ、読みふけってしまう。そして、夜空を見あげると、そこに星がまたたいている。宮沢賢治も内田義彦も、あのお星さまのなかにいるのだなあと思う。

（『朝日新聞』名古屋本社版、一九九二年十一月十四日夕刊。原題は「星の声　聴くことのできる非凡」）

笑いと認識

経済学史　**野沢敏治**

初めて内田先生の家を訪ねる時、多少緊張して電話で道順を尋ねる私に、先生はこう言われた。「……米屋さんの前の、そうだな、確か塀の壊れている家がそうです。」私はちょっと嬉しくなるのを感じた。行って見て、うんその通りに傾いているなと確認してから、玄関のベルを押したことを覚えている。

笑いとは不思議なものだ。それは通常の形を崩すことで周りを見渡す余裕を与えてくれる。内田先生の著作はこの笑いのもつ生命力で満たされている。

笑いの持つ力

漱石の『猫』に英語教師の苦沙彌先生が出てくる。この職業は当時ではモダンな知識人のものであった。しかしこの先生、役人は国家の税金で雇われる公僕だと頭では知っていたが、ある日何ということもない用事で訪れた巡査に対して、無暗と有難がり、ぺこぺこしてしまう。ぼろが出たのである。我々はこんな先生に起きる事件やちぐはぐな言動のさまを読んで、最初は先生を馬鹿だなと笑いながら、主観では真剣なこの近代知識人に対して次第に憐れみの気持が起きてくるのを覚えるのである。

笑いはワグナーの宿命的な愛の苦しみをテーマとするオペラ群の中でも重要な要素となっている。『名歌手』のベックメッサーの場合がその一例である。彼は青年貴族ワルターの未熟だが人の心を動かす性愛感情の歌を審査する時に、芸術組合の規則を杓子定規にあてはめて意地悪く減点をする記録係として登場する。その彼が賢明な靴屋の親方ザックスの計り事に乗せられて失敗を重ね、人前でさんざんな恥をかかせられていく。そんな彼を見て観客の我々は気分がすっきりするとともに、ただ笑い飛ばすだけでは済まされないベックメッサー性が我々の中にもある事に気づかされる。それによく見れば、ドイツ市民芸術の守護者とされるザックスにしても、弟子にはその規則を教え込んでいる。即興の感情はいかに真実で美しいとしても、それだけでは他人には伝わらないだろう。そこで規則が自然の感情を意味づけるものとして必要となる。ベックメッサーが間違ったのは性愛の感情吐露に対して減点をしたことでなく、規則は感情表出を芸術にするためにこそ必要であるとわきまえなかったことにある。このことを我々は彼を笑い者にした後で覚らされる。

人権意識調査というものがある。その中に憲法十四条の条文を掲げてそれの認知度を測る項目がある。もちろん条文を知っているからといって、その人に人間尊重の態度が必ず伴なうというものではない。反対に条文の知識とは関係なく、人を人として遇することのできる人はいる。アンケート調査ではそこまでは測れないと割り切れば良いのだが、教育に真剣に携る者ほど、認知度数に人権教育の有効性の評価がかかっていると考えて反応することがある。これなどちょっとおかしいと思わなければならないのだが、会議の席ではそんな感覚も自己抑制しがちとなる。

笑い飛ばすやさしさ

「今だから笑えるんだけどね」と「部落民」とされてきた婦人が語ることがあった。かつて仕事を終えて夜帰る時に、後をつけてくる者がいたと言う。そこで物陰に隠れて黒い姿を遣り過したが、それは彼女が「部落」の出身かどうかを確かめるための行為であった。悔しく苦しい思いをしながら、仕方のない定めだと思う必要はなかったのだと自分を目覚させて解放してきたことの結果が、自分と「一般地区の住民」のありようを客観視させているのだが、心配して後をつけてきた者の挙動を彼女のように笑って憐れむことが我々の習俗となっているかは今日でも問題であろう。

内田先生はこういう笑いの魂を燃やしていった人である。間違ったことを笑い飛ばすために社会科学と常識が必要であることを、スミスとマルクス、河上肇を中心とする経済学史研究において、生涯にわたって実証していった人である。私はその先生から生きて学ぶ力を与えられてきたと思う。その内田先生を一風変った非学界的な学史研究者だと疎外してしまってよいだろうか。

（『機』二〇〇〇年十一月、藤原書店）

「三人の隠者」と「えんまさま」

演出家　笠井賢一

内田義彦はトルストイの民話「三人の隠者」についてこのように書く。「『三人の隠者』という民話がある。彼の民話の中でも私の最も好きなものである。好きというか怖い。それで他の民話のように何度も読まないが、折にふれて思いだす。」以下、その民話を要約する（筆者）。高徳の僧正が、海を渡る途上、近くの島に三人の隠者が行をつんでいる話を同船の百姓から聞き、その隠者たちに会ってみたくなり島に渡る。三人の老人の話を聞いてみるとお祈りの仕方を知らない。「あなたも三人、わしらも三人、わしらをお憐み下さい！」というお祈りは僧正の心を和ますものではあったが、神様がこう祈れよといいつけられた祈りとは違う。僧正は主の祈りをくり返し教える。どうにか覚えたらしく、僧正が小舟に乗って本船にもどる間ずっと、隠者たちが高らかに祈りの言葉を唱える三つの声が聞こえていた。

船に帰った僧正は、隠者たちが祈りの言葉を覚えどんなに喜んでいるかを考え、神のような隠者を助けるために、神が自分を導いて、彼らに神の言葉を教えさせたもうたことを感謝しつつ、島の見えなくなった海の方を眺めていた。と、不意に、月光の帯の中に何やらきらきら光るものが見えた。僧正は瞳を凝らした。まぎれもない、隠者たちが海の上を駈けてくるのである。彼らの白いひげがもう白く光って見えている。(このあとは引用文のまま)

「見ると――隠者たちは、手に手をつないで駈けながら、両端の者が手を振って、船にとまるように合図している。三人とも水の上を、まるで陸の上を駈けるように駈けているが、足は少しも動かしていないのである。

船をとめるまもないうちに、隠者たちはたちまち船の横へ来て、舷のほうへ近づき、頭をあげて、いっせいに言いだした――

「神さまのしもべよ、わしらはあなたの教えを忘れてしまいました！ くり返して唱えているあいだはおぼえていたのですが、一時間ばかり唱えるのをやめているうちに、ひとこと忘れてしまいました。そしたらあとも、すっかりだめになってしまいました。今では、なんのおぼえもありません。どうぞ、もう一度教えて下さい」

僧正は十字を切り、隠者たちのほうへ身をかがめて、言った――「信心ぶかい隠者たち、おまえさんがたの祈りはもう神さまに届いています。おまえさんがたに教えるものは、わたしではありません。おまえさんがたこそ、わしら罪人のために祈って下さい！」

こう言って、僧正は隠者たちの足につくほど頭を下げた。と、隠者たちは立ちどまって、くるりと身をひるがえすと、海の上をもときたほうへ帰って行った。そして隠者たちが去ったほうからは、朝になるまで、ひとつの光が見えていた。」

内田はこの「三人の隠者」の民話を引用したあとこう続ける。

「……彼(トルストイ)の作品はチェーホフとともに私を養ってくれたものである。ナロードニキ文学であるところのロシア古典文学の古典的性格と、ナロードニキの社会科学のロマン的性格はどう整合的に理解できるか、というのが社会科学者としての私のそもそもの出発点であり、それはスミスとルソーを噛み合せて読むという私のスミス研究にまで尾をひいて今日にいたっている(…)だが(だから)、トルストイが全作品を捨てて民話だけをといった時、私はどうしても彼の回心を納得することが出来なかった。(…)回心問題が突如問題として理解の場に達したのは戦後である。

安易な――と私には思われた――民主主義の解放感の中で、私は何をどうやるかを考えていた。その時、ふといいきったトルストイの言葉が、海を渡る三人の隠者の姿のように、迫力をもって迫ってくる。私は安易な民主主義的解放感を他人事として考えていた自分に恥じた。呆れたといってもよい。(…)

民話こそすべてという表現にまで凝結していく彼の思想こそが彼の全作品を生みかつそれを支えているものであることは争い難い。

『三人の隠者』を理解しうる人と理解し得ぬ人の二つに人間を分ちうる、といっていいとすら考えられるのである。あるいはまた、表現についていえば、引用部分を含む終りの数ページの凝縮力に圧倒されその凝縮を何とかして自分の作品にと希求する人とそうでない人の二つに、といってもいい。」

この文章は『内田義彦セレクション1　生きること　学ぶこと』所収「〈幕間〉僧正と三人の隠者の話」である。

一九七三年「劇団東演ニュース」に書かれた文章を、幕間として入れたのは編者であろうが、これが見事に効いている。幕間は舞台裏では道具の転換や役者の着替えやらの必要不可欠な時間であり、観客にとってそれまで緊張と興奮を持って芝居の流れに身をゆだねていた時間からふっと一息つき、興奮の余韻とともに自らの生に重ね合わせ、これからの新たな芝居の展開に想像力を羽ばたかす時間だ。

このトルストイの民話を内田は自己の学問、生きかたへの根底的な問い掛けとして真摯に受け止める。その姿勢は内田が常に心がける、自己の社会科学の著書を、専門の狭い世界から解き放ち「作品」として自立させようとしてきた、強靭な力の源だ。

もう一つの「〈幕間〉えんまさま」には、少年の頃父親から聞かされた、死ぬと閻魔様によって大きな釘抜きで舌をぬかれる、という記憶が回想されている。

「小学校出のハンディキャップをおってあくせくと働きながら、せめて子供には自分の好きな道をという夢がこめられていたことを今にしておもう。五人いた私の兄姉は、絵かきや物理学者の卵になり、両親の夢をふくらませかけたが、全部、両親をおいて結核で死んだ。私だけ残ったのだが、その私も、両親の夢を（だから両親を）

多少とも理解する心の余裕が出る前に、両親は相次いで死んだ。」

これは山本安英の会公演「陽気な地獄破り」「花若」（木下順二作）のパンフレットにかかれた文章だが、彼のユーモア、軽みをもつ文体、話体からは想像できないような重い自伝的な事実がさりげなく語られている。

この二つの周到に置かれた〈幕間〉は、内田義彦の生涯の幕間として読めてくる。常に素人の眼と専門家の眼、澄んだ目と曇った眼、聞くことと聴くことといった、二つを対置させながら、そのどちらかに偏することなく、より深く対象に迫っていった、内田の生涯の軌跡が読み取れる。内田の「人生論の根と専門の学問修業の枝葉を切りはなさずに、この二つを自分の中で循環させて勉強をして下さい。」（『内田義彦セレクション1　生きること　学ぶこと』六五頁「生きるための学問」）という学生への語りかけは、また自己への不断の問い掛けでもあったのだ。　（二〇〇五年頃）

本は読むべし　読まれるべからず

地方公務員　南堀英二

今から、もう二十年近く前のことになりますが、当時、専修大学で学んでいた私は、ゼミナールが終ると、大学から駅まで内田義彦先生と何時も一緒に帰っておりました。歩きながら、先生の話されることに耳を傾けて色々な話を聞くことは、ゼミナールとは、また違った楽しさがありました。

ある日の帰り道、先生は後を歩いていた私に突然振り向いて「君、先生というものは全面的に信じなければならないよ。もっともね、全面的に信じられる先生にならなければなりませんが、しかし、全面的に信じてはいけません。本を読む場合も同じです」まるで禅問答の様な言葉を聞いて、声を出すことも出来ず、立ち尽くし、前を歩いて行く内田先生の背中を見詰めていた私自身を、まるで昨日の様に思い出します。

その後、この禅問答の意味を何度となく先生にお尋ねしようと思いながらも、これは先生が私に与えて下さった課題だ、ここはひとつ、自分自身で納得が行くまで考えてみよう、と思い直しました。

　それから数ヵ月後、目黒区鷹番町にある内田先生のお宅へお伺いして、私が小学生の頃、漁師の父から教わった天気予報の見方について、先生に話をした時のことです。

　話の内容は、私が小学校五年生の頃のこと、明日が遠足だという日、NHKの天気予報では、明日は晴となっていた。これを信じた私は、その夜は安心して眠った。しかし次の日は朝から雨が降り、遠足は中止。私は家に帰るなり母に「NHKは晴やいうたのに雨が降った。NHKの責任や」と文句を言った。それまで、黙って聞いていた父が「お前はアホか、沖へ行って雨が降り風が吹いて命がのうなる時に、NHKは嘘をゆうた、どうしてくれると文句をいうのか」と私を叱った。

　当時、父は小さな手漕船に船外機を付けて真冬の海へ、それも夜中に出かけ、箱メガネを覗く為に上半身を船より乗り出して、ナマコやウニを採って生計を立てていた。それゆえ、そんな父だから、天気については人一倍気を遣っており、天気予報は必ず見ていた。

　父の天気予報の見方は、全国の前線図に重きを置いており、各県別予報には余り力を入れていなかった。父は時々、天気予報では香川県地方、明日は晴で無風となっているのに「明日は東の風が吹き、昼から雨や」などと、逆の予報を出していた。しかし、父は最初からNHKの天気予報を否定しているのではなく、全面的に信じ、それに基づき自分の経験と海の知識や勘を動員して、命を預ける自分自身の天気予報を、毎日出していた。その根底にあるものは、最初から自分が正しいなどと思い上がるのではなく、NHKが間違えるはずがないという、漁師の素朴な信念である。結果として、NHKの天気予報とは逆になる場合もある。なぜなら、沖へ行って命を懸けるのは自分自身であり、決してNHKは責任を取ってくれないから。

　内田先生は、私の話が終っても暫くは無言でしたが、やおら私の顔を見据えながら「そうです。本もそう読まなければなりません」とおっしゃいました。

　先生には父の天気予報の見方が、余程強く記憶に残っておられたのか、私が大学を卒業してからも、小豆島の家に来られたり、ある日などは、夜の十一時過に突然「子午線の祀りを三たび迎えて、という文章は、君のお父さんのイメージを思い浮べて書いたよ」という、電話をかけて来られたこともありました。

　二年前の今日、三月一八日、内田義彦先生は私の知らない遠い世界に旅立ちました。もう、お会いして教を乞うことは叶いませんが、私は、仕事や生活上のことで判断に迷った時には、必ず先生の書かれた本を読むことにしております。すると、目の前に内田先生の慈愛に満ちた顔が浮び「君ねえ、それは——」という元気な頃の声が聞えてまいります。

（『図書』一九九一年九月、岩波書店）

人間的学問のススメ

——内田義彦氏を読んで——

随筆家　**朴才暎**

未曾有の被害を出したスマトラ沖地震で、インドネシア・シムル島の人々は古くからの言い伝えに従って高台の山に逃げ、津波の被害をまぬがれたという。一方、先端の科学技術であるはずの地震予知システムはここではまったく機能せず、無為のうちに多くの命を犠牲にした。科学に基づいた学究は、経験に基づいた素人の先人の知恵に及ばなかったのである。

百年前。旅行中にうっかりトランクを開けようものなら、中から洗濯もせぬくしゃくしゃの衣服が飛び出してきたと逸話の残るほど、日常の些事にうとかったと伝えられるアインシュタインでさえ、学界に相対性理論を受け入れてもらうためには神経を使い、アカデミーに抵抗のない別のテーマをダミーにしつつ浸透をはかったという。「純粋学問」の是非はおくとして、学究の砦でありながら、純粋学問ですら成立し難いほど、政治力学が支配する学界の閉塞性。

私はこれまで内田義彦という経済学者・思想家を知らずにきた。山田鋭夫氏（名古屋大学名誉教授）は内田が生涯をかけて深めてきた問いは、人はどう学ぶか、働くか、遊ぶか、愛するか、つまりはどう生きるか、そのために人間関係や社会をどう築くかという「人を幸福にするための学問のあり方」であったと解説している。それが内田氏の生涯の問いになったのは、氏が真の経済学者であったからに他ならない。論文に現れる「分業」と「交換」、「富の分配」などの経済学術用語を一皮めくれば、そこには生身の人間があらわれてくる。富の分配にありつく者、分断され収奪され続ける者。人間的な心をもって経済学に取りくめば、おのずと学界が陥りがちな「人間軽視」の傲慢と対決せざるをえなかったはずである。今、氏の問いは日本の潮流どころか、すっかり干潟に押しやられているのではないか。政・財・官の結束に御用メディアと御用学者が加わった現在の五角状況を、ペンタゴンと呼ぶ人さえいる。

　氏の著書によって私は、鍵となるシュトレーバー（努力の人。しかし学問・芸術を手段と考える野心の人）、フォルシュング（研究などという概念を超えて哲学に近づくような面をもつ）という言葉も初めて知った。鷗外が一九〇九年に『当流比較言語学』というエッセイを通じて日本に紹介した独語であるが、これに相当する言葉が日本になかったのは、またその後に根付かなかったのは、そのような言葉の持つ概念そのものを俎上にあげる思想が、日本人にはなかったからだという。つまり、シュトレーバーが軽蔑され糾弾される土壌も、学界でフォルシュングが当然とされ敬意をもって普遍化してゆく土壌も。

　学問が地位や名誉を得るための手段であれば、合理性や効率が追求されるのは当然であって、そこでは血が通い熱をもった人間でさえ、商品あるいは「商品価値を生み出す媒体」として人間性を剥奪されてゆく。二十一世紀の今でこそ福祉におけるパターナリズムの克服や、医学における患者への説明責任、政治・行政への市民参加、男女共同参画など、素人と専門家、いうならば弱者と強者、非権力と権力の協働の大切さはいわれだしたが、言語や方法、思考の面からも、学問は素人の日常経験を専門家の目で汲み取るものでなければならないと内田氏が訴えてから、すでに半世紀が費やされてしまっている。

　明治期以降、欧米に追いつけ追い越せと近代化を図り、西洋を取り入れてきた日本においてフォルシュングが根付かず、あまねくシュトレーバーが幅をきかせているのはいかなる訳か？　それについて氏は、日本の風土がモーレツに努力せずんば人にあらずという気風を有し、シュトレーバーにあらずんばいつでも無権利状態に陥れるという、つまりは人を追い込んでやまぬ基本的人権の未確立国であるからと説明している。

　「民主主義」とはよくいわれるように多数決や衆愚政治に代表されるものではなく、民が誰からも収奪されず抑圧されぬために力をつけ、自立することの意にほかならない。政策を奥底で支える価値観、国のさまざまな制度、ルールを生み育ててゆく探求の精神が峻厳さと結びつき、国民すべてが学問的探求の精神の体現者になって、それを日常の生活の中で生かしてゆくこと。一見難しそうであるが、すべての学校現場において君が代・日の丸を推し進めていこうというほどの情熱があるなら、この程度の可能性も決して絵空事ではないだろう。

　余談であるが、内田氏の一文に「加藤周一氏の『稱心獨語』に教えられた」とある。私が同時代人でありながら内田を知らず加藤を知っていたのは、皮肉ではあるが小説を書かなかった内田氏の文章に比して、素人に直接働きかける「小説」という手段で、恋愛の機微さえ表現する術をもっていた加藤氏の文章が、素人にはより明晰で印象深く魅力的であったからに他ならない。

芸術的価値というものこそ、内田氏が学問のゆがみを正し、自己の利益のためには他者のことなど眼中にない人間を、真の人間たらしめるために必要不可欠と説いてやまないものであった。

（二〇〇五年頃）

青年文化会議と内田義彦

政治思想 都築 勉

私が「青年文化会議」の名前とその機関誌の存在を知ったのは、ひとえに丸山眞男が戦後最初に発表した「近代的思惟」という文章を載せる媒体としてだった。その機関誌の実物を見たことはなかった。だから、内田義彦が同じく一九四六年一月二〇日発行の同誌のガリ版刷り第一号に寄稿した「われら何を為すべきか――コロンブスの小さな卵の話」に接したのも、それがようやく二〇〇二年に出版された内田の著作集の補巻『時代と学問』（岩波書店）に収録されたことによってだった。そしてその文章を読んで、私は思わずあっと叫んだのである。だが、そのことに触れる前に、当時の「青年文化会議」の構成を見ておきたい。

丸山は先の文章を『戦中と戦後の間』（みすず書房）に収めるに当たり、この「文化会議」について、瓜生忠夫、内田義彦、嘉門安雄、桜井恒次、中村哲らを主唱者として敗戦の年の一〇月に結成されたと述べ、「三〇歳そこそこの、多かれ少かれ被害者意識と世代論的発想とを共有した知識人の結集」と規定している。さらに丸山は内田を追悼した文章でも自分と内田の出会いはこの組織においてだったとして、それが瓜生、内田、下村正夫、野間宏らの「関西派」、桜井、中村、瓜生らの『帝国大学新聞』のグループ、大塚久雄、川島武宜、中村、丸山らの東大の研究者という三つの核を持っていたことを述べている。これらの発言は、丸山にとっても「青年文化会議」が敗戦直後の知的雰囲気を語る上で欠かせない組織であり、また内田の思想と学問を語る上でもこの組織の活動が見逃せない事情を示している。

「青年文化会議」に結集した顔ぶれを見れば、それが単に専門を超えた研究者の集まりというだけではなく、社会科学者と文学者をともに含んでいたことがわかる。しかもアカデミズムの内外を問わぬ交流だった。そうしたことに時代の特徴が現れていたのである。

そこに内田はいかなる文章を寄せたか。それは次のような言葉で結ばれている。「自然科学だとか、社会科学だとか、芸術だとか、科学だとか、余りにも早く地図を作つてしまふ前に、我々はもつと素朴な心を持たう。…余りにも早く専門的学問の方法を考へ、学の権威に身を馴らすのを止めよう。真の学問と真の芸術を獲得する為めに、真の文化を我々のものとするために」。何と初々しい文章だろう。遅まきながら私が驚いたのは、このような言葉の連なりに対してだった。

このとき、内田はまもなく三三歳になるところだった。「青年文化会議」のメンバーのほとんどが三〇代だったことは、上記の丸山の言葉の中にもある。まことに、当時「近代文学」の同人だった荒正人がいちはやく見抜いたように、思いがけない「第二の青春」の訪れだった。そうした彼らの間に、学問と芸術の領域の相違を超えて、等しく文化創造の営みに加わる喜びがみなぎったのである。この「青年文化会議」の活動の息吹きの中で小説「暗い絵」を発表した野間宏が、自分の言う「戦後」は特別に「戦後初期をさしている」と語る（「戦後　その光と闇」）のも決して理由のないことではなかった。それは敗戦直後にのみ固有の戦後ルネサンスとでも呼べる状況だったのだ。

もとより当時の日本は連合国軍総司令部の占領下に置かれていた。しかし内田の先の文章にもあるように、日本の民主化を掲げるGHQに対して、彼らの間には「当然敗けるべきものに敗けたと云ふ一種痛快な感じ」さえあったらしい。それは単なる軍事的敗北ではなく、自由と民主主義を掲げる国に対する天皇制国家の敗北だった。その結果として、いまだ焼け跡が生々しく残る占領下にもかかわらず、衣食住の基本的欲求すら満たされない状況の中で、新しい文化創造の気運が大きく盛り上がった。「芸術至上主義」も「エゴイズム」も、「主体性」も「エトス」も「人間類型」も、そうした文化創造の担い手を同時代的に表現しようとする言葉だった。しかし、そのような意味を盛る容器として、「市民」という言葉だけは、まだ「ブルジョワ」という言葉と一体化していたために流通しなかった。

後に一九五九年になって、内田義彦がこの世代の人々を「市民社会青年」の名前で呼んだことは、すでによく知られている。これは一九八九年のベルリンの壁崩壊後のいわゆる新しい市民社会論とも共鳴する言葉だが、逆に言えば、

BUNKAKWAIGI NO.1

文化會議

1946・1・

目次

マルクス主義が強い思想的影響力を持った敗戦直後の精神的雰囲気の中では、容易には認知されがたい呼称でもあった。確かにこのような命名の仕方には、「豊かな社会」へと向かう一九五〇年代後半の日本社会の転換の兆候が現れている。けれども、内田によれば、かつて講座派マルクス主義を世に送り出し、受難の世代ともなった一つ上の「社会青年」に比べて、政治と鋭い緊張関係に立つ「市民社会青年」の特徴は、戦争中に各自が禁欲的に設定した専門分野の底を貫いてひそかに形成され、敗戦により一気に開花したものだった。だから戦後における彼らの交流は、それ以前の時代における共通の思想範型構築の結果であって、決して原因ではなかった。

内田が「市民社会青年」の知的生産物として挙げるのは、武谷三男の技術論、大河内一男の生産力論、大塚久雄の比較経済史学、高島善哉、大河内の経済学史研究、丸山眞男の日本政治思想史研究、そして野間宏の小説や木下順二の戯曲などである。戦争中にすでに思想的基盤を築いていたこれらの人々のつながりは、敗戦直後の「青年文化会議」をはじめとして、その後には日本ファシズムの共同研究を企画し、内田自身も『資本主義論争』ノート」や「戦時経済学の矛盾的展開と経済理論」を寄せている雑誌『潮流』や、上述の人々の多くに杉浦明平、岡本太郎らを加えた同人「未来」の活動などに受け継がれた。

だがおそらくこれらの人々のいずれにもまして、文化創造の総合性と専門性のはざまで深く悩んだのは内田義彦その人だった。内田が実質的な処女作とも言える一九五三年の『経済学の生誕』の「あとがき」で、「ぼくは、長いこと経済学の世界にはいることができなかった。…ぼくが経済学の世界にはいっているとき、ぼくの眼に人間は消え、そして、ぼくが人間と接触しているとき、ぼくは自分が経済学者ではなくなっているということに気づいた」と述べているのは有名な事実だ。

誤解がないように述べておけば、経済学者としての内田の視点は戦争中に確立されていた。著作集の補巻に収められた「覚え書」にはすでに「第一に生産力的視点に立つこと」が明記され、さらに「人間類型の生産力的規定を忘れざること」というかたちで「新しき人間」への言及がなされている。『潮流』に発表した文章でも、戦争中の大河内の生産力論からする労働力の摩滅に対する警告を、「時局に対する一つの合理主義的プロテスト」と評価しているのである。

ここで注目したいのは、内田の人間論が抽象的な人間類型論にとどまらず、トータルな人間存在の深みへの洞察を伴っていたことである。それが、内田にとって、学問も文学も芸術も、同じくそうした人間存在の深みに迫る方法として捨てがたいものになる理由だった。やはり著作集の補巻に収録された一九四五年一一月一七日付の野間宏から内田宛書簡の中で、野間が内田の「例の問題」として「経済学者か文明評論家か」の選択に言及しているのも、おそらくは内田が生涯考え続けただろう自己の生き方の問題の内実を物語っている。そしてこの問題との格闘が、内田に常に表現手段としての言葉への強い関心を抱かせ続け、また彼の学問を、個性的で魅力あふれる文体によって築かれる社会科学の「作品」にまで仕立て上げる力になったと思われる。考えてみれば、スミスもマルクスも、そしてケインズでさえ、最初は経済学者ではなかったのだ。むしろ哲学や文学や芸術に深い関心を抱く者が、あえてあるとき経済学者になる。内田義彦もまたそうした道を歩んだのである。

私事を述べて恐縮だが、私が内田の文章と初めて遭遇したのは大学入試の本番でだった。まだセンター試験や共通一次試験が導入される以前、一九七一年の東大の一次試験においてである。『「である」ことと「する」こと』で初めて丸山眞男に出会ったのも高校三年の現代国語の教科書だったから、学校教育や受験の恩恵を相次いで受けた。

内田の文章からの出題は出典がなく、誰のものかはわからなかった。カメレオンの左右の眼は独立して動くという話で、私はその文章に強い衝撃を受けた。そんなことでは受かるはずもないが、私は理科三類を受けていたのだ。当時は大学紛争の余燼も残っていて高校生の社会的関心もそれなりに高かったが、社会科学のことなど何も知らない私に、内田の文章は強く訴えかけた。その後も実は幾度も試験を受けたが、そんなことはまたとなかった。あれは誰の文章だろうとしばらく思っていた。「考えるということの姿勢」の一部だと知ったのはかなり後のことである。七四年にそれが『学問への散策』に収められたとき、初めて全文を読んだ。七一年と言えば、『社会認識の歩み』が刊行された年でもある。思うにそのころ紛争で傷つく大学教師が多かった（丸山が定年前に東大を退くのは七一年三月である）中で、内田の「作品」の完成度はいよいよ高まった。長い修練のたまものだろう。

（二〇〇五年頃）

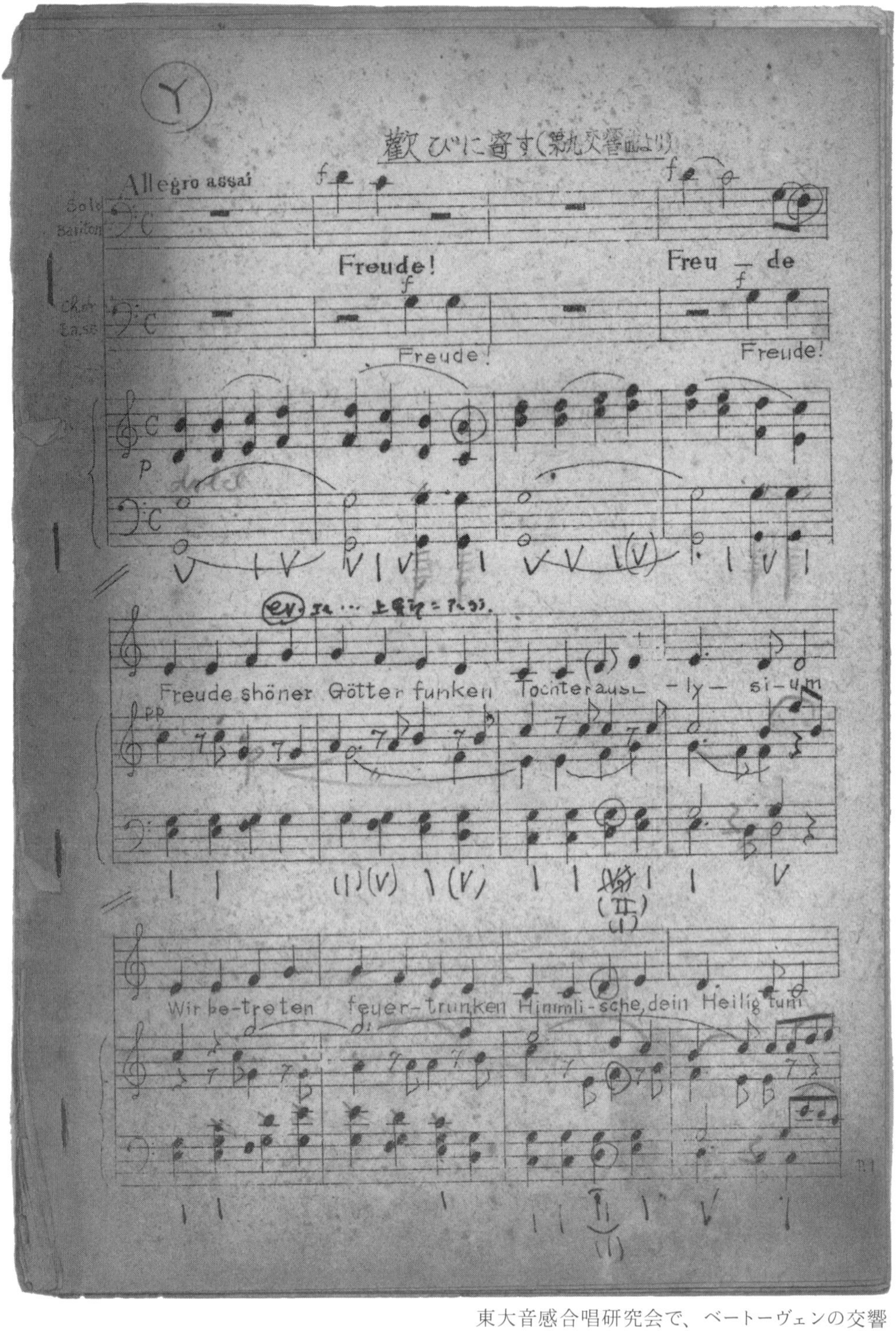

東大音感合唱研究会で、ベートーヴェンの交響曲第９番第４楽章「歓喜の歌」の合唱を指揮したおりのメモと、書き込みのなされた楽譜

9te　2回目プラン。

I.　前回。大体ウタッタ。~~全~~カンジ。ウタエナカッタ人 言モ出ライナイ
スマヌ。ガ レル シレヅライ。
今日ハ ソコヲ モーカ ニ カツカリ セン。 ~~小小ヤル~~ 小小ヤル。
オサライノ方ニ重点ガアル。　音ノ~~全~~ケンタクニ。 リズム シッカリ。 歌詞
アトハ ~~歌詞~~ 独唱 ―トイッテモ ~~合唱~~― 判音カンタンニ。

~~2. マス 歌詞デセル。シレレル。~~

大体ワカッタコトニ
シレイ。―　。―　リカンカラ ヘナサイ。
ソレカラ デナイテ。シッカリ レム モサアル。 ~~→~~
ソレシ スット ゴッタニ ナットライ。　今カハソレジャル。
マズ 歌詞。　ニハレル。　律トイフ言葉ガナイ。
自然ト共。　~~[illegible]~~ Froh [illegible] Natur。

歌詞 ―シラニ ミテナガラ 記シツケル。
音楽ノ言葉ハ Betoven ズル。
レーニニ―。 Deine Zauber カラ。
リズム。 ① ~~[illegible]~~ 小テノ リズム。
② 4拍子。
③ ダーダーノ 言化。

見ラレル所。

[ドイツ語特有ノ発音。
イタリアデモデリタダメ。]

指揮者ヲ見ナイト

全体ニモアル
Piano
ヲキクヲ注意

10分
~~[illegible]~~
15分。

1

2　内田義彦を語る夕べ

一九九二年十一月二十九日　於・学士会館

司会＝藤原良雄

――それではこれから「内田義彦を語る夕べ」を始めさせていただきます。私は藤原書店の藤原良雄と申します。進行役をさせていただきますが、どうぞよろしくお願いいたします。本日はご多忙の中、またお寒い中、足をおはこびいただきましたことをほんとうに感謝しております。内田先生が亡くなられまして約三年半あまりでございます。この間、私も以前おりました出版社から独立いたしまして、会社を創るということもございました。

内田先生にお目にかかったのが大学の四回生の時です。ちょうど私どもの大学のゼミにお見えになられて、その時に内田先生のお話をお聞きしたというのが、最初の出会いです。その時は学生でございますし、先生の本を愛読いたしてはおりましたけれども、とにかく足元にもおよばないという感じがしておりまして、なんとか先生の足元にまでたどり着きたいという思いで、この二十年私なりにやってきたつもりです。私は大阪におりましたが、出版の仕事をやるということで東京に出てまいりました。まもなくお手紙をお出しし、夏のころだったと思いますが、はじめて先生のお宅にお邪魔させていただき、お話をお伺いすることができました。それ以後、一年に一、二度、先生がお亡くなりになるまでおめにかかる機会を得ました。

そういうことでの先生とのおつきあいはしてきましたけれども、編集者として先生の本をお出しするということは、ついに先生がご存命の間はできませんでした。なんとか編集者として先生の作品を一作でもいいから出し

たいという私の夢が、先生がお亡くなりになって三年半でようやくかなったわけでございます。その間、のちほどお話ししていただきますけれども、山田鋭夫さんと内田純一さんと、楽しくもありましたけれども苦しい長い編集会議を重ねてまいりました。ほんとうに本になるかなというのが私の偽らざる実感でございました。しかし、なんとかこの九月、いろんな方がたのご協力もございまして、『形の発見』というタイトルで先生の本が藤原書店から本になり、私の夢がかなったわけです。

ただ、ほんとうに弱小な出版社でございますから、先生が以前、おつきあいされていた出版社とは違いまして、販売力もございませんので、広告を打つこともほとんどできなくて、先生にはご迷惑をおかけしたんじゃないかと思いますけれども、「心」だけは先生にわかっていただけたのではないかと思っております。初版三千部作らせていただきましたけれども、約二ヶ月で増刷になりました。なかなか本は動かないという現況で、やはり内田先生のファン、内田先生を支持しておられる方が全国におられるんだなということを実感いたしました。

本日は、内田先生にゆかりのある方がたをお招きいたし、また宣子夫人、ご子息の純一さんをお招きいたしまして、存分に〝内田義彦〟を語り合っていただきたいと思い、ささやかな会を開かせていただきました。限られた時間ではございますが、皆さまにお話しいただきたいと思っております。

それでは、この『形の発見』ができるまで、私のよき協力者としてがんばっていただきました名古屋大学の山田鋭夫さんから、その時の苦労などを一言、お願いいたします。

真理のこわさ

経済学　**山田鋭夫**

『形の発見』では、たまたま私が「編集後記」を書くという役まわりになっていますが、この本は、お隣にいらっしゃる内田純一さんと、それから今お話しされた藤原良雄さんと、そして私との三人で、ほんとうに何度も何度も会を重ねて議論しあって出来あがったものです。ですから、もちろんこれは内田義彦先生のご著作なんですが、それが出来あがった喜びを編集の側から噛みしめているのは、私ども三人みな同じだと思います。内田義彦の編集については、今日ここにおいでの先生方のなかにもたくさんの適任

者がいらっしゃると思うのですが、僭越にも私も加わらせていただいたことがよかったかどうか、忸怩たるものがございますが、ただ私としては編集の過程で、あらためて多くのことを学ばせていただいたことを感謝するばかりです。

じつは、内田先生には私は、たしか私の大学院時代だったかと思いますが、平田清明先生のお宅でお会いしたのがはじめてだったと記憶しています。その時ちょうど、内田先生はヨーロッパから帰られたばかりで、みやげ話をいろいろと聞かせてもらいました。『経済学の生誕』の著者ということで、私はもう緊張のうえにも緊張して、一言も聞きもらすまいと、それこそ眉間にしわよせて聞いて（聴いて？）いました。で、その時は内田先生はたのしくお話しくださっていたのですが、それから小一時間してからでしょうか、平田先生のご長男が——当時はまだ二つか三つの小さなお子さんでしたが——何かいたずらをしたんでしょうか、内田先生に叱られた。叱られて不機嫌になり、こわい顔をしていた。そうしたら内田先生いわく、「そんなこわい顔をしていたらひとの話はわからないぞ」、と。私の前でそう言われまして、私はもう、心底からドキッ。これが私の最初の内田体験であり、内田ショックなんですが、もうそれ以来、内田先生はこわくてこわくて……。

ところが、こわいだけならいいんですが、それがやがて内田先生の作品になってくるんですね。例えば「考えるということの姿勢」（『学問への散策』所収）では、学問をする姿勢には、たんにうつむいた没頭型の姿勢だけでなく、天井をむいてポカンとした姿勢も必要だといったことを語られている。机に向かってうつむいて、自分が設定した土俵のなかで必死に集中する操作と、しかし他面で、そんな土俵をはずしてソファーやベッドでごろんとあおむきになっている時に、いいアイデアなんかが浮かんでくるという面と。その二つをどう上手に使いわけ、そして総合していくかが勝負だ。と、こうおっしゃりつつ、日本の学者に多い姿勢として、その前かがみの、一点集中・土俵固守型の、いわば遊びを知らない専門家型姿勢をやんわりと批判しておられる。それは学者への批判であるにとどまらず、専門家だけのための社会科学のあり方への批判となり、さらには「エコノミック・アニマル」や「我利我利亡者」なんかがのさばる日本という社会への批判ともなっていく。

そのあたりについては、『形の発見』に収められた文章でも、「聞と聴」「見と視」「正確さと的確さ」「学問語と日常語」について語られる時、読みとれるのではないかと思います。内田先生にあっては、それらが全部つながっているのですね。「そんなこわい顔をしていたら人の話を聞けないぞ、わからないぞ」というのにまでつながっている。内田先生のこわさは、まことに平明な真理を、しかし私など凡人はすぐになおざりにしてしまう真理を、ＴＰＯに応じてまことに平明に、しかしその分、一人ひとりの胸底深く食い入ることばで指摘されている点にあるのだろう、と思っています。ですから、「内田先生のこわさ」などと言いましたが、ほんとうは「真理のこわさ」なんです。真理ってこわいんですね。

例えば内田先生のいう「作品としての社会科学」。社会科学がふつうの市民の悩みや問題を市民自身が解いていくための学問でなく、専門家が専門家に向けて、しかも専門家仲間のなかでの栄達を競う道具としての学問になっている。そこで使われる用語も、市民一般の日常語からかけはなれて、いわば他人にはわからない特殊な業界用語の羅列だ。そういう社会科学は、素人のなかに芽生えた社会科学的な問いを育てるどころか、むしろ軽蔑し圧殺してしまう。文学作品はまさにふつうの市民に向けて書かれた「作品」であるのに、経済学をはじめとする社会科学は「作品」になっていない。――と、こう内田先生はおっしゃる。言われてみれば、誰もが認めざるをえない平明な真理です。が、それと真正面から向きあうには、われわれはあまりに「こわい」のでしょうか。結局は、あいかわらず業界用語のなかに安住した「論文」の生産に勤しんでいる。

内田先生からは、ご専門の経済学史の領域でもずいぶんと学ばせていただいたつもりですが、それ以上に、こうした学ぶということの姿勢を、いや生きるということの姿勢を教えられてきたように思います。もちろん、そうした内田的姿勢を私が学びえたなどとはまちがっても言えませんが、せめて一ミリでも近づきたい。というか、この世でそうした学問に、そうした姿勢に出会えたことを、宝物のように大切に思っているわけです。

ですから、内田先生が八九年三月に亡くなられたとき、私としてはもう、ただただ「内田先生、長い間ありがとうございました」という気持ちでいっぱいでした。「長い間」と申しましたが、私、実際に内田先生にお会いしたのは、他の方々といっしょであったり学会などの「公的」な機会を含めて、二十回にも満たないのではないでしょうか。自分の内面に即していうならば「私淑」といった方がよいかと思います。その分、「ありがとうございました」という気持ちも、まじりっ気なしのものでした。

そんな気持ちでいるとき、八九年の秋だったでしょうか、藤原さんから、著作集に含まれなかった内田作品をなんとか生かす手はないものだろうかというご相談を受けまして、私もおずおずと、ほんとうにおずおずと、こんどの本のことについて考えはじめたわけです。その年の暮だったか、それとももう新年になっていたか、とにかく寒い時に、はじめて会合をもったことを覚えています。当時、藤原さんは前の社を辞められて、新しい藤原書店をつくられた直後のことでした。さぞ大変だったことと思いますが、藤原書店もいまの早稲田大学の前の近代的ビルでなく、市ヶ谷柳町のほんとうに小さな――というよりきたない――しもたやで、入り組んだ小道を上手に曲がらないと必ず迷ってしまうという、迷宮（?）でした。案の定、私は毎回、迷いながらたどり着いた覚えがありますが、どういうわけか、石油ストーブの調子も悪くて、寒いなか、がたがたふるえながらしゃべった記憶があります。もちろん、内田純一さんもいっしょでした。

それから以降、二十回ほど上京しましたかねェ。著作集未収録作品のリストアップ、収集、読み、採用作品の候補さがし、主題別分類と配列、新しい本の主題と構成、そして純一さんのご提案による既収録作品の採用、云々というように、毎回、プランをつくっては練りなおし、練りなおしてはまたつぎのプランをつくるというようなかたちで、アッという間に二年くらい過ぎてしまいました。毎回、五、六時間は討論したでしょうか。しかも遅くなったときは、翌日、朝から議論をしたこともありました。私の案が、お二人からのまことに適切な意見によって何度もくつがえされたり、とにかくいろいろ「悲惨」な思いを味わったことも、しばしばでした。それでも、今年（九二年）になるころから、やっと形が見えるようになってきました。それこそ「形の発見」（?）です。そういう次第で、この本を手にすると私は、自分自身の本を書くよりも一生懸命だったなあ、大変だったなあ、という感慨がわいてきます。

自分のことばかりしゃべりましたが、大変だったのは純一さん、藤原さんも同じです。とくに純一さんは、既収録作品も適宜とりこんで、ひとつのまとまりある本にしてはどうかとご提案くださり、そのために積極的に作品を選んでくださった。ほんとうに、ひとつの本としての形をあたえてくださった。その他、加藤亮三さん（元岩波書店）や野沢敏治さん（千葉大学）からは、著作集編集のご経験のうえに立って、いろいろといいアドバイスをいただくことができました。その他にも、大勢の方々からご協力をいただいて、やっと日の目をみたのがこの本だなあと、しみじみ思っている次第です。

できあがった本は、結果的にずいぶんと分厚いものになってしまい、値段も気になるところです。その点は今日おいでの吉澤芳樹先生も、私信で売行きをご心配くださったのですが、いま藤原さんからお聞きしますと、無事、初刷も二ヶ月で売り切れて重版になったとのこと、ほんとうによかったと思っています。売れるだけでなく、私たちみなが少しでも「作品」の名に値するような社会科学をつくっていきたいものだと考えていますし、そういうものとして一人ひとりが「形の発見」をしていかなければならないのだろうと思っています。私自身もこれから、内田先生の『形の発見』を何度も「発見」していくであろうし、そうでありたいと願っている次第です。

〈この一篇・この一冊〉

「賢治の世界と人間」　山田鋭夫

演劇公演のパンフレットに載ったインタヴュー。宮沢賢治の世界をめぐる内田義彦の話であるが、そのなかでも『よだかの星』について語られたわずか一ページほどの箇所には、ことばにはならない深い印象が残っている。もちろん賢治自身がすばらしいのであろうし、社会科学では及びもつかない文学作品のもつ迫真性を感じるのであるが、それを語る内田義彦を通じて、社会科学の原点にあるべき「祈り」のようなものが伝わってくる。

（『形の発見』所収）

専門の違いをこえた共鳴

劇作家　木下順二

きょうここに入っていきなり、最初にしゃべれと言われて、非常に困っています。なぜ困るかというと、『機』という、藤原書店のパンフレットというのか、あれに書いたのと同じことを繰り返さなきゃならないからです。内田君を私が最初に知ったのは戦後、一九四五年だったと思います。「未

来の会」という会を十数名でつくりました。その中で、内田、それから野間（宏）、石母田（正）、岡本太郎とか、いろいろいるんですけれども、下村正夫や瓜生忠夫のように、私は内田君を戦前から知っているわけではなくて、私はその「未来」で知った。

「未来の会」というのは非常に意味があったということを、いろんな意味で感じているんですけれども、内田君とはことに親しくなった。専門は全く違うのに共通の問題意識があった。つまり内田君と私との関係、それから森有正とか、いろんなことを含めて、内田君を中心にして、そういう何か人間関係のなかから出てくる思想といいますか、そういうものを書きたいと思っている途中なので、ここでまとまって内田君の思い出をお話しするようなことができません。

考えてみると、この八年のうちに、私は非常に親しい友達をちょうど、このあいだ勘定したら八人亡くしていてびっくりしました。最初に八五年が中野好夫先生ですね、友達ではありませんけれども。それから、その次の年が石母田正君です。彼は私の『子午線の祀り』という芝居のそもそものアイデアを与えてくれた歴史家です。その次の年が、私の馬術の二十数年間の師匠であった小松崎名人という、この方は八十三歳で亡くなられました。それから、その次に小津次郎というシェイクスピア学者、これは戦前からの親友なんですけれども、ロンドンで喀血死しているんです。それから内田君ですね。それから宇野重吉です。それから野間君です。で、今年になって吉利和（やわら）という、私の学生の時から一緒に暮らしていた、東大で吉利内科というのをやって浜松医大を創立して、学長を三期務めて、日赤の院長をやっていた日本の名医でしたが、この秋に死にました。ちょうど八年間で八人です。

ただ、吉利はちょっと別ですけれども、そうすると、七人のうちの内田君を除いた六人というのは、話題が共通なわけです。宇野重吉は演劇の話、野間とは文学の話というふうに。ところが内田君と私は全然専門が違うわけで、なぜ、彼と非常に親しくできたかというと、彼の専門は、私なんかの理解を絶すると言ったら大袈裟ですけれども、その彼の経済学、その先に彼が構築していた思想といいますか、あるいは発想ですね、そういうものと私のもっているものとが非常に共鳴しあうというか、非常に彼が私を励ましてくれた。そういう関係なので、ちょっと簡単に言えないんです、その関係が。ですから、彼の友人としての人間関係と同時に、そういう発想のうえでの関係、そこにやっぱり森有正が重要な――これは十七年前に死にましたけれども――存在として入ってくると思いますけれども、そのほか、「未来」の諸君を絡めて、そういうものをいずれはまとめたいと考えております。

きょうはこういう席ですけれども、内田君のことを考えていることが途中なので、どうもお話しすることができない。こういうことで、ごあいさつになるかならないかわかりませんけれども、おゆるし願います。

――それでは、ここで献杯に入りたいと思います。川喜田愛郎先生、献杯のご発声をお願いいたします。

人間に関するすべてに関心

ウイルス学者・医学史家　**川喜田愛郎**

こちらの受付でさっき署名をした時に、突然のおいいつけで乾杯の音頭をとることになって、たいそう戸惑ったのですが、よくよく考えてみましたらば、私は亡くなった内田先生よりも、たぶん三つか四つ年上で、この席ではもしかするといちばん年長かもしれないので、僭越ながらその役割をとらせていただきます。

それにつけ加えて、十分間ほど話せということで、それも安請け合いに請け合ってしまって実は少々悔んでおります。じつは私、ここにいらっしゃる大多数の方々とはたぶん畑違いの医学という、いま、木下さんのお話に出た吉利和君、さきごろ亡くなった吉利君と同じ医学という、あまり人好きのしない学問をやっております。もっとも吉利君のように臨床が全然できないので、人様のお役に立たないはんぱな医学者なんでございますけれども。そういうことで、あの幅の広い、奥の深い内田先生と、ご病身の先生の体験などをいとぐちにして医学をめぐっていろいろお話ししたり、逆に教えていただいたりした関係もございますの

で、そんなことを、年寄りの長話にならないように、簡単にさせていただきたいと思います。

　私は医学、メディシンは、癒しの術、テクネーだと思っております。語源をたどっても「学」などというものものしい文字はみえません。

　ところで、その医療という術は、これは医者と患者さんとの、いわば鐘と撞木の間に鳴るような性質の営みでございますから、医者の用意する科学技術だけでは本当には成立しない。患者さんの欲求なり、言い分なり、感情なり、その「場」の置かれた諸般の状況なり、を考慮に入れなければまっとうの医療は成り立たない。ものものしい言葉で言いますと、患者さんのアンソロポロジーと医者・患者関係の社会学がそこに入りくんでからまってくるのです。残念ながら、たとえば亡くなった吉利君のような例外的な医者はべっとしまして、だいたい医者ないし医学者の仲間の多くは、とかく素人は黙れ、というような姿勢をとりがちです。医者のヒュブリスは残念ながら宿痾ともいうべきものです。

　一方、患者さんの側からの発言の多くは個人的な愬（うった）えなり、不平不満の域にとどまっていて、病気を多少とも客観視するといいますか、そういう形にした冷静な発言というのは少ない。医者と患者が疎隔のままでは事態の改善が進まないのは当然です。

　私が内田先生と何回かおめにかかりまして、深く感じましたことは、あのように理性と感性と両方そろっている方、しかも社会科学という学問をやっている方がご自身の体験を踏まえてお話しになった病気の見方をこれまで聞いたことがないということでした。まあ、ないと言ってはいけませんけれども、ほとんどなかったことは事実です。そういう意味で、内田先生からたいへんに多くのことを、しかも書物には見えないことを、これはお世辞でも外交辞令でもなくて、たいへんに多くのことを学びました。

　ところで、医学が人好きのする学問でないとさきほど申しましたが、それにはその理由もあるにしても、それが近年、ますますいやらしくなってまいりました。たとえば、先般、新聞種にもなった、ヒヒの臓器を植えて、患者さんを助ける大手柄（!?）をしたというアメリカの医者の話とか、人の臓器の密売買とか、あるいは俗にいう試験官ベビーとか、代理母とか、いやらしい話がますます増えてまいりました。残念ながら、それもメディカル・サイエンスがつくった技術でございますので、われわれ、嫌でもそういう問題を自分のプロフェッションにかかわる問題としてまじめに対決しなければならないんでございますけれども。

　これはほかの本にちょっと書きましたけれども、人間というものは、もともと、どなたのご理解も、オギャーと言って生まれてから、医者が来て、ご臨終でございますという、そのライフ・スパンが人間だとみるのが歴史あってこのかた長い間の人々の通念でした。これはおそらく文学でもそうだろうと思いますし、哲学でも、社会科学でも、そのライフ・スパンのことだけを人間と言っていたのを、幸か不幸か、現代の生物学的技術の発達によって、つまり、いままで可視光線では見えなかった、赤外線領域と紫外線領域が両方見えるようになってきて、少なくともそれを扱わなきゃならなくなってきて、それで例の脳死の問題とか、人工的な生殖の方法とか、いろんなややこしい問題ができてきて、それに私ども医学者は自分につきつけられた現実的課題として取り組まなければならない苦境にあるわけです。

　そういうことをお話ししたり、あるいはご意見をいろいろうかがったりするのに、内田先生を亡くしたということは、手前勝手の言い分ながら私にとっても非常に大きな事件でございました。うぬぼれて言うならば、内田先生のほうも、もしかしたら、そのへんの事情を、事実関係を私に聞いて、あの広い、深い先生の学問の何かのお役に立つことができたかもしれないとも、ひそかに思っておりますけれども。何年か前に、専修大学で主催された大佛次郎賞受賞記念会での先生の講演を読み返しても、それはまんざ

〈この一篇・この一冊〉

『学問への散策』　**川喜田愛郎**

「学問」というどうやら日本語に特有の含みと匂いをもつ言葉の用例が、今日では少なくなりつつあるのが残念だが、社会科学に暗い私には、彼の生涯の仕事がその一語で貫徹されていたように思われる。表記の作品はその学問の世界の消息を門外漢にもかいまみせてくれた文集として、日付は古いが今も私の胸に深い印象を残している。

らから望みではないだろうとも思うのですが。人間に関することはすべて先生の関心になったはずというのが、私の、いささか偏った内田観です。

　この席では少々場違いな話題で恐縮でしたが、それはそれとして、木下先生をはじめ、私などよりもっとずっと深いおつきあいの多方面の方からいろいろお話を承る機会が与えられたことを有難く思い、この招きの席にあがったしだいでございます。

　あいともにお写真の前で故人を偲んで、ここで献杯したいと存じます。

　それでは、献杯いたします。

人間の学としてのソーシャル・サイエンス

経済思想史　長　幸男

　内田先生はお話しになる時に、問題の設定または限定の仕方、問題解明への接近の仕方において、間の取り方が上手ですけれども、どうも間の悪いところにすわってしまって、何をしゃべっていいかよくわからないんですが、ちょうどお亡くなりになった三月、私は中野病院に入院しておりまして、その後、膿胸で背中を切る大きな手術をしました。ですから、「偲ぶ会」には家内に出てもらって出席できなかったんです。病床での十九日の日記には『朝日新聞』の訃報の切抜きがはってあって、唯、「祈浄福」とのみ記してありました。ショックでしたので、他の言葉を記すことが出来なかったのでした。

　私も四ヶ月の入院生活で、川喜田先生がお話しになりましたように、医療と病人の関係というのをつぶさにその時、体験いたしました。元の院長である新海先生から、退院直前に三欠主義で、義理、人情、責任を欠くという覚悟で、体を治すことに当分は専念しなきゃならんというご深切なアドヴァイスを受けまして、この三年ばかり、ほんとうに本来の仕事にうちこむことはなく暮らしてまいりました。

専修大学でやはり内田先生を偲ぶ会がございまして、そのときに何か話をしろというので、あらためてまた内田先生の著作集を拝見しますと、退院されてからお亡くなりになるまで、たいへんな仕事をなさっているんですね。確かこれも退院後だと思うんですが、軽井沢へいらっしゃって、階段で倒れて、けがをされたという話を聞きました。退院後私も足が弱って、そのことを身にしみて感じました。階段を上がるときに、なるたけ手すりの側を歩くようになりました。そんなことを想うにつけ、内田先生が病後、体力がひどく弱くなられても精神はたいへん強靭で、立派なお仕事をなさったということを、つくづく最近感じるわけです。

先日、『作品としての社会科学』というのが岩波同時代ライブラリー版で出まして、そこにちょっとした文章を書かせていただいたんです。そのなかで、木下先生が登場してくるんです。大佛次郎賞受賞を祝う専修大学での研究会が催され、「『作品』への遍歴」という記録となって、全集の『作品としての社会科学』を収録した巻におさめられているのです。そのなかで、森(有正)さんについてお話しになって、森さんがデカルト学、あるいはパスカル学を完成するということだったら、案外楽だったろう。ところが、日本の問題を全身にしょいこんで学問をされたということで、たいへん、「絶望」という言葉も吐いておられたと。「しかも、絶望だからギヴ・アップすることも絶対しない。絶望的事態にもかかわらず、ワシャヤメタとは絶対に言わないで、頑張っている。そして事実、見事な日本語で書かれた日本人の哲学に一歩一歩なっている。この意味での絶望は、木下順二さんも同じだと思います」というふうにおっしゃっているのです。内田さんが、日本に生を受けた人間として、社会科学の在り方に渾身の力をこめて立ちむかわれたこと――木下さん、森さん、そして「未来」の他の同人の方々をふくめ、分野は異なっても、日本の社会のかかえる根本的な問題に取り組んで来られた。そうした苦闘と創造の軌跡の中に「絶望」という言葉があえて語られたのだと思います。

私は未熟な社会科学者で、はなはだ忸怩たるものがあるのですけれども、内田さんとの交わりでは、内田さんは文学者、あるいは人文学者といいますか、そういう感じであって、どうも経済のフィールドそのものの、サイエンスという感じのお話をした記憶がほとんどないんです。これは私がエコノミック・サイエンティストとしては落第だったのかも知れません。しかし、『形の発見』を編集された、こここにおられる山田鋭夫さんが、学生に『資本論の世界』を読ませたレポートをベースにして、内田さんと対談というか、質疑応答されている。私、その対談の感想を、専修大学の偲ぶ会のときに述べたんですけれども、やはり山田さんがエコノミック・サイエンスの領域に立ち入って、内田さんから引き出そうとすると、内田さんはもっとある意味では深く、あるいはものの見方、考え方というほうに話がずっと移っていって、経済学の社会科学としての視座、在り方を論じて、『資本論』でいえばとりわけ第三巻にかかわるような領域は通り過ぎちゃうというか、お話しになっていない。こういうことは、私、いつも内田さんの本を拝見するたびに感ずるのです。

だけどそれは、やっぱり内田さんが、当面の経済施策に直接かかわりをもつレベルの政策学としての経済学というよりは、現代という〝時代〟の社会科学というか、人間の学としてのソーシャル・サイエンス、その魂みたいなところを、自分の仕事として引き受けてこられたという点があるんじゃないかと思うんです。

内田さんのお宅で、吉澤さんとか、専修大学の面々や私共とも親しい内田さんの知人が、ときに集まって、通称「内田シアター」などと呼びましたが、ワイワイガヤガヤ楽しませていただくことがございました。そのことをもうつい、この間のように思い出しますけれども。そのときは、ジュンちゃんは、まだボーイだったですね（笑）。幼なかった私の息子が、妹の裕子ちゃんと一緒に、そのころ、ちょうどフランスベッドという、つなぎ合わせてベッドになるやつが流行ってきたときで、そのフランスベッドのふかふかのクッションに、ポンポン跳ねてはしゃいでいるんで、内田さんがちょっと心配そうな面持ちで、これはつぶれちゃうんじゃないかと、そういうふうにおっしゃってた、そんなこともいま思い出します。

何をお話しするか、もうそろそろ五分になるんで、いろいろ思うこと、考えること、たくさんございますけれども、ちょうど時間も来たようで失礼します。

重さの中の茶目っけ

経済学 吉澤芳樹

内田先生は大学で教わった先生ではございませんけれども、旧制東大の三年の時に、たまたま社会科学研究会に古典経済学研究の部会をつくりまして、私がそのキャップをやったんですが、その講師をお願いに内田先生の目黒のお宅に伺ったのが最初であります。一九四九年、昭和二十四年の、たぶん三月の終わり頃だったろうと思います。奥さんもまだお若くて、津田出の才媛だということはその後知りましたけれども。水田洋さんという名古屋のヨーロッパ思想史が専門の、内田さんよりやや若い大家がおられますけれども、その水田夫人の珠枝さん（フェミニズム史）もまた津田の水田さんの教え子でありまして、二人で津田出はどうも、というような話をやったことがあると水田さんが何かに書いていること、これは奥さんご存じかどうか（笑）。

宣子夫人 津田出は嫌われてるんです（笑）。

純一君はまだまったくの幼児でありまして、たぶん三歳か四歳で、非常におとなしいお子さんでした。社研の研究

会では、マルクスの古典経済学批判の論理の検討をテーマにしましたが、その最初の報告を私がやりました。『資本論』第一巻の第三篇、四篇、五篇のいわゆる剰余価値論について、それを一度で、おまえ報告しろ、ということでした。今の学生には、とてもこういう要求はできませんが。報告の後で、マルクスの「絶対的並びに相対的剰余価値」という把握の、「並びに」の意味がよく捉えられていると、賞めていただきました。それで、家で勉強会をやってるから来いというので、それから私は、内田先生の寺小屋と言っておりますが、ほとんど毎週のように夜遅くまで伺いました。報告しても気にくわない報告だと一言もおっしゃってくださらないで、何も言わないんですね（笑）。まちがってるとも言わないし、ただつまらなそうにたばこをぷかぷかやって（笑）いるんです。これはこわい人だ、というのが私の実感でした。当時は先生自身、『生誕』を準備中の時期で、神経がピリピリしている頃でもありました。

先生の書斎は八畳の和室でしたけれども、純ちゃんが絵が好きでよく描いていて、それも電車の絵ばっかり描いてたんです。その点はパパゆずりで集中型なんでしょうけれども。それでいま思い出しますと、先生のお宅は東横線の学芸大学ですが、「純一が東横線、山手線、アンデルセンっ

て言うんだよ」と先生が言われるんですね(笑)。これは内田先生によると、「具体物からの抽象」ということなんですね(笑)。子供は子供なりに、「セン」というところで、アンデルセンまで統一しているという話が、どこかに書いてありますので、ご記憶の方もおられるかと思います。

もう一つ申し上げますと、当時、平凡社の『世界美術全集』というのがありまして、先生はそれをよくひっくり返して見ていたんですが、アルブレヒト・デューラーの格子戸みたいなものを通して対象を描いている絵があります。つまり、遠近法で対象を限定して捉えるということですね。この絵を例にして、対象を限定することの意味とか、近代的遠近法の視点を確立することの意味とか、という話をずいぶん聞かされました。これも純ちゃんの電車の絵が素材で、この純一の絵を見てみろ。電車の前の方は前から見てるというんですね。横は横から見てて、屋根は見えないはずが描いてあるというんですね。つまり、視点があちこちにあると(笑)。これは子供の絵だが、君、このエジプトの絵を見てみろというんですね。顔、身体、腕、等がそれぞれ一番描きやすい視点から描かれている。こういうんじゃ、学問にならんのだと。つまり、統一的視点と遠近法の問題だというわけです(笑)。おまえの報告はまだエジプトの絵段階だというお説教の材料に、純ちゃんの電車の絵を使われたというのが非常に記憶に残っております。

内田先生の思索は大変奥が深くて、私はあんまり近くにいると、何もできなくなってしまいます。私どもの専修大学の社会科学研究所で、九〇年の七月に、先生の追悼の研究会をやりまして、私も長さんも報告したんですけれども、そのときは、『著作集』の対談とエッセイの巻は別にして、ほとんど全部読み直してみて、改めて、大変なお仕事だなという思いを新たにしました。先生は、「マックス・ウェーバーをやると目をやられる」と冗談めかして言っておられました。これは川島(武宜)先生が眼底出血なさったとかで、「だから俺はウェーバーはあんまり読まないんだ」ということだったんですが、私にとっては、先生の本を読むと「頭をやられる」方でして(笑)、じつは追悼研究会のときもそれだけ読んで、さて何を報告しようかと散々苦しみました。その後、たまたま「日本経済思想史研究会」で、内田さんの日本思想史研究について報告せよというので、昨年(一九九一年)末やったんですが、これの要旨を書く仕事がなかなかできなくて、もう一度苦しみました。どうも内田先生は私にとって「死せる孔明、生ける仲達を走らす」という感じで、重たい存在です。ただ、先生にはたいへん茶目っけがあって、堅苦しい論文の中にも必ずといっていいぐらいに、そういう茶目っけが出ているんですね。それで山田さんの先生の平田（清明）さんの論文との違いは、内田さんにはそういう遊びや転調があるところだと思います。平田さんのはまるでブルドーザーで（笑）走り回られているようで、私は息がつまる感じがいたします。これは平田さんのお仕事を尊敬している上で、そういうこともちょっと。

今日はよく存じあげている方が多いんですけれども、木下先生には、去年一月、『子午線の祀り』の第五次公演の二日目に劇場でお会いしました。川喜田先生には今日はじめてお目にかかれて感激しております。先生の岩波書店刊の『近代医学の史的基盤』という二段組の二巻本で、千二百ページを越す大著についてですけれども、内田先生は大手術後の悪条件の身体にもかかわらず、もう二度読んだと言われたんですね。経済学史をやる者はこの本を読まなければだめだぞ、と言われました。そのうちに『パテーマ』の座談会がありまして、今回の『形の発見』の最後にこの「臨床への視座」が収録されたことは、私としては非常に嬉しく思います。

内田先生は自然と人間との物質代謝ということを基軸にして経済学を捉えるんですけれども、そのいちばん根っこにある人間の生命の維持＝再生産に医学というものがどう関わり寄与できるのかということを、ご自分の大手術・療養経験をもとに考えておられました。ＩＣＵの中で救急車のサイレンの音を聞いて、社会的分業について思いを新たにしたというような発言もあって、どうも内田先生の学問

〈この一篇・この一冊〉

『日本資本主義の思想像』　吉澤芳樹

内田さんの著作中で劃期をなすのは、『経済学の生誕』と『作品としての社会科学』の二つである。しかし私は、両著の間にあって、内田さんが直接に日本の問題に取り組んだ『日本資本主義の思想像』こそ、日本の社会科学者たらんとした内田さんの経済学史研究の「入口と出口」を示すものだと思う。①日本の思想をとらえる方法的基準としての、イギリス、フランス、ドイツ、それぞれの思想的特質＝類型の把握、②「スミスとマルクス」の間をつなぐサン・シモン「産業社会」思想の意味、③現代日本の人間を押しつぶす「超近代化政策」への対決、等々をもっと深く読み込んでいきたい。③に関連して、最終講義「考えてきたこと、考えること」は、内田さんの全人格的迫力を感じさせる必読論説である。

のいちばん根っこに「医学と経済学」「看護人と経済学者」という問題があるんじゃないかと思っておりましたので、たいへん有難いことだと思っております。川喜田先生のお名前は大塚久雄先生が、かつて川喜田先生の岩波新書『生物と無生物の間――ウイルスの話』の書評（『大塚久雄著作集』第九巻）をされたことがあって、これは経済史でいえば、過渡期の問題だというようなことを書かれて、その時にはじめて川喜田先生のお名前を存じあげました。それから内田先生に『近代医学の史的基盤』を教わり、次いで「臨床への視座」、さらに唄さんが企画された川喜田・内田対談「人間・病・医療・科学」（『内田義彦著作集』第九巻）と続きます。話し出すと長くなりますので、このへんで失礼させていただきます。

戦時期日本の社会科学

歴史社会学　山之内　靖

私は、じつにさまざまなところで内田先生に接触させていただいて、勉強もさせていただきました。私の最初の本（『イギリス産業革命の史的分析』一九六六年、青木書店）も、じつは内田・小林（昇）論争として知られる、イギリス十八世紀の思想史をめぐる論争点を学びながら、ようやく書けたというようなこともありましたし、それから河上肇研究の領域（『社会科学の方法と人間学』一九七三年、岩波書店）でも、内田さんから、ずいぶんいろいろなものを吸収させてもらったんです。

今日は、五分という短い時間の中で、たった一つ、どうしても皆さんに聞いていただきたいことがあります。内田さんもそうですが、じつは市民社会派という名前でくくられる、さまざまな、きょう名前が出るいろんな社会科学者が、戦後、輝ける先達者としてわれわれをリードしてくれたわけですが、私はこの市民社会派という人びとが戦後になって活躍して、戦後民主主義の時代の社会科学をリードしたというふうに自分が思ってきたのは、どうもある面でとても一面的だったという気がしてしょうがないんです。この十年ぐらい、そのことをずっと考え続けております。それは何かと言いますと、市民社会派の人びとの学問は戦時期に形成されたということなんです。内田さんの戦後すぐに発言されたものに、『潮流』という雑誌での「戦時経済学の矛盾的展開と経済理論」があります。宇佐美誠次郎さん、井上晴丸さん、内田さん、三人がお書きになったうちの内田さんの担当部分で、これは一九四八年だったと思います。

　内田さんの学問にとって、この敗戦直後の『潮流』論文が出発点だったと思われます。そしてもう一つ、私にはどうしても忘れられない、私にとっての宝物と言いますか、ものがあります。これは専修大学を辞められるときになさった講演、「考えてきたこと、考えること」（一九八二年十二月）、あれはいただいて読んだときに、感激とか感銘とかいうのと違うんですよね。何かちょっとじーんとうたれるようなものがありました。というのは、私がそう考え続けてきた戦時期の思想というテーマがもっとも率直に出て、そしておそらく――私は勝手にそう言っているんですが――あれは内田義彦の遺書だと、こう思っています。違いますか。私はそうだと思います。他の方々にとってはどうあれ、僕は勝手に、僕に向けられた遺書だと、こういうふうに受け取っています。

　つまり、戦時期の日本の思想というのがどうもきちっと研究されていないのではないか。そのことが、ひいては、現在の日本の社会科学の停滞を招いているのではないか、と思うのです。内田さんはあの『潮流』の論文ですが、あそこではそっくり大河内一男さんの議論にのって書いておられるわけです。私が思うに、内田さんの長い長い、『経済学の生誕』から最後の遺書にいたるまでの思索の跡というのは、あの『潮流』論文で表明した自分の立場を乗り越えるための苦闘だった。結局、内田さんは生涯を通じて大河内さんと格闘したんだというのが私の理解です。
　また、この大河内さんという人も、これはやっぱりすごい人で、いろいろ読み返しております。大河内さんはまさしく戦時期に思想形成をした人で、あれを戦後における社会政策本質論争などという、くだらないというと悪いですが、つまらないところでワアワア弄んできたところに、大河内さんが理解されなかった理由もあったと。大河内さんは戦時期に、ファシズムの政治体制とあえてコミットしながら、しかし、ある果たしたいことがあった。その内容は、一九三〇年代の日本資本主義論争の成果をふまえるものであったが、明らかにそれとは異質なものであり、階級闘争をこえた現代的なシステム社会の性格を展望しようとするものでした。ここには、日本型ファシズム国家に参画しつつ、その中で新たな可能性を探ろうとする試みがこめられていた。これは、とても危ういやり方です。その危うさが確かに問題になるんですが、しかし、その危うい試みの中には、時代への対応を拒否して安全地帯に逃げ込んだ人には不可能な、ある新しい認識も生まれていた。その危うさの問題を戦後の社会科学はすべて切り捨てて、あれは大河内さんの間違いだったとか、転向じゃないかとか、マルクス主義をはずれたところがあったとか、そういう否定的ないし消極的な判断をしてきた。

　戦時期に思想形成したそれを戦後の人びとが寄ってたかって否定してしまい、また、大河内さん自身も何か恥じて、そこからさらに前進しなかったというところに日本の社会科学の最大の問題がある。ところが内田さんは、そうした安易な選択を断固として退け、大河内の亜流であった自分自身をみつめ直し、自らの内なる大河内を、いかにしたら克服できるかと考え続けてきた。だから私は、内田さんという人は、生涯をかけて大河内さんと格闘したと思うのです。大河内さんは大河内さんで、河合栄治郎と生涯をかけて格闘した。そういう戦時期の日本の社会科学のドラマを復元してみたいと思っています。どうもその領域では、これまでの日本の社会科学思想史は、いい作業をしていないんじゃないか。私は、なんと言っても、内田さんの遺書を、今後の私の残された研究活動の指針として生かし続けさせていただきたいと、こう思っております。

〈この一篇・この一冊〉

「〈最終講義〉考えてきたこと、考えること」

山之内 靖

　大河内一男氏の強い影響下にあった初期の内田義彦氏は、戦後まもなく「戦時経済学の矛盾的展開と経済理論」（『潮流』一九四八年一月）を執筆した。私の見るところでは、内田氏の思索のその後の全過程は、この初期内田を出発点としながら、そのレヴェルを自己批判的に克服する苦闘の記録である。『経済学の生誕』（一九五三年）は大河内氏の『スミスとリスト』に対する批判的応答であり、この筋道は「日本思想史におけるウェーバー的問題」をへて晩年の諸作品にいたる。「最終講義」はそうした長い苦闘の最終的到達点を示している。

（『著作集』第一巻所収）

社会科学と日本語

社会学 有馬文雄

きょうは、内田義彦先生を語る会ではなくて、聞く会というつもりで出席してきたものでございますけれども、万が一、しゃべらされる場合もあるかも知れないと考え、メモだけ書いてきたわけです。

まず『形の発見』というすばらしい作品集を編集・出版されたことにたいして心からお礼を述べさせていただきます。その編集後記で、山田鋭夫さんが「内田義彦の作品には解説はいらない」、「百万言の解説よりも、どれでもよい、内田義彦の一篇を味読していただけたら、それが何よりも『解説』となるはずである」と書いておられます。まったく私もその点においては同感であります。

一篇を挙げるというと、比較ではなくて、私自身の問題意識といいますか、現在、これは内田先生から示唆された問題なんですが、社会科学と日本語という、ちょっと奇妙なテーマを設定して、追究しているわけですが、そういう視点から、とくに、この作品集に収められた「話しことばの書きことば性と書きことばの話しことば性」、——これは先生が「山本安英の会」でお話しになったものだと思いますが、きょう、木下先生が出席されるなど考えずに書いて、メモしてあるんですが——、これは現在、私の追究してる課題には非常にインパクトを与える。つまり、「話しことばの書きことば性」ということについては、内田先生はあまり書いておられないで、「書きことばの話しことば性」、つまり、言い換えれば、社会科学の言葉に関しては、もっとも深く思いをひそめておられたと考えていました。だから、私はそれなりに理解していたつもりでおったんですけれども、「話しことばの書きことば性」という言葉に出会ってビックリしました。いま、考えてみると、このエッセイは、木下先生のお仕事と、内田先生ご自身のお仕事と

を重ね合わせながら話され、書かれたものであろうと、勝手な解釈をしておるわけでありますが、ともかく、内田先生の問題提起の射程というか、視野というか、あまりにも鋭く、深いので、圧倒されております。それを一言申し上げて終わります。

かけがえのない修業

経済学　**田添京二**

山之内先生からたいへんおっかない話を聞かされまして、ちょっとふるえがきているんですが、私は高等学校時代、武蔵高校だったものですから、大河内一男先生が講師でおいでになっておりました。そんな関係もありまして、私は大河内演習の出身。ただ、何かにちょっと書きましたけれども、学問的には大河内先生よりもむしろ内田先生に多くのものを負っているというふうに思っております。

内田先生は、山之内さんの指摘にもありましたように、じつは日本資本主義論争をたいへんに深く自分の身体に受け止めて、そこを出発点に考察を進められたのではなかったかというふうに思っておるんですが、私は一度、内田先生の、いわば監閲のもとで、それに関わるような論文を書いたことがございます。内田先生の著作集の中に二篇だけ、ちょっと特殊なのがあるんですね。一つは、亡くなられました東大の社研の所長をやっておられた氏原正治郎さんの「星野氏技術論の有効性」であります。それからもう一つは、僭越ですけれども、私が書きました「『市場の理論』と『地代範疇』の危機」という『経済評論』に載せた匿名の論文でした。この二つは、共同討論をやりました上、その結果を一方は氏原さん、片方は私が引き取りまして、文章にしたというものであります。ただ、いろんな伝説が発生いたしまして、あれはだれが書いたんだということになっておったんです。正直のところ、私が書きました。

内田さんは、さっきの吉澤君のお話じゃありませんが、

私の文章が一応筋が通っているときには、時々、うんうんとうなずいてくれるんですが、ちょっとぐあいが悪いことを私が書きますと、黙ってるんですね。それがじつにおっかなかったんですが、その無言の鞭のおかげさまで、私はなんとかそれをでっちあげたのです。

背景を申しますと、昭和二十三年から四年にかけてでありますが、慶應におられました豊田四郎さんが戦後の日本資本主義論争の中では、一方の論客でありました。山田盛太郎先生の『日本資本主義分析』を、私のつもりでは、あるいは内田さんのつもりでは、ちょっと正しく読みきらないままに批判をなさったのではなかろうかという想いがございました。その点を私は取り上げたわけです。氏原さんのものも私の書きましたものも、内田さんは文句をつけたり、そこはいらないというようなことを言いましたけれども、それ以外は結局、一度も筆を下さずに、私たちに委ねられたわけでございます。つい最近も、私の書きました論文を問題にしたたいへん長大な論文が福島大学の『商学論集』に出まして、これを見ますと、コテンパンにやられているわけですね。やられているんですけれども、ずいぶん広い波紋を呼び起こす大きな石をほうり込むことだけはしたということは認めていただいているようなので、それはもう内田さんのこわい監修のもとで、私にとってはかけがえのない修業をさせていただいたということであったと有難く思いかえしております。

〈この一篇・この一冊〉

「イギリス経済学と社会科学」　田添京二

この一篇が苦渋の只中から生まれ出てくる過程をかなり身近に体験する機会に恵まれた（『著作集』第一巻月報の拙文「『生誕』のころ」（後に拙著『虫の居どころ』八朔社に再録）参照）ために印象が強いことも一因ではあるが、それよりもこの中で「エディンバラ・リヴュー」のルソー問題、『道徳感情の理論』から『国富論』へ、そして『国富論』篇別構成の確認という後の『生誕』に結実する内田スミス体系の骨格が初めて姿を現わし、一読魂を奪われた記憶は今も生々しいから。

（弘文堂『社会科学講座』第六巻所収）

専門家の素人と素人の専門家

経済学史・財政思想史　山崎　怜

私は場違いではないかとも思っておりますが、日頃は四国の高松にあります香川大学という地方の大学で、助手時代からずっと教鞭をとっておりまして、内田先生には、私の大学に集中講義にもお願いしまして、夜となく昼となく、きみ、毎日で、僕にもプライバシーはあるんだがねと、これは冗談でございますけれども、そのぐらい接しましたし、私の茅屋にもおこしいただき、いろいろな学会とか、先生のおうちでもお話できました。五分でございますので、申し上げたいことは、つまらぬ話としてすればいくらでもございますけれども、一つだけ、あるいはそういう側面のお話が他の方からは出ないかと思いまして、申し上げたいと思います。

経済学史上の話で、その意味ではここにいらっしゃる吉澤先生とか、田添先生とか、専門を同じくしておりまして、また内田先生とも専門は同じくしておりますが、じつは私は、このお席にもそういう方もいらっしゃるかと思いますが、素人として音楽が好きで、内田先生と経済学の話をするのはじつはこわいものですから、まったくしないんでございます。時々、インテルメッツォで思わず出ますけれども、それは出たらすぐ蝸牛の触角のように引っこめる。そうでないと、もうちょっと先生とお話することは不可能である。経済学の話になると先生は鬼の形相になる。深い沈黙があたりをおおう。重荷だけがのしかかる感じです。

それで音楽の話ばかりいたしておりましたが、そして何時間もいっしょに音楽をお聴きした昼下りから夕べにかけて、そのインテルメッツォのときに、私、おそるおそる、小林昇先生についてどう考えていられるかを、たんなる噂話としてでなく、聴こう聴こうと、十年、二十年考えたことを、何十年目かにうかがったことがあります。それも、きょうのご機嫌はどうだろうかと推し量りながら、もうたいへんそれはおそるおそるでございましたが。そうしたら、ご存じの方も多いかと思いますが、小林君の仕事はすごいと。一切、批判めいたことをおっしゃいませんで、すごいとのみ、言われるんです。私も小林先生を尊敬申し上げておりますが、意外にも非常にお誉めになりまして、自分は小林君と相撲を四つに組んでいると。勝負がついたかつかないかわからないという、水入りではないんですが、そこまではおっしゃいませんけれども、とにかく自分は小林君というものが自分の学問の一つの非常に大きな、何と言ったらいいかわかりませんけれども、要するに、土俵の真ん中でがっちりと四つに組んで動かないんだと。で、私が先生と非常に近いと思われるある方のお名前を出しますと、それについては、直接、あまり申しませんけれども、何々君とは相撲を取りにくいというようにおっしゃるんですね。

これはこの経済学の方では、よく言われることでございますが、小林先生は政策―理論―政策という形で理論をお考えになっていると。で、内田先生は思想―理論―思想という、入口が思想で出口も思想で、これが循環するわけですけれども、そういう形で言われますけれども、私は小林先生の政策―理論―政策というのは、経済政策であり、経済理論であり、経済政策であると。だけど、内田先生の場合の思想は、これは非経済思想であると。そのつぎに経済思想があるかも知れません。そして経済理論があると。そして出口もやっぱり、非経済思想だと。ここ（「非」がつくこと）が非常にだいじなんじゃないかと思います。〔そうでないと経済学史上の転換の説明がつかない、というのが先生の深意であり、そこから内田流の「方法としての経済学史」というものに触れたかったのですが、五分の時間のために省略しました。
――山﨑後注〕

小林先生は経済学史を直接には、専門家に語りかけてお

〈この一篇・この一冊〉

「ルソーの『自然』と音楽」

山﨑　怜

一九六二年十一月九日の午後、異例の出張例会ともいうべき「アダム・スミスの会」が高松市内のホテルで開かれ、報告者の内田が井上究一郎訳の『告白録』にティッシュペイパーを数多くはさみ込み、折にふれて必要ページのみを読み上げ、あとは内田のいわゆる「手ぶら」で報告した名優の一人芝居のように演じたものの一文である。その感動を私は忘れない。庶民的、行動的な「自然」と知識人的、より内省的な「自然」との連関のなかで、処女作で成功したことのゆえに文明人の陰惨な世界に身をゆだねることとなったルソーを介して、じつは内田もまた『生誕』の著者として「文明社会」に足を入れたかなしみをうたったものではあるまいか、とおもう。その日の早朝、夜行列車でホテルに着いた内田は一睡もしていないので休ませてほしいというなり、背広のまま、ベッドカバーの上に大の字に横になった。

（『著作集』第五巻所収）

られます。素人に直接には語りかけていらっしゃらない。けっして素人を無視されているわけじゃないけれども、それにたいして内田先生は、素人、私は、へんな言い方をすれば、専門家としての素人というものを、専門家から発見するといいますか、素人の専門家を発見するのが内田先生の何か学問のような気がしてしかたがないんであります。ですから、経済学をやりながら、経済学以外の方とお話というか、いろんな形で接触されて、自分の学問をつねに考えていらっしゃるというところが非常に強いと。いま申しました「非経済思想」の「非」がこのことにも大いに関係しています。小林先生はそうじゃなくて、素人は素人としてたいへん大切にされておられますけれども、そこを直接に専門家としては禁欲に堪え、つなごうとなさっていらっしゃらない。こういう全く異質な好敵手による四つ相撲、いや、むしろ肩すかしではないだろうかという気持ちがいたしております。たいへん、とりとめもない話で、まことに申しわけございません。

——どうもありがとうございました。続きまして、かなり遠方から来ていただいたのですが、数日前に、私の方にこういう立派な、ワープロで何枚ぐらいでしょうか、二百ページあまりのものを送ってくださった、南堀英二さんという方です。内田先生のゼミのOBの方なんですけれども、私も全部きちっとはまだ読めてないんですけれども、ぱらぱら読ませていただいて、ほんとうに南堀さんの思いが伝わってまいりました。

自然に対する思考方法への興味

地方公務員 南堀英二

私、今日はじつは失敗したなと思っております。神田の学士会館というものを知らなかったということもあるんですが、出席者の先生方のお顔を見ましてびっくりしました。それで敷居が高く、よほど小豆島へ帰ろかなと思ったのですけれども、島から出て来るときに、子供が——名前は義彦と言います（笑）。一九八九年三月三日生まれで、内田先生が亡くなる二週間前に生まれました。家を出ようとするとその義彦が、「お父さん、どこへ行くんや」と聞くもんですから、「お父さんはな、ちょっと東京へ行かないかんのんや。壁に写真があるやろ、あの人のこと、しゃべりに行くんや」と言って出て来た手前、帰るわけにいきませんので、何とかしゃべります。

さきほどまで聞いておりました、内田先生の経済学がどうだとか、そういうことは私には何一つわかりませんので、先生とよく話をしたことをしゃべります。じつは、学生時代、先生に、丸山(眞男)先生がどうのこうの、吉澤(芳樹)先生がどうのこうのと私が言いますと、先生は聞きたくはないとばかりに横を向きますので(笑)、しかたがないので、私の父や祖父から聞いた話を先生にしますと、先生がまじめに——まじめにと言ったら怒られるんですけれど、聞いてくれました。ですから、いつもそういうような父や祖父の話をしておりましたので、思いつくままにしゃべります。

去年(一九九一年)の三月に、それまで文章など書いたことなかった私が、内田先生の十八日の命日に、「本は読むべし 読まれるべからず」という文章を書いて、たまたま岩波書店の方に送りましたら、ちょうど『図書』に載りました(本書に再録)。それで、天気予報の話は『図書』に書きましたので、先生に話した、「磯」の見方ということについてしゃべることにしたいと思います。はなはだ学問的ではなく、この場の雰囲気にはそぐわないとは思いますが。

私が小学校四年生ぐらいだったと思いますが、梶子といいまして、舟の櫓を漕ぐ子供として、祖父に連れられてよく沖へ網を入れに行きました。海の底には魚がたくさんいる磯というものがありまして、まあ、陸でいいますと山のようなもんです。その複雑で立体的に入り組んでいる磯を、囲むようにぎりぎりに網を入れるのが、じつはコツなんです。なぜかと言いますと、磯の上に網を入れますと、網が破れてしまいますし、磯から離れますと、これまた魚がおりません。舟の舳先で磯に網を入れている祖父は、磯の全体像を思い浮かべながら、同時に、今、網を入れる場所の入り組みとか、風の吹きぐあいとか、潮の流れぐあいとか、そのようなことを瞬間に計算しながら、舟の向きを磯の入り組みに合わすために、私におさえ(右に)、ひかえ(左に)と、指示をするわけです。私はなんとかかろうじて、まだこんな小さいですから、櫓にかじりつくようにして、右に左に

漕いでいくんですけれども、知らぬ間に磯から船が離れるんです。そうすると、磯を見て櫓を漕げと、祖父に怒られまして、私にすれば、海の底の磯など見えないのに、無茶苦茶やと思ったんですが、漕がなければ怒られるので、また漕いでいくんですけれども、また舟が磯から離れるんです。すると、言われたとおりに櫓を漕ぐだけやったら、半人前やと怒られて、しかし、いくら半人前やと怒られても、一所懸命、正確に漕いでいるんです。一所懸命、右に左に言われた通り正確に同じ力で漕いでいるんです、あくまでも正確に。だけども、祖父と同じように考えることができないから、正確に櫓を漕いでいることが、結果として不正確になって、舟が磯からずれるんです。そして最後に言われるのは、自分で考えんかいの一言です。いつも、沖へ行く度にこれの繰り返し。こんなことを内田先生に話しますと、だんだんと先生の目が本気になってきまして、話が弾みました。天気予報の話や、この磯の話とかはよくしましたけれども、丸山先生じゃ、ダメでした。ですから、勉強の話は皆目しませんでしたけれども、そういうふうな、いろいろと勉強以外のことについては話をしました。

後年、内田先生が、誰がひいても同じ演奏になるような、そういう最大公約数的な、底の浅い平板な理解では、とても正確な理解などとはいえない。結果として逆になるというふうなことを、岩波新書『読書と社会科学』に書いていましたので、これは昔、僕がしゃべったような記憶があるというふうに言いましたら（笑）、苦笑いしていました。さらに私は先生に、「先生、肩書や名前だけやったらあかんでぇ」と言いまして、「どうしてか」と先生に聞かれましたので、「沖へ行ったらな、腕がなかったら魚は釣れんのや」と言いましたら、今度は先生にムッとされました（笑）。だけど、およそどういうんですか、ろくに教育というものを受けていないと言えば変なんですけれども、そういうふうな、ほんとにもう皆様と違って、ナマコを採ったりとか、網を入れて魚を採ったりというふうな生活をしている人間の、何といいますか、自然に対する思考方法の話は熱心に聞いてくれました。

それで、内田先生が、むかし、武田泰淳さんという方と一緒に小豆島に来たことがあるとかで、小豆島の私の家にも来られたりしましたが、ろくに教育というものを受けていない、そういった人と話をして、そういうふうな自然に対する思考方法というんでしょうか、一所懸命聞いていました。私が今まで話した、こんな話を、まじめに、馬鹿にせず聞いてくれたのは、内田先生唯一人です。

最後に一つだけ、さきほど内田先生のテープが流れましたけれども、奥様はよく知っていると思いますが、私はアルバイトをしてテープレコーダーを買い、先生の話されることをよく録音しました。大佛次郎賞を受賞しました、岩波同時代ライブラリー『作品としての社会科学』のなかに入っています「アダム・スミス――人文学と経済学」のもとのタイトルは、「アダム・スミスにおける人文学と経済学」なんですが、あれを三時間近く、先生が経済学史学会で講演をする前に話してくれまして、録音をしておりました。先生が亡くなったときにテープを持って行きましたけれども、そのとき一番最初に、本題に入る前に先生が言ったのを、今でも忘れられないのです。森有正君が死に、武田泰淳が死に、僕のこの講演は弔い合戦のつもりでやってきますと先生は言っておりましたので、この間、あらためてまた、それを思い浮かべました。僕が知る唯一の学問的なことはこれぐらいしかありませんので、これで失礼させていただきます。

〈この一篇・この一冊〉

『読書と社会科学』

南堀英二

内田先生の最後の著書となったこの本は、社会科学者内田義彦のいわば素人の眼（学問以前・以外のもの）で書かれた本であり、本全体（先生の生涯の問題）に貫徹している全面的没入と全面的拒否というしんどい賭け↓学問的継承とその乗り越え（創造主体として学問創造の仕方）、正確さと的確さについて初めて理解でき、深い感銘を覚えた。――この本を手に取るたびに私には、「僕の本で、まあ、君に分かるのは『読書と社会科学』ぐらいだろう」という、懐かしい先生の毒舌が聞こえてくる。

愛・光・希望としての思考

テープリライター　山本稚野子

私はじつは内田先生のご存命中には、ほとんど存じあげませんでした。むしろ、内田純一さんとはここ十年ぐらいおつきあいいただいておりますが、亡くなられる数年ほど前から純一さんが先生について少し話されることがあり、また純一さんのなかにどうも内田先生がひそんでおられるのではないかと思っております。

けれども、内田先生とほんとうに出会えたという感じがあるのは最近です。それで、亡くなられた方と出会うというのは、何かとても不思議な感じがするのですが、私には

どうしても出会えたというふうに言いたいという、そんな感じがあります。と言いますのは、生前、先生と直接お話する機会がまったくなかったわけではないのに、なぜかいつもそのチャンスを逃していたように思いますし、関心はあるのに、なぜかなかなか読み続けられない本というのがありまして、先生のご本はどうもそういう種類の一つだったと思います。それがあるとき、たぶん『作品としての社会科学』だったと思いますが、とても共感をもって読むことができました。そんなところに、出会いの不思議さを感じます。

内田先生の本を読みまして思いますことは、まずとても言葉にきびしい方だったと思います。日常のなかであまり意識せずに発してしまう言葉の多さに、ときどき私自身、滅入ってしまうことは多いのですが、とくに最近の言葉の使われ方をみていますと、変だなと感じることが多いように思います。それから私は母親であり、また二十人ほどの幼い子供たちと絵を描いたりしておりますので、子供たちの現在のありよう、また未来について思いますとき、現代の学問、思想から形成される科学文明というものにたいして、非常な不信感というか、やりきれなさがつのってきます。ますますわからないことが増えてくる日常のなかで、人間であることの不幸感を抱え、にもかかわらず、子供たちと関わらざるをえない矛盾をもてあましている状況があります。そんななかで、内田先生のご本を読みますと、人間が思考すること、学問していくことの意味、本来、思考は愛であり、光であり、希望であると語られていることが真実であると勇気づけられる思いがします。

ただ、それでも私にとってはむずかしいことは多く、どこまで読み込めるか心もとなくはあるのですが、それでも、先生がおっしゃっておられたことを、わからないながらも、私のなかに信頼感をもって沈めていくことによって、私のなかで再生産されてくるものがあるように願っておりますし、もしあるなら、それを私が私の日常のなかで、私の言葉で語ることができ、どのように行為にすることができるか、大きな課題を与えられたと思っております。どうもありがとうございます。

付記　対談について

内田先生の残された多くの対談は、専門を異にし、しかもそれぞれの専門と日常に非常に鋭い目をもった方がたとの創造行為としてある。そこではお互いの深い信頼が根底にあることを踏まえたうえで、個人の濃密な思考活動と同時に共同作業が成り立つ。だからすっきりとわかりやすい会話が展開されていくというよりも、むしろ微妙なずれと思えるものを残しながら構築されていく。だからこそ、対談の内容とともに、聞くこと、話すことの深さと重さをも受けとることになる。

〈この一篇・この一冊〉

「手紙のローザ・ルクセンブルグ」

山本稚野子

ローザの生きた時代を社会科学の視点から捉えながら、しかもなお、ここには生き生きとしたローザがいる。それは政治的な意図から描かれる一面が誇張されたローザ像ではなく、人間としてのまるごとのローザに対する深い共感をともなった目が、このローザを通して、時代そのものへの認識にいたる。フェミニズムの視点からだけではなく、それがそもそも歴史を学ぶことの意味であると、内田先生のはずむような筆致と若々しい感性から伝わってくる。そしてこの感性は絶筆にいたるまで貫かれている。

（『形の発見』所収）

旋律としての言葉、その力

作家　**永畑道子**

内田先生の『作品としての社会科学』を読むように、と教えてくださったのは、じつは藤原良雄さんでありました。あの本は、文学を読むような感じで読ませていただきました。今回、この『形の発見』を読みながら、私の世代あたりから、漢学、洋学、国学という三揃いがすっかり壊れてしまいまして、文体のうえで、たいへんな欠落であることに気づいております。内田義彦先生の言葉はそのまま旋律です。たとえば、木下順二先生の『子午線の祀り』あたりをお話しになっているなかでも、全部、イメージでそれが出てくるわけですけれども、そのあたりの迫力といいますか、文章の力、言葉の力をひしひしと感じました。

この本のなかで、ことにうれしかったのは、「手紙のローザ・ルクセンブルグ——生命と自然」の章です。この一編だけでも内田先生の人生観がひしひしと語られているとおもいました。
ローザは「血のローザ」と呼ばれ、こわがられた人です。でも、いきいきと女の魅力にみちて、きびしい人生のすべてを「美しくすばらしいこと」と受けとめた、実に〝やさしいひと〟なのです。内田先生の文章のなかに次の一節があります。

……一九一七年六月、ローザはウロンケの牢獄の独房につながれている。午後九時、長い北国の夏の夕方も漸く暮れようとしている。すでに独房の中は暗い。……

不意に独房の小さな窓硝子が明るく輝いた。ローザはソファーから立ち上がって窓に走りよった。大きなばら色の雲が東の暗い空にただ一つ、まるで計り知れぬ遠くの方から彼女に挨拶をし、笑いかけているかのように鮮かに浮かんでいる。ローザは思わず手を差しのべて叫んだ。

『こんな美しい色、こんな美しい形があるのだもの、世の中ってやっぱり素晴らしく、生きてゆく甲斐がある！』

薄あかりの中で彼女はひそかにペンを走らせる。スパルタクス文書。焔のような言葉で書かれた反戦のパンフレットである。……

ローザは、落日を受ける赤い雲の奥の奥に何かを見る。いつも希望をもつ。「牢獄」のわずかの土に小さな花を植え、鳥を愛したローザを、内田先生は描かれています。私はいまあるところで女性史をはなしておりますが、かならず語りますのが、このローザ・ルクセンブルグです。一九〇〇年、絶頂にあった同志ヨギヘスとの恋愛、クララ・ツェトキンの息子である若い恋人を戦場へ送る悲しみ、ローザが生まれの人間であることを話します。同志レーニンに対して少数独裁のあやまりを衝き、大衆のめざめを切々と説いたことなど。

内田先生がそのローザを伝記風に書いてくださっていて、とてもうれしかったのです。
いま、お父様のお写真の前に、内田純一さんがそっくりのお姿で座っていられます。そして、おつれあいさまにもはじめておめにかかることができました。ほんとうにありがとうございました。

付記　この「語る夕べ」のほぼ半月あとに、木下順二著『あの

過ぎ去った日々』が講談社から刊行され、そのなかに敗戦後まもなく持たれた『資本論』を読む会」のことが出てくる。

「……内田義彦をチューターとし、森有正、野間宏、加藤周一、岡倉士郎、瓜生忠夫、下村正夫、それと私を生徒とする読書会……」(四一頁)

そのときの内田義彦先生の様子が、同書のなかで、加藤周一氏の文章を引用して紹介されている。

「読書会の部屋はうす暗く、内田さんは痩せていて、――その頃闇屋以外の人は誰でも痩せていたのではあるが、――もの静かな声で、ほとんど呟くように、出席者の質問に答えながら、ゆっくりと読み進んでいた」(四二頁)

そして報告する生徒の番は、野間宏氏が作ったくじによって決まっていたことなど。

『あの過ぎ去った日々』には、このように思想の「巨人」となっていく人たちの若い日の交遊が、たたみかけるように語られていくのだが、夢中で読みながら私の胸にひとつの文章が重なってくるのを覚えた。

昨一九九二年秋十月三日付『東京新聞』、藤原良雄氏による「不惑考」の一文である。清水幾太郎、内田義彦、井上幸治、野間宏、鬼籍に入られた人びととの十数年に及ぶかかわりにふれて、

「編集者になりたての私は、これら巨木に何回胸を借りたことだろう。押しても引いても全く動じない巨木、小技をかけても全く利かずついに敲(たた)きつけられて満身創痍で帰る日々の連続。しかし敲きつけられても敲きつけられても再び立ち上がって臆面もなく恐る恐る面会を求めた。……」

(「巨人去ってのち」)

「学び問う」姿のみずみずしさがそのまま重なり、せめてこのような生き方の一端でもと、いまの私は思いつづけている。

――どうもありがとうございました。読者の方からかなりたくさんの読者カードをいただいております。二、三、ご紹介させていただきたいと思います。

佐藤昭紀さんという五十二歳の会社員の方です。杉並区にお住まいです。『著作集』に収録されなかった文章を集めた一冊だそうですが、さすがに内田義彦、どれも手を抜いてないことに脱帽――六〇年代の作品も、七〇年代の作品も、今読んでも、全く古くない、と言ったらしかられそうですがとにかく、触発されるところ大――読んでは考え、考えては読むという読書を満喫しました。それにしても内田のような学者が少なくなったものですネ。」

それから続きまして、佐藤公俊さんという三十九歳の

予備校の講師をやっている、浦和に住んでおられる方です。「今年最大の私の発見は内田義彦の存在を知ったことでしょう。現在ほど人間のあり様が個のレベルで、また社会共同体のレベルで問われている時はないでしょう。日常に生きる人間と、学問に生きる人間とが、いわゆる知識人のように断絶することなく、統合された人格であらわれてくるのを見るのは大変心打たれ、かつ、心を励まされます。すばらしいPublicationありがとうございました。」

木村孝さんという五十五歳の埼玉県に住んでおられる方です。「四五九ページの先生の絶筆、先生の通夜のとき、『これが絶筆です』と手わたされ、じーっと見入ったことでした。どのページにも内田先生の顔があり、それは、文学においてどの事物に対しても作家が自分の顔を保持しているのと同じです。座右の書ならぬ、鞄中の書として、先生と対話して居る次第です。」また、「編集、大変だったことでしょう。」とつけ加えてあります。

もう一枚だけ読ませていただきます。

石橋浩治さんという小平に住む会社員の四十歳の方でございます。「九月に内田義彦さんの作品集が出版されると知って、その日を楽しみに心待ちにしていました。実際に書店の書棚に置かれているのを見つけたときは、胸が高鳴るのを覚えた。気持ちの高揚を抑えつつ、汚れた手で触れてはいけないと、ズボンの上から数回こすってから手にとってみる。高価なアルバムのような、品格のある装幀だった。目次を開いて、収録作品を確認して、レジに向かった。これほど興奮させられる内田義彦さんの作品から何を学んできたのだろうか——いや、身一つのところで思索し、社会科学を通じての現実の認識と人間的自覚を深めていくことについて、くりかえし勇気づけられてきたと言うべきだろう。本書もくりかえし開いては、その都度、新しい発見をすることだろう。」

窮屈な読み方の周辺

政治学 **福島新吾**

現代政治分析をやっていますので、専修大学に入りましてから内田先生と三十五年、おつきあいをさせていただいて、先生が退職してから六年ですから、二十九年間は同僚だったわけです。さきほどから何人かのお話がありましたけれども、内田先生と学問的な話というのは幸いというか、分野が遠いもんですから、あまりしたことはございません。私は軍事、防衛問題を主に書いておりましたけれども、それを内田さん、読んでくれたのかどうか、あまり反響もらったことがないですね（笑）。ただ感謝しているのは、

大井憲太郎についても若干書いたことがあるんですけれども、これをたいへん評価してくださって、大塚久雄先生のところへ、もう一人の内田――経済思想史の内田芳明さんと四人の研究会で報告をさせていただいたことがあります。大塚先生は、僕の一高の先生でもあるのです。そういう意味で大塚先生とまたつなげて下さったという風に、内田さんとは心がよく通じていたわけです。著作集の月報でも書きましたように、私は、ですから遊び友達という名乗りをあげまして、江藤文夫さんなども、あるいは玉垣、吉澤、長、皆さんお仲間ですけれども、だいぶ遊んだ。

この本で、いちばん悲しい思いをいたしましたのは、「亡くなった人を思い出す時に何を思い出しますか、その人の笑いです」という内田さんの言葉があって、ああ、こんなに一緒にたくさん笑ったのになと、それに胸をうたれたわけです。他方で、これを読んでいて、おかしいなと思ったのは、いまの南堀さんの小豆島のことが出てくるところですが、「タンノイのスピーカーがなくてもべつに生きていくのには困らない。しかし、スピーカーがほんとうに必要か必要でないかと言われるとね」ということで、「私が存在していること自体、ほんとうに必要かどうか」という言葉と並べて書いてあるんです。ここへ来ると、私は宣子さんの顔を思い出して（笑）、これは言いわけであるというふうに読んだわけです。

それから、さっきの山﨑さんと田添さんのお話、戦争中の内田さんの思想形成というか、学問形成が出ましたけれども、それはまったくだいじなところなんですけれども、戦後にやはり内田さんがマルクス主義者として正統派から糾弾されて、そして沈黙に向かったということを抜かしてはいけないと思います。そのことがここに、「チェーホフを読んでると、マルクスとチェーホフということで、チェーホフなんか読んでいていいんだろうか」というたいへんきゅうくつな読み方をしていたということが書いてありますね。ああ、内田さんでもそうだったのかと思って、僕なんかもたいへんきゅうくつだったわけですけれども、『潮流』の講座で激突があって、内田さんは『潮流』の「日本ファシズムの抵抗線」を中断したわけですよ。それは著作集の月報を書く時に調べたんですけれども、そして企画の名前が変わって後が出たわけです。その後はそういうなかで、内田さんはものが自由に言えなくなって、自分の守備範囲を限定したということが、どうもあったと、本人ははっきりはおっしゃったことはありませんが、そう思います。そんなところで終わりにいたします。

〈この一篇・この一冊〉

『経済学の生誕』

福島新吾

私が専修大学に赴任して間もなく、署名入りで頂いた。初めての講義にA・L・モートンやトレヴェリアンをたよりにイギリス革命の「政治史」をやろうとしていた私への贈り物だった。その深い思索の結晶、とくに時論と理論の二重の視角をとなえる点が新鮮で大きな示唆をあたえてくれた。その頃の大学の小さな教員室での会話が懐かしい。後の多くの作品を記念して集まったいくつもの会合はすべてこの延長線上にあった。

日本の社会科学のあり方を問う

政治学 **福田歓一**

私の場合、目黒の内田家に伺いましたのは、ご逝去になったということを聞いて、弔問にかけつけた時、ただ一回でございまして、皆さまのように日頃親しいお交わりをいただいたものではございません。

ただ、著作集が出ますときに、第一回配本の月報に書くようにというご希望、ご命令が伝わってまいりまして、そこで「一枚の読者カードから」という一文を書いたのでございますが、そのときになんとも言えぬ快感を味わいましたのは、はじめて「内田先生」と書いたことです。内田先生と申し上げるのは嫌だというふうにおっしゃっておられたので、直接にはそうお呼びできなかったのです。大塚久雄教授と内田先生とは、おそらく五歳か六歳の差しかない。それにもかかわらず、御自分はじつにきっちりと「大塚先生」とおっしゃる。しかし、やはり学校での師弟関係がないとだめなのかな。だけど、そう言ったら怒られるから、「内田さん」と言っているんじゃ、「先生」よりもっとこわいようなものだと、いつも思っていたものですから、月報の時に「内田先生」と書いて、たいへん解放感を味わった（笑）ということを、いまでも忘れられません。

時間もございますので、一つ最近のことを申します。ことんど和辻哲郎博士の『日本精神史研究』が岩波文庫に入りまして、これには加藤周一さんが解説を書くというので、まずそれを読んでみましたら、まっさきにひかれていたのが、『作品としての社会科学』です。この本は和辻さんにとって客観的な学問的業績であるだけでなしに、人間としての自分のあり方を投げ込んだ作品であるというのを、まさに内田先生をひいて、加藤さんが書いておられる。こういう形で先生の考え方は生きてるなとしみじみ感じたわけです。

ただ、その感銘のなかで、あることを思い出しました。

お別れの会のときに、吉澤さんからお話が出ました平田清明教授が弔辞を述べられました。そしてその弔辞のなかで、『生誕』について、その後半に挫折があるという言葉があったのが、私はたいへん気にかかりました。ちょうど、野間（宏）さんが隣におられて、その向こうに平田教授がおられたものですから、あれはどういう意味ですか、と即座にうかがったのがそれです。おそらく、福島さんがさっき述べられた事情があって、『生誕』を書くときにでも、やはり当時のマルクス主義のあり方にどこかで制約されて、言いたいところ、あるいはほんとうなら、つきつめられたはずのところまで行けなかったという意味のことを平田さん

〈この一篇・この一冊〉

『経済学の生誕』

福田歓一

内田先生と私の最初の出会いであり、先生にとっては処女作である。そこに以後のゆたかな展開の出発が秘められていたのは当然であり、出会いの感動は忘れられない。

経済学は近代の学問であるので、学説史は独立が遅れ、逆に言えば経済学者の多くが古典について労作を出された時代であった。本書において、私はまぎれもない経済学説史の独立を読み取ったものである。

がおっしゃったことを、たいへんなまなましく思い出します。そういう意味で、山之内さんや田添さんがいろいろお話しくださいましたけれども、もう一度、日本の社会科学のあり方というものを見直してみる余地は大きいのではないかと、このことを申し上げて、お話を終わりたいと思います。どうもありがとうございました。

——いま、お名前の出ました加藤周一さんですが、加藤周一さんにも今日の会にお声をおかけしたんですけれども、「この二十九日は国外におりまして、じつに残念です」というお手紙をいただきました。

患者側からのone of them

法学　唄　孝一

私は鷹番に住んでおったというふうなこととか、それからさきほどの『パテーマ』とのかかわり、そういうことを最後の十巻の月報に書かせていただいたので、時間の関係上、そのあたりは省略しまして、この新しいご本（『形の発見』）が出てからのことをちょっと申し上げます。

と申しますのは、さきほどの川喜田先生の話に出ました、医者と患者の関係にかかわることです。つまり、医療をする医者にとっては患者はone of themかもしれないけれども、患者にとってはone of oneなんだということを、ここのところ、私、よくいろんなときに申しています。実際はそこまでしか言わないんですけれども。実はそう言いながら、私はほんとは患者にとってもone of oneでいいんだろうかと。つまり、医者にとってのone of themとは違うけれども、何と言いますか、市民としてと言いますか、いまの医療を受けるのに、患者側からもone of oneということだけではすまないものがあるという、そのへんのところを、その矛盾とその解決の方向とをその話のなかにほんとうは盛り込みたいんだけれども、そこまで話がいってしまいますと、医師の場合と患者の場合とのコントラストとして、いま、いわばささやかに問題提起していることも通じなくなるものですから、敢て半面は伏せて話しながら、ここをどう言えばいいかと悩んでいました。

たまたま私は九月頃、ちょっと緊張を要する講演（演題「医事法学者から医学原論を——医事法学者は医療のために何ができるか」）をしなくちゃいけない会がございまして、そこのところに触れざるをえないんで、どうしようかと思って困っておるときに、この本を贈ってくださったんですね。さきほども言われましたように、この本に『パテーマ』の

あの座談会が入っていたということが、それ自体うれしかったんですが、その『パテーマ』のいちばん最後のところに内田さんの絶筆がご本人の字のままで出ておりました。拝読してうなりました。これを読んで、私のいう患者側からの one of them は、もうここに見事に集約されているというふうに思いました。ああ、自分では、うまくそこは全体を理論的につなげられないけれども、この内田さんのおことばを紹介しておけば、私のその「one of one 論」のもってる欠点というのは、聴衆の方で汲み取ってくださるだろうと思いました。

そこでまず、鷹番に電話させていただいて、それから今度は純一さんの方を教えていただいて、それから藤原さんというふうに電話しまして、つまり一番関係の深い御三人にこれを使わせてほしいとお願いしました。ほんとに出たばかりでしたし、たいへん勝手でしたけれども、スライドにさせていただきまして、私の話の終わりに、内田さんのこの絶筆を掲げさせていただきました。うまく筋の通らない話のままではありましたけれども、感ずる人が何かを感

〈この一篇・この一冊〉

「方法を問うということ」
〜「臨床への視座」

唄 孝一

「方法を問うということ——看護人的状況としての現代における学問と人間」(『看護技術』一四巻五号、一九六八年)から、誌上シンポジウム「臨床への視座——医療が成立する場の営みと学的方法」(季刊『パテーマ』創刊号、一九八二年ゆみる出版、のちに『形の発見』に再録)にいたる先生の肉声にこだわりつづけます。というのも「生物一般と人間という生物との同一性と差異性」を通して「生物的存在としての人間」と「社会的存在としての人間」との区別と交錯についての示唆が、先生の病床体験からほとばしり出てくるからです。ここに自然・社会両科学にわたる医療の原点を私は探りたいのです。

(それぞれ『著作集』第六巻、『形の発見』所収)

じてくれるだろうと思って。これでずっとごまかし通すわけにはいきませんが、この絶筆に学びながら、また内田さんの全作品のなかに出てくるもの、とくに『パテーマ』のそれは、ほんとにいろんなことが書いてあるもので、読むたびに、どうにもたいへんなものだと思いますが、それらにしたがってまた勉強させていただきたいというふうに思っております。ここでその御絶筆の内容を申し上げないと内田義彦を語ることにはならないのですが、皆さん御持ちの本のことですし、直接御覧いただくことにして内容紹介は省略させていただきます。どうも勝手な本の使い方をしまして。ありがとうございました。

『資本論の世界』生誕の周辺

経済学　玉垣良典

私は内田さんより十五歳若いんですけれども、専修大学でもう三十年選手になりまして、内田先生とは定年まで、定年からは夏の別荘で、奥様はじめ純一さんも時々お目にかかりましたけれども、大学の外でも夏の追分の別荘で普段着の内田さんともおつきあいをさせていただきました。

それから私、偶然にも、内田先生の最後の、亡くなる一週間ぐらい前に順天堂病院にお見舞いに行く機会がありました。たまたまそれは私が著書を書きまして、それへの批判にたいするリプライ論文を書きまして、それがちょうど抜刷ができたものですから、おみやげみたいな形で持参いたしまして、読んでいただけないまでも、こういうことができましたというご報告をかねて、家内とお見舞いしたわけです。あのとき、先生は、私が持って行った意味は了解されたんですけれども、もう話をするにもカプセルみたいな酸素吸入器をつけておられまして、あんまり自由ではなかったんでありますけれども、しかし、私、非常に内田先生、はればれした顔で応対していただいて、私はそれはもう演技だというふうに思わないで、奇蹟を信じるようなものでしょうけれども、医者はもうわかっていたでしょうけれども、私は、内田先生はああいう大病からも立ち直って、しかも内田先生の最後の仕事をやられた、その精神力にはもう敬服しておりましたから、あのときも、これはほかの人は死期がもう近いというようなことを言ってましたけれども、奇蹟的なリカバリーがあるんじゃないかと、事実そう考えまして、帰りまして、さっそく奥様にお見舞いのお手紙と同時に、先生は立ち直る可能性がまだあるというお見舞いの手紙をさしあげて、奥様の方からもさっそくお電

話もいただきました。あれから一週間足らずで亡くなられるということは、もうほんとに私はそのときは全然考えなくて、まだリカバリーの可能性ありというような、そういう先生の何かはれやかというか、そんな死の床にあるという感じじゃなしに、じつにはれやかな顔をされておったという最後を思いうかべます。

一つ、五分以内ですけれども、先生に私はいろいろ、なかなか言えないぐらいいろいろ教えていただいたし、おかげをこうむっておるわけですが、最近、私たちの専修大学の、社会科学研究所で、それの『四十年史』というものを企画いたしまして、そこに並んでいる初代事務局長（長幸男先生）、私が三代目事務局長でありまして、その前半部分というところで、私ぐらいのところまでを、再建社研の第一期と言いますか、前半部分ということで、二ヶ月ぐらい前に、そうだ、夏休み前ですけれども、座談会をやりました。福島先生もおられましたんですけれども、そのときに、私ちょっといささかしゃべりすぎてお叱りを受けたんですけれども、内田先生についても、いくつか発言しました。そのときはじつは発言しなかったことですけれども、あとから手を入れまして、全面的にそこらへんは書き直しましたんですけれども、それをやっている中に昔のことが記憶によみがえってきまして、そこでちょっと紹介した、内田先生に私がいかにお世話になったかという一コマだけをご紹介しておきたいと思います。

というのは、長先生がプロモーターになって社研の再発足のときのプロジェクトでもあったわけですが、「昭和二十五年から三十年の間の日本資本主義の再生産構造と権力体系」という、これは文部省の科学研究費をもらって、総合研究ということで二年続けたわけです。それで、それを岩波書店から山田（盛太郎）先生のトップ論文を頭にいただいて、社研の共同研究の成果として出そうと。その話が長先生の事務局長の終わりごろに、だいたい方向は決まったわけであります。ところが、これが非常に難航いたしまして、というのはいろいろ事情があって、そのへんはカットいたしますけれども、それは日本社会の非常に急激な社会変動、昭和三十年以後、とくに六〇年安保以後の日本資本主義の非常な急激な変動と成長と同時に社会変動が起こりまして、われわれの問題意識がどこで戦後を捉えたらいいかというわれわれ自身の態度決定自身も現実が非常に動くものですから、なかなか決まらないということが、まず一つはその背景にはあったわけであります。

ところで、長先生のもとでそれをやろうとしたんですが、執筆開始へ向けての研究会が那須大丸温泉でありまして、山田先生と、それからここにいる福島先生が政治過程を報告され、それからもう一つ、中村秀一郎さんが日本の戦後の企業集団の特色という報告がありまして、ほんとはそこでいっせいに共同執筆がスタートするはずだったんですが。ところが、山田先生の報告をベースにまとめようとしても、どうも三人で一つにまとまっているというふうには見えなかったわけです。そこで非常に失速現象を起こしまして、しばらくはもうだいたい頓挫したわけであります。どういうことからか、結局やらないいかんじゃないかというようなことで、長さんがアメリカへ留学したものですから、そのときに、成り行きから、私が事実上、プロモーターみたいなことになってしまいまして、なんとかやろうとしても、山田先生のもとで、共同研究で一つのシステムにまとめるというのは、どう考えても重くてしょうがないのであります。それで、私もそのころは、もう何回も投げようと思ったんですけれども、それでも周囲はなんとか岩波で出そうやと言うし、ほんとにしんどかったわけです。そのときに、内田先生は、「山田さんのもとでワンシステムをつくろうって、きみ、だめよ、そんなもの、無理だよ」と言って、「わしが棺桶の蓋をしてやる、だから止めとけ、もう諦めろ」と言ったわけですよ。だけど、そこで諦めろと言われても、なかなか諦めきれるものでもないし、われわれも長く共同研究をやってきたものですから、なんとか形にしようと思った。

そのときに、内田さんは、何のときだったか、たしか夏の追分でだったと思うんですけれども、内田さんとその話をしてて、もうほんとに困っていますと言ったら、内田さんは、「それはきみ、いまはワンシステムを考えるような時代じゃないんじゃないか」と。むしろ、各自が、戦後の日本資本主義について、自分はこう思うという仮説を鋭角的に出して、それから新しい論点を提示することがだいじなんで、それで結果として、複数のシステムになってもいいんじゃないですかと、そういうふうに私にアドバイスしていただいたんです。で、私も、やっぱり内田さんというのはだいぶ発想違うなと思って、そのときは、いかにも内田さんらしい発想だわいと思った。しかし、内田さんにそう言われて、私もだいぶ肩の荷がおりたような気がしました。そんなにワンシステムを、山田盛太郎『日本資本主義分析』の戦後版でワンシステム、それは必要ではないじゃないかと。それぞれ一つ、新しい複数の仮説を出したらいいんじゃないかと、そういうふうに腹を決めまして、それで私は、とにかく皆にネジ巻いて、もう一回やろうやと言うて、やったのであります。

それは確かに内田先生のほんとにそういう、なんでもない、ちょっとしたサジェスチョンなんだけれども、当時の私には有難いアドバイスでした。広く内田さんの文章を読んで、内田先生の学問を継ぐというよりも、内田ファンなんですね、私は。結局、社会科学をやってるけど、私は内田さんのファンだという位置づけなんで、ある意味じゃ、小林昇さんの学史研究に惹かれるというか、その方が学史研究としては、ほんとじゃないかと思うこともあります。だけど、内田さんの魅力というのは、またそれとは違って、だれかが経済学以前だとは言ったけれども、あるいは超経済学なのかもしれないんだけれども、なんとも内田さんの文章を読んでると、これは岩波の月報に書いたんだけれども、非常にわれわれの土俵を広げるというか、精神を広げてくれるような、ちょっとだれにもまねができないようなところが内田さんにはあるんですね。これは私は、そうやけども、奥さんは、内田さんの苦闘の姿を見ておられて、そうとうとばっちりも受けられて（笑）、私は、福島さんじゃないけれども、内田義彦さんはほんとすごいけど、これは奥さんはたいへんだなと思った（笑）。

私も、ちょっとまねができないな。だけど、内田さん、私が思うに『生誕』と『学史講義』のあとぐらいに、内田さんはちょっとエアポケットに入った時期があるんですよ、私の見るところね。それは福島さんが言われるマルクス主義からの制約とかなんとかいうものとも絡んでいるかも知れんけど、それ以上に、一つ仕事をされて、そしてつぎの一歩というときに、ちょっと私はワン・クッションあったと思うんです。

私はその共同研究のときも、長さんがそのときに旗振り役で、あれは二十人ぐらいの共同研究だったんですが、内田先生は「思想史における戦前と戦後」というテーマを長さんから、おそらくあれは配給されたんだと思うんですけれども、……そうじゃないですか。「思想における戦前と戦後」か。そういうことで、だけど一回も内田さんはそのころは研究会に出てこないんですよ（笑）。で、私は、あ、ちょっといま内田さん、そんなにやる気がないんだなと思っていたんです。

それから最後に、これは岩波の月報ではスペースの関係でカットした一つのエピソードをここで紹介させていただきます。それは『資本論の世界』生誕にまつわる話であります。私が夏の追分の別荘で内田さんとのおつき合いが始まったのが、先生が『資本論の世界』に着手した頃でした。内田さん、私の知っているだけでもあれ確か三回ぐらい書き直したと思いますよ。三つぐらいの夏を投入した。はじめは相良君相手にテープに吹込むことから始まったのですが、で、私はそれはもう、つぎの年までには出ると思ってたの。そうしたら、また書き直すわけですよ。私は内田さんは非常に凝り性、ものすごく文章に凝る人だということは定評があったので、まあ、一回ぐらい、二夏ぐらいかけるぐらいは、それは私は当然だと思ったんです。だけど、また、三夏かけるんですよ（笑）。私、あれは先生、「知られざる傑作」に終わるんじゃないかって言ったもんですよ（笑）。バルザックみたいなね。先生、もうこれだめだぞ。平田清明さんも読んで、だんだん手を入れれば入れるほどおかしくなっていくと（笑）言ってね、私も聞いた。

だけど先生、あれで新しいスタイルをね。さきほど、言葉ということも出てましたけれども、文章言葉と話し言葉と。はじめて、内田さん、あれで新しい生産様式をあみだしたんですよ。つまり、テープに吹き込んで、話し言葉にして、それを文章言葉みたいなことにして出版するという、新しい生産様式をあみだしたんですね。そのために三夏、私なんかもうあきれちゃったよ（笑）。いくら凝り性の内田さんでも、ようあんな新書みたいものに（笑）三夏も、そんなね、いや、書きはじめてからもう三夏なんですからね。あきれかえったと。だけれども、やっぱりあれは内田さんの苦心作ですよ。私は新書としては、比較的すらすらと仕上がった第二作である『社会認識の歩み』の方が成功してると思いますよ。だけどやっぱり、いまでも『社会認識の歩み』よりも、おそらく『資本論の世界』が内田さんの第二期というかな、第二期の稔りの秋の始まりを画するものとして重要だろうと、私は思うんです。これは学史家において評価は分かれると思いますけれども。

それと晩年の内田先生と、私から見て距離が近づいたり遠くなったりだったと感じます。いちばんしかし、私は『資本論の世界』を書かれてた頃、とくに『日本資本主義の思想像』の巻頭論文、「日本思想史におけるウェーバー的問題」（一九六五年）の頃が、私はいちばん内田さんに近かったと。それでまた、いろいろ内田先生にお世話になったし。あの頃の内田さんがいちばん私には、ファミーリアだった。その以後はもうちょっと、私にとってはもう何というんですか、ついていけないというか、何というか、もうひどく悟っちゃったというか、すごいんですよね（笑）。それでもう私なんかの経験科学者では、とてもフォローできない（笑）、そういう手のとどかないところへ行っちゃわれたような感じがしています。

しかし内田先生の最後のお顔が私は——先生、やっとやりましたよというので行ったら、先生に喜んでいただいたと、たまたまいちばん最後の先生のはればれしたお顔に会えたということは、これはもう私もよかったなと思っているんですよ。以上です。

〈この一篇・この一冊〉

『日本資本主義の思想像』　玉垣良典

本書の巻頭論文を飾る「日本思想史におけるウェーバー的問題」は、とくに私にとって特別の意味をもっている。というのはこの論文にインスパイアされて私の処女作『日本資本主義構造分析序説』（一九七一年、日本評論社刊）が産まれたといっても過言でない程の刺戟を受けたからである。本書の繙読を契機に私は『潮流』論文やNNN論文をはじめとする内田さんの主要著作を系統的に読み返し、そこから多くのものを吸収したのである。

主体としての社会科学者の役割

政治学　石田雄

私は政治学が専門で、結局、個人的なおつきあいのなかった愛読者の一人ということで、それも主として、『作品としての社会科学』の愛読者の一人として発言させて頂きます。と申しますのは、内田さんの『経済学の生誕』公刊の翌年に私の最初の本を同じ未来社から出しましたけれども、「未来の会」の同人というのは、だいたい私より、ここにも木下さんがおられますが、十歳ぐらい年上で、畏敬する先生ばかりなので、遠くからはるかに拝むようにしていたわけです。木下さんのお芝居に行けば、だいたい内田さんとはお目にかかって、遠くからちょっと黙礼をすると、礼を返してくださるというような状態でずっと続いていたのですが、『作品としての社会科学』を読みましてから、あ、これはたいへんだと思うようになりました。というのは、有馬さんと同じですが、私は社会科学と言葉の関係にたいへん関心をもっておりまして、その観点からこれはたいへんなお仕事だということで、それからあらためて、前の作品を読み直すということで今日にいたっているわけです。

じつは、この間、十九日の日に、木下さんが「ことばの勉強会」で、芸術語についてのお話をされまして、その内容はここにご本人がおられるから要約することを止めます。私が木下さんのお話をきいていて勝手に感じたところでは、芸術語であろうと、社会科学の言葉であろうと、どういうふうに現実から意味を汲み出すかということと、それからその意味をどういう形で表明するかということ、それが重要であるという点では、この二つは共通してるのではないかと思いました。それで内田さんがおられたら、その間の橋を上手にかけてくださっただろうと思って、そのことをたまたま、そのすぐあとに会った加藤周一さんに話をしたんですが、そしてうちへ帰って来てみて、『形の発見』を見ましたら、ちゃんと書いてあるわけですね。

『形の発見』という本の題名になった鼎談、木下さんと丸山眞男先生と内田さんとがやっておられる鼎談のなかに、ちゃんと出てきてるわけで、あ、これはやっぱり読み方が悪かったんだと思いました。ちゃんと読めば、書いてあるんだということで、二行ばかり、そこのところだけ読みますけれども、こういうことですね。「形（かたち）形成の努力、歴史上さまざまな人間の意欲を、われわれの方ではふつう、社会的関連で内容がもつ意味の側からせまっていく。ぼくらの慣習では」と、こういうふうに言っておられるわけです。つまり、意味を汲み取って、それをどういう形にしていくかという、それもただ形というものはあるものではなくて、形成していくその形成の努力ということが大切で、それからまた意味を汲み取っていく過程というのが非常に重要なんだということだと理解します。

じつは詳しくは申しませんけれども、こんど皆さんのお目にもとまると思いますが、東大出版会の『UP』というPR雑誌に「『日本の社会科学』再考」という小論を書きました。これは前に、『日本の社会科学』という本を東大出版会から出して以後もう十年近くになりまして、たまたまドイツ語版が出るので、あとがきを書けということで、そのドイツ語版のあとがきをちょっと短くしたものですけれども、そのなかで、私は内田さんの名前をあげて、次のように書きました。要するに、現在の社会科学の問題は、

これはここに社会科学の専門家がいらっしゃる前で、異論がたくさん出るかも知れませんのですけれども、やはり意味と価値の問題というものに十分な注意をはらっていないという点にあると。その点が日本文化論の流行のような妙な現象を起こして、それさえも十分に分析できない原因なのだと書いたわけです。そしてその意味や価値の問題というのは、何かアプリオリに与えられたものではなくて、それ自身が形成されなければいけないものだという、その問題を私は現在の社会科学の問題として取り上げたのです。それでコミュニケーション的行為の過程のなかでの主体としての社会科学者の役割というものに注目したのは、内田義彦の業績であり、これは日本では貴重な例外的な存在であるというふうに書いたのです。

そういうことで、私はもう一度、私なりにハーバーマスの「コミュニケーション的行為」というのを考えていくなかで、意味を理解し、それをどうやって象徴形式にしていくかという、そのプロセスの問題として、内田義彦の『作品としての社会科学』というのはなんべんも読み返していかなきゃならないんじゃないかなというふうに思っております。どうも勝手なことを申しまして、失礼しました。

〈この一篇・この一冊〉

『作品としての社会科学』

石田 雄

「日本語が、社会科学の思考を育てあげる機能を果しえていないようでは、言葉として当然持つべき機能をまだ欠いている、……社会科学が日本語を手中に収めえないかぎり社会科学は成立してこない」と述べている一節は何度読みなおしても重要な意味を持っている。「単なる輸入学問ではない、『日本の社会科学』といえるものが出来る」ためには、この難しい課題を達成しなければならない。それは難しいが、それにむけての努力の過程こそが重要なのだと思う。

「学問と日常」、「芸と思想」の関係

評論家　**江藤文夫**

　さきほどの長先生と同じように、間の悪いところに座ってしまったと思っておりますが、もう一つ、間の悪い思いをしたのが、こんどの本（『形の発見』）でございました。じつは、私が内田先生とお話ししているのが、序章になっております。ご存じの方もいらっしゃると思いますが、あれは『読むということ』という対談集の「あとがき対談」でございます（笑）。その冒頭で内田先生が、あなたのおかげでこの本ができるようになって、というお話がありまして、この本を私が編集したという栄誉を受けるんじゃないだろうかと考えながら（笑）、困ったことになったな、と思っておりました。そこを消したいとも思ったんですが、勝手に消すわけにはいかない内容が展開されておりますので、そのまま出させていただきました。

　ここで『読むということ』の経緯をちょっと申し上げたいと思います。ある年の元日、突然、内田先生が、私が当時住んでおりました辻堂団地を訪ねてこられました。予告なしです。膨大な対談の速記録をお持ちになって、こんど、

対談集を出したいんで、これを整理しろとおっしゃる。それが、一月一日のご命令でございました（笑）。幸いにして大部分の対談を読んでおりましたので、「ご本人がこられてのじか談判では、仕様がない、やります」ということで、テーブルの上に三つに分けて積んでいったわけです。別に床にも重ねる。「それはなんだ」と言われたんで、「これが一章、これが二章、これが三章です」「こっちは」「これはだめです」「だめ？」と言われるので、「ただ量が集まれば、対談集ができるというものじゃない。一定の構想のもとにまとめていかないと、全体の構築ができない」というお話をした。「わかった」と言われたんですが、一章が非常に少なかったんです。「それじゃ、これを」と、床のほうに

手を出されるので、「これはだめです」「じゃあ、どうすればいい？　本にならないよ」と言われるんで、「これからやっていただきます」ということになりました。

私は内田先生にたいへんいろいろなことを教わっておりますが、そのご恩に対して恩返しの一つができたと思うのは、あの対談集に音楽の対談をしていただいたことです。そのとき内田さんはこわい顔をされて、「やってもいいが、音楽評論家はだめだよ。日本一の調律師を探してよ。それならやる。」

私、じつは音楽的教養皆無でございまして（笑）、しかも音痴でございますから、たいへん困ったんですが、やっと探しあてたのがヤマハの調律師をやっておられた村上輝久さんでございました。そうしたら、探してきた責任があるんだから、一緒につきあえということで、浜松まで行って、対談の司会をさせられました。しかし、司会したといいながら、一言も口を挾む余地がない（笑）。お二人がみごとに呼吸が合いまして、「あれは……」「うん、あれが……」、「あれ」って言葉が圧倒的に多い対談でございました（笑）。そうして終わりましたら、「あんた、司会して何も言わなかったんだから整理しろ」（笑）。それで仕方ない、私は音楽の本をかき集めまして、箱根に三日間こもりまして、「このあれは何のあれか」ということで全部、具体的な名前や言葉にいたしました。それを内田先生が直して下さいまして、あちこちがまた「あれ」に直った（笑）。それでできあがったのが、あの対談でございました。

もう一つ、最近どうも「世のため人のため」という言葉が死語になったと申しますか、あまり使われなくなりました。私にとってはこの言葉が強烈な印象をのこしております。いま、石田先生から「ことばの勉強会」のお話が出ましたが、ちょうどこの勉強会が六〇年代の末に始まったときに、いまお隣に座っておられる木下さんとお二人から呼び出されまして、この「ことばの勉強会」の手伝いをしろということを内田先生から命ぜられました。冗談じゃない、言葉の問題なんてとてもできないと、もう逃げに逃げまくったんですが、内田先生があの調子で、だんだんイライラされまして、「あんたね、いろんなこと書いてるけどね、あんなことを書くより、この会の手伝いした方が『世のため人のため』になるんだ」（笑）。その一言で、私はやらなきゃならない羽目におちいりました。あれから二十五年になりますが、まだ何とか「ことばの勉強会」を続けております。内田先生のご意志を何分かは生かすことができたと思っております。

内田先生から何を教わったかと考えますと、大きく言えば、学問と日常の関係とはどういうものか、あるいは芸と思想の関係とはどういうものか、ということだったと思います。その一つの重要な問題が、さきほどもお話に出ました、「素人的感覚」に関することでございました。「ことばの勉強会」でも何度かお話しいただいたなかで、ここでは三つのことをお話ししておきたいと思います。「きくとよむ」というシリーズをつくりましたときに、内田先生に出ていただきました。「それじゃあ、ぼくは『聞』と『聴』という、きくのスタイルについてやりたい」。荻生徂徠の「訳文筌蹄」からこの言葉を引きながら話されました。「聴」より「聞」の方が深くきくことだというお話でした。つまり、「聞」の場が生きていないと「聴」が深くならない。「聞」を生かすことで「聴」が生きるんじゃないだろうか、というお話でございました。

もう一つは、内田先生がまだ若いころ、写真に凝っておられたというお話をされました。当時なかなか凝った写真を撮られて、遠景、中景、近景と、ちゃんと構成した写真を雑誌に投稿された。ところが、ある写真家にこっぴどくやられたということです。三つがばらばらになってるだけだ。それが全体としてどういう視点のもとに統一されてるかということがなくては、写真はありえないということを言われたということでございます。

もう一つ、「論文は万年筆で書くな、鉛筆で書け」というお話をされた。このとき、私はじつは隣で司会しておりまして、たいへん困った。なぜかと言うと、その日に、私は学生に向かって「鉛筆で絶対に書くな。万年筆で書け」という話を（笑）してまいりまして、その晩に逆のことを言われたわけでございます。当然、抗議いたしました。そうしたら、「いや、万年筆で書き出すと、万年筆がくだらんこと書くなって拒否するんだ」と言われる。なぜ鉛筆で書き出すか、ということの問題提起にも、「日常」と「学問」という観点が生きているわけで、そのことをいましみじみと思い起こしております。

あるとき、「継承」ということを内田先生のお部屋でお話ししているとき、「批判的継承は全面的傾倒のもとにしかありえない」ということを非常に強く言われました。別のあるときに、これは日曜日だったんですが、NHKの大河ドラマというのがございます。夕方からお邪魔して、食事をしてゆかないかって言われまして、夜まで話しておりましたら、「八時からね、ちょっと大河ドラマを見る」。『国盗り物語』という大河ドラマでございました。私はたまたま原作を読んでおりましたので、テレビドラマとしてはどうも感心できなかった。で、あれはくだらないというようなことを、つい内田先生に申し上げました。そうしたら、先生が「大塚先生がいいと褒めておられた」(笑)。それで私は仕方がなく、くだらんと思うテレビドラマを四十五分間、内田先生とおつきあいしたことがございます。しかし、そのとき、大塚先生がいいと言われた、そこから何を汲み取るかというあの懸命なまなざしを、隣に座っておられた内田先生のそれを、私は忘れることができません。継承というのは、全面的傾倒とともにあるものだということがそのまま内田先生の日常の姿勢のなかに現れている。そこから私は、先生の隣でやはりつまらんと思いながら、身体で教わっておりました。

簡単でございますが終わらせていただきます。

——どうもありがとうございました。いま「ことばの勉強会」ということばが出てきたんですけれども、木下順二先生、何かちょっとつけ加えていただければと思いますが、いかがでございましょう。

木下 いつも突然言われて(笑)。内田君、「ことばの勉強会」に何度ぐらい出てくれたでしょうか。十度ぐらいかな。とにかく「ことばの勉強会」をその発足以前から支えてくれていた人で、そこで時々話してくれた。内田君の話というのは、無関心で聞いてる人にはスッと上を通っちゃうようなところがあったんだけれども、関心をもってる人には非常に深く刺さるしゃべり方だったと思いますね。幸いにして、「勉強会」に集まっている人たちは、どういう意味かで、いろいろ関心をもってたものですから、やっぱり内田君の影響——影響というか、話している考え方を非常に深く受けていると思います。

「ことばの勉強会」が始まった二十五年前のその前から、さっき「芸術語」という言葉がでましたけれども、私は「芸術語」の研究会というのをやろうと思ってましたらば、森有正が非常に反対して、「芸術語」なんて言葉は日本語のなかに定着してない。定着していない言葉を使って、会を始めるなんてとんでもないことだということを言ってくれたころから、内田君も一緒に参加して、どういうふうな形にそれをつくるかということで、話し合って今日まできたわけです。そういうことを含めて、内田君の問題を私なりにもっと洗いだして、きょう、皆さんからたいへんに興味のあるお話をたくさんうかがいましたけれども、そういうことを含めて、いずれ、内田君とのことを書いてみたいと考えています。結びの言葉にいっこうにならないんですけれども（笑）、個人的な感想でお許し願います。

――木下先生のお話にもありましたけれども、ほんとになかなか結びにならない。つまり、内田先生が遺されたお仕事を、やはりわれわれは今後引き継いでいかなければならないのではないのかという思いを、きょうも皆様方のお話をお聞きしながら深く考えております。

永劫する時の流れ――父とハルさん

建築意匠家　**内田純一**

きょう、このような『形の発見』の出版を祝うところに、本来であれば父親がいて、いろいろとまた違った盛り上がりもあると思えるのです。お招きいただきまして、内田義彦の息子としてここに座っている。そういうようなことを思うのですけれど、皆さまのお話をお聞きしていて、非常に不思議な印象を覚えます。父・内田義彦が亡くなったのは、三年前の三月十八日……。そして追悼の集まりや偲ぶ会が催されましたが、何か父親を追悼するというような感じが持てないまま、その意味では、ここにお集まりの皆さまのように「内田義彦」として、父親を偲び、父を意識していたのだと思うのですね。けれどもはじめて、内田義彦というよりは父親が亡くなったのだと、とても抽象的な言い方かも知れませんが、父と子そして親と子の不思議な繋がりを感じた。そういう想いを、未来永劫する時の流れを強烈に感じました。

そういう時の流れの想い出のなかで、今、語っておきたいと思うことがあります。それは父親の母・ハルさんという人のことです。ぼくが五歳の時に亡くなりました。先ほど、吉澤先生からのお話で思い出したのですが、子供のころ電車がとにかく好きだったらしく、遊ぶものが少なかった時代ということもあって、よく近くの線路の方に見に行ったのですね。それである時、あまりにも見すぎて電車が止まったらしいのです（笑）。柵から身を大きく乗り出したのか、踏み切りに入ったかは思い出せませんが、電車を間近に見ることができ、「ああ、良かったな」というぐらいにしか思ってなかったのですけれど、大騒ぎになったのでしょう。家に帰るとハルさんからえらく怒られた。怒られた内容は覚えていませんが、今でも印象に残るのは、「じつは今から……」と、何か静かににこにこしているのですけれど、「あなたを怒らなければならない事実がある」と言うのです。「今から怒りますから（笑）、ついてはよく聞くようにしてください」というように一度断りを言って

から、そのあとでいろいろ怒られた。それは真剣だったそうです。父はそのハルさんのことを「本当にすごい人だった」とよく話してくれました。

晩年は大変にタバコが好きだったそうで、これは父親から聞いた逸話ですけれど、末っ子である父親を除いて、子供の全員が結核を患い若くしていのちを失うのですが、ちょうどそんな頃から（アメリカ人の宣教師だと聞いています）、家によく牧師さんが定期的にきて、話をしてくれたらしいのです。キリスト教ではタバコを吸ってはいかん、とか教えを説いた。それでいつもその牧師さんがくるときには、タバコやタバコ盆を隠していたのですね。しかし自分で何か釈然としないものを感じていたので、あるとき牧師さんの目のまえで、ぽかりぽかりとタバコを吹かした。吹かしながら、「私のたったひとつの楽しみであるタバコを吸ってよい、と許してくれるなら、キリスト教になります。あなたはどう思われますか？」というようなことを言ったそうです。考えてみると恐ろしいような話だと思うのですね。生きるということの筋の通し方がすごい。

ハルさんの方からすっと近づいてくるときの恐さ、そういうおっかなさは父親にも受け継がれていると思います。父親の処女作『経済学の生誕』は、ハルさんが亡くなって二年後の一九五三年に出版されましたが、「亡き母に捧ぐ」と記されています（それも当時は批判されたらしいですね）。とにかくハルさんのような存在にくらべたら「自分の仕事は、まだまだこんなもんじゃあない、ヘナチョコよ」とよく語っていました。

最初に藤原さんからお話がありましたように、『内田義彦著作集』に未収録のものを集め一冊の本にしたいというお申し出があり、藤原書店までお越しくださいと言われたとき、何か躊躇する思いがあったのです。著作権継承者という人物が、何もわかっていない癖に本を作る段階で編集に注文を言い、滅茶苦茶にしてつまらなくするという話がある。とにかくそれは絶対止めたい、という思いが強くあったのです。

オブザーバーのような形で編集の場に参加させていただきましたが、藤原さんそして山田先生は、本当に大変だったと想っています。それに加えて血筋というか、もたもたが特徴というのでしょうか、その面だけを引き継いでいるものですから、何度もお会いさせていただき、その時に良いと思っても、家に帰ってもう一回見てみると、なんだかだめな気がしてきて（笑）。

いま、私は幼稚園の建築に関わっています。そういうも、たもた振りですとか、スケッチを描いては設計図に朱をいれる。いれてはまた最初からスケッチする。内田義彦であれば長所であるような点を（笑）、無意識に継承していますから、現場ではもう大変なのです。そこであやまってしまい諦めればよいのですが、やっぱりこのもたもたがいいんだなんてことを（笑）現場でも通そうとするものですから、昨日の作業を直してもらったり、何がなんだかわからなくなるほど大変なのです。大変なのですけど、何人か入っていただいている職方の棟梁がそういう騒ぎを超えて、それぞれの独創というのでしょうか、創意と工夫を発揮され、ひとつにすることができれば「山をも動かさん？」と思っています。

ハルさんの父親は、熱田神社の棟梁だったと聞きます。その宮大工であるひいおじさんとは、残念ながらお会いできませんでした。東京は気が短く、（時間前に）おっつけるような仕事、間に合わせが出来ないと「良い棟梁」とは思われない、と言われています。父親の著作でも語られる「木には木の言い分がある」とか、「木のことは木に聞け」と伝える、宮大工の曾祖父が今の現場を見たらなんと思うでしょうか。

そういう建築の仕事と、この本『形の発見』編集の時期がちょうど重なり、先人の仕事が自分のなかにどういう形で受け継がれ、今という時の流れのなかで、専門とする領域は違っても同じ意味あいのこととして、あらためて「継承する」ということとは何だろう、と考えるのです。よくわからないままの自分であり現在ですけど、何かものをつくる時に、その根っこのところで、生きたものをつくりたい、そんなふうに思っています。

藤原さんそして山田先生には、非・東京気質がありまして、気の長いお仕事をむしろ当然のようにしていらっしゃる。本を制作する過程・プロセスを通していろいろ学ばせていただくことが多く、深く感謝しています。

何かまとまらないようなお話でしたけれど、きょうは本当にありがとうございました。

〈この一篇・この一冊〉

『芸術としての社会科学』*

内田純一

アメリカから帰国してから晩年の父とはよく話をしたが、その時期の『作品としての社会科学』には深い感動を覚えた。思考を素材にしながら思想を形成するプロセスを見せようとする。現代芸術のインスタレーションにも共通する意識がある。日常のなかに畏と敬の瞬間を見つめる感性。芸術と学問の協働による社会参加を語っていく。読み手の意識に照応するかのように、霊としての自然そして生命が喚起されてくる。意識的にとられたマンダラ形式ゆえの変容——そして新生。その根底に、日本を見据える眼がある。『形の発見』は往き来する魂の発見でもある。建築論として読み深めたい。その親和力の秘密を知りたいと思う。

＊当初『作品としての……』は『芸術としての社会科学』というタイトル案も考えられていた。特にどのという訳ではなく著作を総称して。

「Last Picture」


ロスコーの壁画、アボリジナルの絵画、アイヌの彫刻家ビッキー、そして抽象芸術も愛した。

創造の衝動に対する鋭い感性。

カウンターカルチャー世代との対話。

時代の霊に触れる。

レノンの死を知り涙した。

多血で胆汁的、そして憂鬱質で粘り強い仕事。

有機的で開かれた思想。芸術家としての社会科学者。

口癖の幾つか——ありゃ、どれどれ、うん良い、わしゃあ、へっぽこ、だめだ、よし！……


——どうもありがとうございました。きょう、数時間、後ろから内田先生にずっと見つめられているような気がしております。お通夜の日にお伺いしてから、約三年半して、『形の発見』が出まして、お伺いしたわけですが、ほんとにお部屋がまったく変わってなくて、本もそのまま、いろんなものが全部そのままで、それで先生の最後に休んでおられましたベッドに、先生の写真がございました。その写真をきょうお持ちいただいたわけです。

心やさしいあたたかい人

内田義彦夫人　内田宣子

きょうは本当にありがとうございました。おかげさまで、藤原先生とか、山田先生とか、いらっしゃる先生皆さんのおかげで、こんなにすばらしい会があったり、それからすばらしい本ができまして、私の大好きな、それは私がお願いしたわけじゃないんだけれども、表紙が私の洋服とおんなじでしょう。もうこの緑と茶色がすごく好きなんですよね。だから、それがはからずもおんなじようになって、ほんとにこれ、手にした瞬間にとてもうれしかったんです。それでもこれが最後の本なの、なんて思ったりして、ジュンが言いましたように、ああ、やっぱり主人はいないんだなあと、こういう実感がいま、ひしひしとしました。

さきほどから皆さまのお話をうかがってて、お一人お一人、何か思い出があるんですね。吉澤先生にしても、それから長先生にしても、それから山﨑先生にしても、南堀さんにしても、皆さま、一つ一つ思い出があって、ああ、あのときはこうだったなあ、あのときはそうだったなあと思っていらっしゃる……。そう、それから唄先生が先日「最

後の絶筆みたいなのが……」と電話の向こうでおっしゃってくださったことも、いま思い出してまして、ですから先程からとても感激してます。ほんとうにやっぱりいなくなって三年半、正確にいうと亡くなってから三年と八ヶ月ぐらいになりますか。

私、不思議なんですよ。涙を出したのが三回ぐらいしかないんです。そしてそれは、ひとり静かにしみじみと彼のことを想っていたり、ゼミナールの方がいらした時でした……。あとはいまでも毎日娘と必ず何回か、「パパがこの椅子に座ったねえ」とか、「この音楽聞いていたねえ」とか話しています。

おだてると、おだてにのる人なんですよね（笑）。それでなんにもしないんですよね。右のものも左にしないような人なんだけれども、あるとき、うちで雨戸がちょっと具合悪くなったんですよね。それだから「ちょっと直してもらえないかなあ」って言ったら、「そうかあ、それじゃ、やってみるか」とか何だとか言って、始めたんです。そうしたらね、不思議にもうまくいって、スイスイいくようになったのね。それだもんですから、「まあ、やっぱり男ってすごいもんねえ（笑）、すごく頼もしいじゃない」って言ったら、「そうか、そうだろうよな」なんて言ってね（笑）。もうすごく喜んだり、それからいまはそうじゃないけれども、電気の何か、使いすぎると飛ぶことがありましたでしょう。何だっけ？　ヒューズ。ヒューズが飛んでも、やらないの。だけどもね、私、あるときに、「やってよ」って言うと、「そうか」とか何とか言ってね。やってくれたときには、すごく誉めておくんです（笑）。そうするとね、あとが効きますのでね（笑）。高いところの電球なんかを換えるのに、上の方へ乗っかって、一生懸命つけてくれるとき、「うわあ、助かった、明るくなったあ」とか何とか言うとね、すごく喜んで、つぎの仕事をまた頼むときに具合がいいんですよね。そう、昨日も娘の裕子と、「あのとき、なんだかすごく喜んでたわねえ」なんて話してたものですから。いまちょっと思い出したんですけれども。

三月の十八日に亡くなりましたけれども、十七日の夜に純一の女房の恵子さんが見舞いに行ったんです。夜病室に行きまして、なんかしばらくいようとして、そしてしばらくはいたのかも知れないけれども、「僕眠たいから、眠るからこれから」って、そう言ったそうなんです。「そう、それじゃ、お父様眠りたいのなら眠ってください」と言ってね、「眠りたいのなら、私帰りますから」と言ってそれで帰ったその翌日、朝一時三十三分だったかな、亡くなったということを電話で知らせてきました。だから人間は、眠りたくなるのかなあと思って。でもたった一人で死んだんだけれども、ああいう死に方もいいなあ、私も死ぬときはやっぱりあんまり人に迷惑かけないで、そっと死ぬのもいいなあなんてこのごろ思っているんです。けれども死ぬときは、眠たいとか、そういうことを感じるんじゃないかなあと、そう思います。あんまりのたうちまわって死にたくはないですね。

それから、ぐあいが悪くなりはじめてから、もう十五年ぐらいたつのかな、もっとたつのかな。ずいぶん大変だった。食事が喉を通らなくて、一日に七時間も八時間も食事に時間をかけて食べて、朝が終わったと思ったら、もうお昼、お昼が終わったと思ったら夜の食事になって、夜の食事が終わったら、もう寝るんだなんてことで、そんな毎日をずいぶん長く、何ヶ月、何年もすごしておりました。

「パパ、ごめんね。いっつもいっつもおんなじおかずで、ごめんね」と言うと、「ううん、こんなにおかずを作ってもらって、おかゆを作ったり、スープを作ったりしてもらうのに、文句言ったらバチあたるよ」って、こう言ったのが、いまでもしじゅう思い出されます。「バチあたる」って。

きかない限り、苦しいとか、痛いとか、言わない人でした

〈この一篇・この一冊〉

『経済学の生誕』

内田宣子

学問上のことはよくわかりませんが、一番、私の心に残っているのは『経済学の生誕』です。

原稿を書く彼の毎日は、まったく命がけの凄まじいもの——夜中に書き昼間にねる——で、雨戸はほとんど開けたことがありませんでした。私は原稿のお清書や家事に加え、小さかった長男純一が、狭い家のなかで彼の眠りを妨げないように、公園などに連れ出すという日々でした。

それらも今では、忘れられない、なつかしい大切な思い出になっております。

よ。本当に心やさしい、あたたかい人でした。私はいま目が悪いものですから、おつかいに行っても、買い物の値段もわかんないし、物がどこに置いてあるかわかんないから、娘が買ってきて、そして私がたまに調理したりしていますけれども、やっぱりそれも「文句言ったらバチがあたるなあ」というなかの一つじゃないかと思います。

本が出たときには、一冊ずつ主人からもらってましたけれども、それがみんな、積ん読になってしまって読んでありませんけれども、まあ、積ん読でも、これが主人が書いたもんだなあと思い、それでほんとうに満足しています。

夫婦での北海道旅行

きょうは、こんなに遠いところからいらしてくださったりしてるのに、もうお一人お一人、ここからよく見えないんだけれども、ありがとうございました。これからもどうぞ、お手紙をいただいてもうれしいですけれど、お電話をお時間がありましたらかけてくださいませ。ありがとうございました。こんなきれいなお花、どうもありがとうございました。

――本日はほんとうにありがとうございました。これで「内田義彦を語る夕べ」をおひらきにさせていただきたいと思います。どうもありがとうございました。

＊付記 この「内田義彦を語る夕べ」は、著作集未収録作品を中心にして編まれた、内田義彦『形の発見』（初版一九九二年九月）の発刊を記念して開かれた「内田義彦を語る夕べ」（一九九二年十一月二十九日、於・神田学士会館）での発言記録である。適切な発表の機会がないまま長年が過ぎてしまったことについては、関係各位に深く陳謝したい。なお、適宜挿入したコラム「この一篇・この一冊」は、当時、テープ起こし原稿の作成・整理に当たって編集部よりの依頼に対して寄せられたものである。（編集部）

Ⅲ 内田義彦が語る

凡例

一　第Ⅲ部においては、内田義彦の文中の（…）は途中省略を、〔　〕は編者による補足ないし修正を示す。

一　各項冒頭のゴシック体の小字は、編者による補足文である。

内田義彦の生誕

〔内田義彦はいかにして内田義彦になったか〕

山田鋭夫＝編

内田義彦の学問と思想は、いかにして形成されたか。つまり内田義彦はいかにして内田義彦になったか。以下はそれを知る手がかりとして、幼少期から『経済学の生誕』に至るまでについて語った内田自身の文章の摘録である。便宜的に、幼稚園・小学校時代、中学・高校時代、東京帝国大学時代、そして戦後期における『経済学の生誕』への歩みの四期に分けた。出典指示中の『著作集』とは『内田義彦著作集』全一〇巻＋補巻のこと。

1 幼稚園・小学校時代

内田義彦は幼稚園に通ったのち、一九一九年四月（六歳）、兵庫県の御影尋常小学校に入学し、二五年三月（一二歳）、御影第二尋常高等小学校を卒業した。以後、結核のため二年間、療養生活。

母のこと――教育における峻厳さ

私ごとを言って申しわけないんですが、おふくろの親父が宮大工の棟梁で、星亨〔明治期の政治家〕のファンだったんです。だから小山にある星亨の、いま記念館になっていますけれども、別荘というのはぼくのお祖父さんがつくったんで、ぼくのおふくろはその関係で星亨の女中なんですよ。親父は星亨の旗かつぎなんかしていて、それでいっしょになったらしいんですけれども。それでおふくろのいろんな言動を見ていて非常に勉強になることがあったんですが、高等学校、大学時代、いや、ごく最近までそういうことをばかにしていたんです。

最近になって、いろいろ思い出してもっときいておけばよかったと思うことが多いんですが、それは別として、あるとき、ぼくの姉がぞうきんがけをしていて、廊下に白いぞうきんの跡が残ったら、途端にぞうきんで顔をふかれましてね、ぞうきんの跡が残るとはなにごとだ、ぞうきんはきれいでなければいかんと、それはすさまじい怒り方でした。ふだんはあまり怒らないんですよ。が、その時はすさまじい怒り方でした。ぼくの幼稚園ぐらいの時かな、年は忘れましたが、いまでもはっきり印象に残っています、あまりにすさまじかったから。それでときどき思いかえしてみるんですが、日本の建物というのは白木のままで、その白木になんともいえぬ光沢があってたいへん美しいですけれども、あれはぞうきんでみがかれて美しくなっているんですね。ぞうきんだけではないでしょうけれども象徴的にいえば、ぞうきん。(…)

そういうぞうきんがけの訓練というか、ぞうきんがけのなかにふくまれている修練という要素が、そこに同時にふくまれていた古い圧制の体制とともに、洗い流されてしまった。

勉強の仕方がそうですね。そういうことでいいんだろうか。もちろん、そういう古い訓練体制には、もたれかかる伝統として考えたら否定すべき面がいっぱいあると思うんですが、しかし同時に発掘すべき伝統という意味では、非常に大事なものがふくまれているように思うんです。

たとえば、教育における峻厳というようなことを最近考えるんですけれども、やっぱり芸事の訓練における峻厳の要素が、あのままの形じゃ困ると思うんですけれども、なんらかの形で生かされなければ、学問・教育の場に魂が入らない。教師と学生との間における信頼関係もそうですね。

(堀尾輝久との対談「学問と教育を問い直す」一九七七年、『著作集⑦』)

えんまさま——両親の思い出

「えんま」というのは、どういうわけか私になつかしい存在である。ふだん忘れている昔の思い出が結びついているからかも知れない。昔が遠いのではなくて、むしろ、現在の私がどこか遠くの方へきてしまっているなあということを、ふいと思い出させるような、そういう、遠方にあって身近な存在だ。だから、えんまさまというよりはえんまさんの方が書きいい。そう思って表題を書きかえてみたが、

「えんまさん」ではどうにも坐りがわるい。やはり玄関でのごあいさつみたいなものなのだろうか。そのわけも気になるけれども、理由は別として、坐りがわるいことは事実なので、表題はそのまま、あとは、えんまとか、えんまさんとよばせてもらうことにする。

えんまというものの存在自体は、ほとんど記憶がさかのぼれない昔から、漠然たるまま自明のこととしてあったような気がする。そのえんまさんをこの眼で初めて見たのは、子供の頃、縁日ののぞき眼鏡を通してであった。おこづかいというものを持たされなかった私も、お正月と縁日にはお金をなにがしか持たされる。何に使ってもいい自分のお金。それもありきたりなものしかないお正月とはちがって、縁日には珍しい物がずらりとならんで夢をかき立てる。両親と行くと、バイキンがついている?とかいう理由でねだっても買ってもらえなかったしんこ細工やワタ菓子。そのワタ菓子屋のおじさんにお金を渡すと目の前で夢がふくらんでゆくようにふわりとおいしそうなお菓子が出来上ってゆくのだが、口に入れてみるとちっぽけなキャラメルのかけらになってしまったのにはあきれた。そのワタ菓子を手にしながら見たのが、「親の因果が子にむくい」などいったかけ声で客を呼びいれている見世物小屋の三つ眼小僧であり、「のぞき」のえんまさんであった。インチキな三つ眼小僧はさすがに閉口したが、えんまさんの方はたちまち私のスターになり、ワタ菓子とともに毎年の夢となった。亡者たちをむごたらしくいじめている鬼どもの大親分のえんまなので、いい印象が残っているはずはないと思うのだが、そうでないのは、死というものの存在に対する底知れぬ恐怖と魅力(というのも変だが死んだものみたさみたいなもの)、あるいは、残虐への嫌悪と誘惑が交りあった、そして多分そういうことで「生」というものを無意識に感じ始めた年頃の思い出が、猥雑な縁日の思い出と結びつきあっているからでもあろう。

二番目の思い出は、少年の頃の父親の記憶と重なる。人間は死ぬとえんまさんの前に立ち、こう問われるのだそうである。お前は何十年と何年か生きてきたわけだが、何が面白かったか。ありていに申し上げろ、というようなことで、さて何が面白かったか、考えてみても余りないというのもしゃくなので、これこれこういうことが面白うございましたてな通りのいいことを白々しくいったとたん、ウソをつけと大きな釘ぬきで舌をぬかれる——という話をよくきかされた。あるいは一度であったかも知れないが、くりかえし聞かされたように記憶ににじみ込んでいる。いま考えて見ると、どうもこのえんま伝説は前地獄くさい。多分、おやじがダンテを小学生向きに焼きなおしたらしい気がする。といっても、私の両親は小学校しか出ていないし、家にあった本は漱石と山路愛山ぐらいで、もっぱらそのことのために私は、両親を（死を迎える直前まで）軽蔑しつづけていたくらいである。だから、直接にダンテを読んで作りかえたということは考えられない。おそらくは、大正デモクラシーのふんいきの中で、そういう解釈が自然に出来ていたのであろうか。しかし、それにしても、父の話には、小学校出のハンディキャップをおってあくせくと働きながら、せめて子供には自分の好きな道をという夢がこめられていたことを今にしておもう。五人いた私の兄姉は、絵かきや物理学者の卵になり、両親の夢をふくらませかけたが、全部、両親をおいて結核で死んだ。私だけ残ったのだが、その私も、両親の夢を（だから両親を）多少とも理解する心の余裕が出る前に、両親は相次いで死んだ。おやじは、そして、おふくろは、えんま大王の前で何を告げたであろうか。多分、少々手はよごしたけれども、私としては出来るだけのことをしたのですということだけは言ったであろうし、えんまも認めざるをえなかったと思う。

（「えんまさま」一九六六年、『学問への散策』『著作集⑥』）

幼稚園から小学校に入ったときの違和感

たいへん古いことを話して恐縮ですが、私が幼稚園から小学校に入ったとき、シーンとしたものを感じて違和感をもちました。むろん、当時違和感として意識したわけではありませんが、あのシーンとした感じはいまだに記憶しています。森（有正）さんの用語法を使えば、違和感という言葉の「定義」を私に与えてくれるのはその時の経験です。幼稚園の方が多少とも、より『エミール』的なものに近かったんではないか。それが小学校でがらりと変る。その違和感です。

歴史的に考えてみると当時幼稚園に入るのは少数の人間で、統計的にしらべてみたわけではありませんが、恐らく、幼稚園に入った人種は当然に大学に入ることを予定づけられた人種であったにちがいない。そして、大学で特権者の自由が与えられていたと同じ意味で幼稚園には特権者の自由があった。こう考えるのですが、とにかく幼稚園には小学校に始まる帝国臣民教育とはちょっとちがったふんいきが、――むろん全体としては、大学の自由同様、そういうものとして帝国臣民教育の一環になっていたわけでしょうけれども――あった。私はこれを幼稚園文化と名づけているんですが、つまり、固くるしい小学校・中学校と、「自由な」高校・大学を区別するようなちがいが、幼稚園と小学校の間にあった。私など歴史的な規定を与えてみると幼稚園・赤い鳥文化に育った者といえるでしょう。そういう者として、戦前の幼稚園が幼稚園→大学という特権者の自由というワクをもっていたことは忘れてならないことと思いますが、同時に、そういった自覚をもった上で、ポジティヴな面に着目すると幼稚園では少なくとも「遊び」と「勉強」が機械的に分けられていなかったといえる。幼稚園は帝国臣民教育の中では多少別格で、遊びが教育であった。遊びのなかで子どもの学習能力を高めるということが、教育上のハウ・トゥの基礎に理念としてある。ですから、評価の仕方もちがう。先ほどの話にひっかけると、幼稚園ではアンデルセン・トーヨコセンという認識活動は認識活動としてポジティヴに評価してくれた。少なくとも「小川はさらさら」とは反対の評価基準が子どもを見る見方のなかにあった、と思います。成果ではなくて認識活動を見てくれたのですね。ところが小学校で勉強＝教育ということになると、その間違いだけが指摘される。教育のハウ・トゥの基礎にある理念がちがう。それがふんいきとして学校に充満している。幼稚園から小学校に入った時の違和感はそういうことであったかなと考えるわけですけれども、この解釈の当否は別として、「遊ぶ」場から「学ぶ」場に不意に入れられた、そのものものしいというか、シーンとした感じはいまも忘れられません。そういうシーンとした感じは現在でも、学問とか教育につきまとっているのではないか。そして、それは、「学ぶ」ということが全く受動的な、ある権威を予想するものになっていることの現われではないか。

他方、遊ぶということは、学問とか教育とかには関係ないもののように思われ、あるいは取り扱われている。遊び自体、本当は創造的なものですね。これまた人間本性の現われとして。遊びでの訓練だってきびしい。もし、遊びが創造的なものであれば。ところが、その遊びが受動的なものになってしまっている。だからだらける。だらけたものが遊びとされる。

学ぶことと遊ぶことが完全に切りはなされているということは、学びにおいても遊びにおいても、子どもが完全に受動的な存在になっているということです。子どもの上に教師があり、教師の上に学問の専門研究者がある。現在一般の教育常識はそう考えればいいでしょうか。専門家と素人とが完全に切りはなされて、素人は、学習でも遊びでも

「受動的な存在」になっている。遊びの復権ということが大切なのではないか。学習でも遊びでも創ることは楽しいことですからね。むろん、創造には独自なきびしさ、訓練をともなうけれども、それが人間本性の現われである限りきびしさそれ自体に楽しさがある。むしろ、きびしさを伴わないだらけた遊びは楽しくない。そういうものだと思うのです。

(「学問創造と教育」一九七二年、『学問への散策』『著作集⑥』)

理科の実験——三兄のこと

私には、さきに話した長兄の外に、当時高校の学生で、その頃から日本の思想的関心の中心をしめるようになった物理学に興味をもって後に京大で理論物理学を専攻した兄(三兄)がいました。大学を卒業した途端長兄にひきつづいて、——絵描きの修業をしていた次兄と相前後して——いずれも三〇歳前後で結核のため死亡しましたが、その影響もあったのでしょう。子供の頃から理科、とくには化学の実験が大すきでした。あまりいい思いを持たない小学校時代、実験は最大の楽しみでした。兄は、物理学の内容についてはほとんど何の話もしてくれませんでしたが、実験の仕方については、いまから考えると本格的な指導をしてくれました。

その頃のことです。たしか『太郎の実験』といったかな、手許にあった本と首っぴきで実験をしていた私は、突然兄貴にどやしつけられました。

本のページを拾いながら実験をするとは何事だ、というんです。あまりの激しさにびっくりした私に、兄はこう話してくれました。

指導書というものは、あらかじめよく読んで内容と手続きをしっかり頭の中に入れておくべきものだ。たまに、確認のため本をみるのはいいが、眼はあくまで本ではなく、そこに起こっている現象そのものに注がれていなければならない。それで初めて実験が実験になる。その手続きを怠ると、目が本のページに奪われて、肝心の、起こりつつある現象の観察がお留守になる。それじゃ実験といえないだろう。第一、実験をしてみると、本に書いてある通りのことがそのまま起こるわけではない。いろんなことが起こる。それを見きわめなければならない。かりに、本に書いてある通りのことがそのまま起こっても、それを自分の眼であらためて確かめる。そこで初めて本の知識が、自分の知識になる。そこに実験の実験たる意味がある——というのは、むろん、今の整理ですが、そういう意味のことを小学生の私にも納得できるかたちで懇々とさとしてくれました。今思い返してみると恐らくは兄貴自身が先生から教わったことを私向きに話してくれたものと思いますが、これまた強烈な印象で、いまも鮮明に覚えています。

そういうところから、私は本を読む場合でも、できるだけそういうふうにしていますし、講義の場合も、草稿は作りますが、話をするときは、大抵メモ一つでお話しするようにしています。あとで読み直しますと、ずいぶん違っています。しかし、草稿を見ながらしゃべっていたら、たぶん間違いに気づかなかったと思うのです。それに、作ったノートを見ないで、聴衆の顔を見ながらしゃべってみますと、他人に通じるところと通じないところが鮮明に分かってきまして、反省の材料になります。通じないところをどうすれば通ずるようになるか考えているうちに、じつは自分でもよく解っていなかったとか、間違えていたことが鮮明になってくることも、よくあるんです。諸君も、演習での報告の時、あるいは学会報告の時、ぜひ試してみて下さい。言葉を走らせないで、ゆっくり、出来るだけゆっくりしゃべることが大事です。

兄が、物理学の内容のことは何も教えず、もっぱら実験の仕方を基礎のところで本格的に指導してくれたことを、いま私は深く感謝しています。いまは、自然科学でも小学校以来、学問のきらびやかな内容（のすじ書き）を教えるのに手一ぱいで、肝心の実験のほうについては時間をさいて基礎的な訓練をしない。だんだんと実験の時間を殆んど持たないようになってきていて、これじゃ折角の学問も身につかないんじゃないかと心配でもあり、気の毒に思っています。

というわけで、私は有難いことに学問の基礎のところを教わる機会を持ちました。しかし、このことを社会科学に生かすということは至難のわざで、本来始源たるべきことにいまもようやく近づきつつある状態です。第一、学問の対象は本来何かという、基礎的な問題と遭遇すること自体、「社会科学の勉強」をそれなりに一所懸命に進めていた大学時代の、これまたしんどい経験によってです。

（「学問のよもやまばなし」一九八九年、『著作集⑨』）

2　中学・高校時代

内田義彦は二年間の結核療養ののち、一九二七年四月（一四歳）、旧制甲南高等学校に入学し、三四年三月（二一歳）、同校を卒業。同校は一九二三年に創立された私立の七年制高校で、尋常科四年と高等科三年という一貫教育を行っていた。以下の文中、内田は「中学」という言葉を用いているが、これは同高校の尋常科に相当していよう。高安国世（歌人、ドイツ文学）、下村正夫（演出家）らとの親交はこの時代に始まる。

結核療養中の花作り

私は、子供の頃園芸に凝ったことがあります。小学の終りころ結核にかかりまして中学に入学と同時に二年間休学することになりました。もともと花作りは好きだったし、一まわりちがいの長兄が中学時代にかかった結核で学校もやめ花作りをしながら寝たり起きたりの療養生活を送っておりまして小さな温室をもっていましたので、私も花作りをやったらということで始めたんですが、生来の凝り性でたちまち園芸のとりこになってしまいました。兄貴が持っていたサットンとか札幌の百花園のカタログを見て、いろいろな種子を注文したことを覚えております。兄貴の方は「オクラ」とかいったその時分はまだ珍しかった「栄養食品」とかメロンの栽培を中心にしていましたけれども、私は花作りが好きでしたので、どうしても花に関心が向く。

そのうち、偶然のことからカーネーション作りに熱中するようになりました。今ではカーネーションなどごくありふれた花ですが、その頃は——とくに私がいた関西（兵庫県岡本村）では——まだ珍しかった。ようやくその頃阪急岡本駅の近くに、仁楽園と言ったかな、カーネーション専門の温室をもった業者が出来、それで初めてカーネーションに接したのです。

大きな温室に咲き揃ったカーネーションは見事でした。花も美しいし、葉や茎の色、形も独得で心をひきつけます。たちまちカーネーションのとりこになってしまいました。ずらりと並んだ二寸鉢、独得のセンテイ鋏やジョーロもまた魅力的で少年の専門家魂をくすぐります。同じことなら、私もあれを本格的に作ってみたいと思いました。

で、兄貴の温室の一部を借り、仁楽園に日参して指導をうけながらカーネーション作りを始めたんです。

ところがやってみると大変。何しろ東京では荒木田というカーネーション向きの土はふつうだけれども、関西ではそうではない。白砂青松といいましょう。いまでは関西でも青松は珍しくなりましたけれども、海岸に行くと何所でも白い砂が青い海につづいている。それが関西の土なんです。東京にでてきてしばらくぼくは海に入る気にならなかったですね。有名な江の島だって、行って見ると泥の浜、泥の海です。とても入る気にならない。飛行機で東京に近づくと空気の濁りが目についていて、あの中に住んでいるんだなといつも思いますけれど、あの感じです。そのくらい土がちがう。

しかし、カーネーション作りにはその黒い土が必要で、黒土とかふよう土を分けて貰い、配合の仕方から始めねばならない。大小の植木鉢やいろんな「ふるい」を少しずつ買いととのえたり、床箱を自作したり、いろいろ苦労をしました。

なかでも難しかったのは、昼と夜との温度差の調整で、温度差が大きいとガクが割れてしまってカーネーションの

左より母ハル、内田義彦、妻宣子

生命ともいうべき花形がくずれてしまう。何しろ家のは煉炭暖房の小さな温室です。厳冬になると夜中にも一度火をいれてやらねばならない。病気療養からみると本末転倒もいいところで、見つかると叱られる。そこを何とかごま化すというか折り合いをつけて、とにもかくにもガク割れを起こさない程度にしましたが、その「経営者」としての心労は（笑）大変なものでした。ことによると経営学を大学院で学んでおられる方より「経営経験」が多いかも知れませんよ。

それはまあ冗談ですが、とにかくその苦労が実って数年後には、仁楽園の主人から、お世辞でしょうけれども、君の花なら何時でも売ってあげるよといわれまして、その時は嬉しかったですね。『経済学の生誕』の時より嬉しかったくらい。

同じやるなら本格的にやって本物をという専門家志向がぼくの本性の一つにあって、私の学問の一つを規定しています。そのこと自体は別に悪くないし、むしろいっそう本格的に進めなきゃと思っているのですけれども、物には裏表があって、本物志向はいいが、その「本物」の中身が問題で、コンクール向きの一流主義といった歪みがまといつきやすいんです。

ぼくがそうして「本格的」なカーネーション作りに熱中していたころ、私におふくろがおりまして（笑）、これがまた生来の花好きで、マーガレットとかデイジーとか、カーネーション作りのぼくから見ると雑草に近い平凡な花を庭中いたるところに作っている。そのやり方もまた、どぶさらいをした土を乾かしたりしてやっているんですね。N・P・Kの三要素なんていう（笑）初歩的なこともまるで知らないし、もともと心にかけていない。

とても園芸なんとはいえないと思って見るんですが、しかしまた、熱心に心をうちこんでやっている花作りの仕様に心を打たれることがある。花そのものが可愛いくて可愛いくて仕方がないんですね。なりふり構わず花の身になって懸命にやっている。他人の評価なんかは問題ではない。ひたすらなる花への愛という絶対の重みを自分の中にもっているんです。それからみるとぼくの方は仁楽園の評価ややり方に心を奪われていて、あの絶対なるものが自分のうちに無い。所詮は借り物。第一、あの清楚でリンとしたマーガレットを花扱いしないようでは、カーネーション作りの「園芸家」としてはともかく、本物の花作りとはいえないじゃないか――という思いをふっとさせられました。

いったい「本物」とは何か。

もちろん、その時は、そういう認識の重大さに深くは気づかず、専門の流儀に従った園芸修業をそのままつづけていましたが、おふくろの花作りを軽蔑しながらも、チラとした形で瞬間にしかし強く受けた心の傷が奥深く根付いて、のち学問修業をするようになってから次第に意識の表面に現われて私の学問のいま一つの魂を規定するようになった、といま振り返ってそう思います。

（「学問のよもやまばなし」一九八九年、『著作集⑨』）

本物とは何か

専門的といってもせいぜい子供の花作り程度のことに、「心の傷」とか「本物とは何か」という大げさなことをいったのには奇妙に感じられた方もあるかと思います。が、それにはわけがあって、もう一つの深刻な体験が花作り体験に結びついていたんです。で、それを申しそえておきますと……

その頃一年に一回大掃除というのがありまして、むろん掃除ですが単なる掃除ではなく、村では重大な「儀式」になっていました。重だった村役人がうち揃って一軒一軒廻ってきて、「掃除済み」の紙を玄関に張る。やっていないと大変なんです。村人として当然守るべき秩序を破ったことになるわけですから。そういう意味合いをもっていました。

ところが、ある年、長期療養中の長兄の病状がよくない時にたまたまぶつかって、大掃除をしなかった時がありました。入ってきた見廻りの役人の一人から掃除を済ましたかと問われたおふくろが、これこれしかじかの理由で大掃除はやらなかったと答えると、外で聞いていた役人たちがずかずかと揃って玄関に入ってきて、何故きまりを守らなかったと肩を怒らして詰問した。その途端、顔をきっとさせたおふくろが、病人が悪いので掃除が出来なかったと申し上げたでしょう。いったいこういう時掃除をするのが掃除の趣旨を生かすことになるのですかといってのけた。その静かでことば少なながら論理のすじを通して確信に満ちた応答の迫力にけおされた役人たちは、「掃除済み」の紙を渡して「張っておけ」と威信をとり直した格好ですごすごと引き上げて行きましたが、私といえば、その間、その場の緊張にたえきれず、おふくろの傍で黙ってへたりつづけていました。こわかったんです。そのみじめな姿は、おふくろの鮮やかな応対ぶりとともに、忘れることができません。それが花作り体験に結びついている。

まことにみっともなく恥しい話をしましたけれども、こう申せば、専門といってもせいぜい「お嬢さん芸」程度の園芸について、「心の傷」とか「本物とは何か」などという大仰なことを申し上げたことを御了解願えたかと思います。

いまになって考えることですが、私の年のおふくろならば、ただ一人で、やはり同じ確信にみちた応答で役人たちを追い返したろうと思います。栃木県小山の宮大工の娘で、親父（私からいうと祖父）が私淑する星亭（とおる）の下で女中奉公をしていたおふくろは、小学校しか出ていませんが、その小学を出たばかりのおふくろが、自由党の演説会を聞きに入ろうとして女子供は入れないと追い返されそうになった時、自由党ともあろうものが何故女子供を入れないのかといい張って会場に入ったという話は、後に何度か聞かされていましたから。おふくろからすれば、あたり前のことをあたり前にいってのけたということでしょう。その辺りが強いところです。

母が私淑していた、そして父もまた九州島原から家出をしてその下で旗振りをしていた星亭なる人物が所詮ダラ幹的存在であったということは、その後高校時代から研究しはじめた社会科学からみれば常識で、その「専門学問の常識」を身につけ始めた私と両親の世界の間には、花作りをめぐるそれと同質の懸隔があり、その開きは次第に大きくなりつづけてゆきました。社会科学修業時代の私は、花作りの場合と同じ軽蔑の念を両親の世界観と言動に対して持っていた——というのはいい過ぎという自己弁護の念も起こりますが、少なくとも軽んじて、聞くべきことを聞かなかったことは事実だとハッキリ言っておくべきでしょう。事実だけでももっと聞いておけばよかったとほぞを噛むことだらけです。

その私の社会科学の常識が間違っていたと思いません。しかし、長年に亙って社会科学を専攻しつづけて専門の学問を少しは身につけえたはずの私が、果して、いま、あの時のおふくろが、そして恐らくは子供の頃のおふくろが身を以て示したような静かで迫力のある論理を魂の奥にしみ通しえているかどうか——要するに、私の学問がどこまで「本物」かどうかという疑問もまた、学問修業の過程で深まりつづけました。

とにかく、何が本物か、あるいは本当に本物であるためにはどうすればいいかというのはむつかしいものでありまして、仕事として——学問であれ何であれ——一つの物を作る以上、専門の手はずを本格的にキチンとふんで世間に通用するものを作らねばならない。が、下手をすると、本物志向、本格的な一級品志向が、学界や専門家の世界の評価あるいはジャーナリズムという形での世間の評価に流されて、拠点たる自分を失ったコンクール主義に堕する危険を内蔵している。といって、他人に対して説得力をもたない、さらには説得性そのものを「主体性」の名で軽蔑し放擲することは許されませんね、専門家として。作品たる以上なんらかの——このなんらかのがむつかしいところですが——客観性をもち社会的な滲透力を持たなければならない。といって——再び話をもとに戻すようですが——自分にとって絶対的という要素を欠くと、結局はコンクール主義の借り物学問に堕してしまう。

その辺りをどうするか、これが——専門の学問とはいかなる内容をもつものであるべきかということとからんで——永年、私の学問論の問題でありつづけましたが、最近にいたっていよいよ問題意識の中心をしめるようになりました。が、その端緒には、ふり返って考えると、いま申し上げたようなことがあったと思います。鷗外の『最後の一句』のあの「一句」は、昔のお役人や鷗外だけでなく私にもきつい ことばなんです。

(「学問のよもやまばなし」一九八九年、『著作集⑨』)

河上肇『第二貧乏物語』との出会い——思想との遭遇

思想家河上に初めて私が出会ったのは、『第二貧乏物語』（一九三〇（昭和五）年）の著者としてである。忘れもしない。中学四年の暮だった。あの、どぎつい——と思われた——装幀の本を読み進めながら受けた強烈な印象は、いまも、ぬぐい難く鮮明に、脳裏に焼きついている。

もっとも名だけは、哲学という言葉とともに、かなり前から聞き知っていた。物理学志望で当時高校生だった兄のところに、いずれもいまは亡き加藤正や加古祐二郎が連日遊びにきては哲学論議に華を咲かしていて、傍らの私にも聞こえてくるその哲学論議の中で河上の名は、アインシュタインのそれとともに、もっともよく出てくるものであったから。詳しい内容は子供の私によく解らなかったけれど、何か新しいことが始まりつつあり、その中心にテツ学というものがあるらしいことは、話にこめられた熱気によって、うすうす、しかし疑う余地の無い事実として受容されていた。だが、その「新しい始まり」が、こういうものとは思ってもいなかったのである。恥ずかしいことに私は、哲学を鉄に関係ある何かとほうもなく深遠な学問であって、それについての新しい学問がいま人間の運命に根本的な変革をあたえつつある、と受け取っていたのだ。哲学という語自体は活字でお目にかかっていたけれども、それは、私に関係の無い、まったく別個の、言葉どまりのものにすぎなかった。私に関心があったのは哲学ではなくテツ学であり、それは、物理学の基礎にあるらしい、ある確たるものを指す言葉なのであった。

その河上とテツ学の実体を初めて知ったのが、『第二貧乏物語』だったのである。そういう知り方であったから、読んだショックはいっそう大きかった。テツ学の名で漠然としかし確かに聞き知っていたことのすべてが、河上の言葉を核にして否みがたく私を包囲しだす。まぎれもなく新しいことが始まりつつあることを私は理解した。（…）

河上とのこうした出会いの仕方は、その当時の騒然たる社会状況と、同じく騒然たる思想状況から考えてみれば、私の社会的関心の狭さ、その芽生えの遅さを物語るものであろう。しかし、著書の形で初めて河上に接したのは、結果としては幸せであった。あの、ひとかたまりになってあらがいがたく迫ってくる異様なものの魅力と怖しさは、著書でしか得られなかったと思われる。

『第二貧乏物語』以後、『改造』はもとより、古本屋を尋ねてザラ紙本の類を読みあさるのが日課になったけれども、その日々の記憶、読書による荒々しい真実との遭遇の記憶は、すべて『第二貧乏物語』という一冊の書物に融けこみ、それを核とする単一の「河上経験」として存在している。

それは、怖しいとしか他に言いようの無い経験であった。怖しいの語には尽きない不思議な魅力を伴うものではあったが、その魅力も、怖しいの語を用いなければやはり、独自に強烈なその力を伝えることは不可能である。

断わっておくが、警察の恐さではない。もともと非社会的・非実践的で、自然科学の実験に熱中して世の中のことに無知だった当時の私に、警察の恐さなど想像の外だったし、知っていたとしても、いたとすればむしろ、私といえども恐さを越える勇気を無理にも奮い起していただろう。戦争とともに景気はよくなったが闊達の気風をいつしか失って政治の壁にしゅんとなった昭和二ケタの時代とちがって、不況のどん底ではあったけれども、まさに不況のゆえに、まことに意気軒昂たる状況を呈していたのが、当時の思想界であった。(…)

私の覚えた怖しさは、記憶によっても警察などにかかわる外的な恐さとは異質のものだ。その異様な、いい知れない、否定し難く精神の内部にしみいってそこから私の全体をあやしく震憾させるものの魅力と怖しさ、それは、思想という、心の奥深いところにあって人を測り知れぬ世界につき動かしてゆくものが、その本質として、人間の内部でもつ働きなのであった。言い換えればそれは、私の内における「個」の目ざめである。社会科学というものがつきつける「もの」によって目ざめさせられた私が、私を追いつめてゆく。私とは何か。

私は、自然科学とともに文学の愛好者であった。で、私といえども文学の愛好者として、文学を通じてさまざまな思想との出会いがなかったわけではなく、個の目ざめもまた、文学を媒介にしてピース・ミールには経験をしていた。しかし、こうも深いところから呼びかけられ自分自身の全体を震憾させられて世界の前に立ったことは初めてである。そのようなものをこそ、思想と言いうる。整理して言えば、河上経験を経て初めて、その後の私の文学経験は同時に思想経験となり、したがってまた、ほんとうの意味の文学経験となるであろう。

だから、私は、『第二貧乏物語』によって初めて河上に遭遇しただけではなく、およそ思想というものに遭遇したのである。

(『作品としての社会科学』一九八一年、『著作集⑧』)

若き日の読書——自然科学・文学から社会科学へ

ぼくがどうして社会科学に興味を持ったかといいますと、ぼくはやや特殊なケースかもしれないけれども、社会科学というよりも最初に科学というものの存在をまず実感として持っていたようです。といいますのも、ぼくの小学校から中学校時代にかけてぼくの家に自然弁証法の加藤正さんとか法哲学の加古祐二郎さんなどがしょっちゅう遊びにきていたわけで、当時加藤正さんたちが高等学校に通っていたころですが、いつも自然科学の話をしていた。社会科学の話もあったんだろうけれど、耳に残っていたのは自然科学の理論や実験の話です。ちょうどアインシュタインが日本に来て刺激を与えた、その後のころです。アインシュタインが日本に来たのは？

久野　大正十年ぐらいかな。第一次大戦が終わった直後ですから。

ですから哲学なんていうことばも、小学校時代に耳学問でおぼえました。もっともぼくは、これは鉄の学問かなんて思っていましたけれどもね。(笑) とにかく打ちこんだ姿というものは、中身がわからないままに感動しました。とにかく科学というものがあるらしいということがまず最初。それが実は社会科学に関係があったんだということは、後に高校に入って、京大事件などがあって身につまされてわかりました。が、それは後のことです。そうした子供のころの家の雰囲気がとにかく科学的なもの、自然科学というものに対する信頼感をぼくに植えつけたことは事実です。本でいいますと、やはり一番感銘を受けたのはファラディの『ローソクの科学』ですね。そのころは、もう社会科学や哲学の本を多少読んでいたけれど、これを読んだときの驚きは忘れえません。これは自然現象を対象にしてはいるけれども、一つの論理学の原型みたいなものをぼくに与えた。これとか、ベルナールの『実験医学序説』とか、あるいはダーウィンの『ビーグル号』。いつか社会科学のほうで『ローソクの科学』みたいなものが書けないか、という気持はいまでもします。

それから、社会科学への学問的動機といえるかどうか、ともかくぼくを人間や社会に対して目を向けさせた動機の一つに、これもしょっちゅう家で議論になっていたものですけれども、倉田百三の『愛と認識との出発』や賀川豊彦の『死線を越えて』がありますね。いまから考えますと、どうも倉田・賀川かマルクスかといったようなことが議論の背景にあったようです。そういう身近な話が刺激になって、中学時代に当然に自然科学者になるつもりで自然科学の実験などに熱を入れながらそれから後は文学の本をだんだん読み高等学校時代は文学青年になっていたわけです。

久野　どんな本を読んだんですか。

そのころ円本時代で、『世界文学全集』や『現代日本文学全集』、それに『近代劇全集』があったでしょう。雑誌ですね。しかし中心は、やはりトルストイですね。それとチェーホフ。このほうはあとになって面白さがわかってきた。

久野　トルストイはどんなものを読んだんですか。

最初は『復活』と『戦争と平和』、高校に入って『アンナ・カレーニナ』がすきになりましたが、どこまで読んでいたか。せいぜいヒューマニズムのヴォリュームに圧倒された程度というべきでしょう。これ一作というときは『三人の隠者』を思いだします。

離れ島に三人の隠者がいて、修行をしている。ただ正式の祈りのことばを知らない、というので親切な神父がお祈りのことばを教えにゆくのですね。なかなかおぼえないのをやっと教えて船に乗ってみていると、向こうから三人、浪の上を走ってくると見る間に眼の前に現われて、祈りのことばを忘れたからも一度教えてくれ、と言って頼む。神父が自分には教える力もないしその必要もないといったら、また浪をけたてててたちまち消えてしまう、というんですが、そのあたりの描写のすさまじさと適確さに圧倒されました。ほんとうに浪の上を走っているように見えるんですね。モラルとしても強烈で、いまでも文章を書いていて無力感におそわれます。

高橋　それでどうして経済学を専攻なさるようになったのですか。その動機やいきさつについて話してください。

ぼくの高等学校時代は、経済学全盛時代ですから、学者になるとかならないにかかわらず、みんな経済学は勉強していた。ぼくも文学と平行して読んでいたわけです。しかし、経済学を専門にというのは、加古さんの影響かな。高校の時代です。高等学校の二年生の時に、加古祐二郎さんが、法制経済を教えにこられた。それで先生からパシカニスとかラートブルフとか、経済学の前にまずそうしたところからやって、『資本論』にとりかかったわけです。全然むつかしくてついて行けなかったけれど、気迫に圧倒されて。これをやらにゃあかんという感じでした。そこで文学青年廃業で、経済学をやることになったんですが、ずいぶんしばらくは恨みが残りましたね。つまり経済学なんていうのは、もちろんぼく自身の能力の限界もあるんですけれども、とても人間の能力を越えるものだという感じでね……。それと、文学と経済学がどうもかみ合わなくてね。

久野 しかしそれはカーライルのいうふうな、ディズマル・サイエンスとして嫌っていたわけではないんでしょう。

ええ。と同時に、その背後にはさっき久野さんが言われたような、実践の学問としての経済学が、ちょうどぼくが経済学者として立とうとするころには、何か有効性を失っている段階にあって、なんとかこれを回復しなければならぬという気持も強かったわけです。

高橋 当時経済学プロパーの領域ではどんなものをお読みになっていたんですか。

ご多分にもれず、河上肇の『第二貧乏物語』、同じく河上さんの『資本論入門』が、最初の開眼でしょう。それから猪俣津南雄の『金融資本論』も印象に残っています。そういうことから『マル・エン全集』ということになります。すこしたって『日本資本主義発達史講座』があり、それから「資本主義論争」時代に入るので、フォローしていました。『資本論』と本格的にとりくんだのは、大学に入ってからなので、ぼくの場合、論争と平行しています。同時に、恐慌論が当時流行のテーマの一つでしたが、これはむつかしかった。チャップマンの『ランカシャの綿業』やマントウの『産業革命史』を読んだ時はホッとした感じでした。学説史に興味を持ったのは、V・F・ワグナーの『信用学説史』を読んでからです。これはいまでも名著だと思っています。

（久野収・高橋徹との鼎談「社会科学をどう学ぶか」『展望』一〇一号、一九六七年五月）

下村正夫との交友

下村正夫とぼくとは、中学に入ったときからのつきあいで、やはり同じ組にいた今アララギの高安国世と一緒に無二の親友であった。その頃ぼくと高安は、どういうわけか大変秀才ということになっていて学内でのさばっていたし、下村は、どちらかというとというよりは、そのものズバリの無器用な男で、学生いじめで僅かに安月給のうさをはらしていた教師どもの格好のえじきになっていた。考えてみると、下村は天皇制下の田舎中学という「真空地帯」の圧力をもろにうけた存在であったのである。

その後、下村とぼくとの親交は、大学に入った頃から野間宏〔作家、作品に『真空地帯』一九五二年、ほか〕がはいり、瓜生忠夫〔映画評論家〕が加わるというように次第に大きくなって続いているが、いま、思いだしてみると、その時分のぼくの下村に対する友情のなかには、どこか優等生ぶったいいきなものが交りこんでいたし、下村の方にも親しさのなかに鋭い反撥心を隠していたとおもう。ぼくは、

甲南中学時代（左より下村正夫、内田義彦、高安国世）

下村〔下村演出の演劇『真空地帯』一九五三年〕の安西と弓山との解釈や、木谷が曾田に示すあのしつこい猜疑心と憎しみ（これがあって初めて、最後での二人の結びつきが生きてくるわけだが、映画〔山本薩夫監督『真空地帯』一九五二年〕ではこの肝腎な点がでていなかった）の強調をみていて、ギクリとさせられた。いまのぼくは、秀才どころか二十すぎれば何とやらの諺どおりの平々凡々の徒になりおわっているわけであるが、しかし、大学教師のぼくには、いまでも矢張り、大学出のインテリで事務室要員曾田のもつ「機構的」ともいえるずるさが纏わりついているし、容易にはそれを抜けえないであろうことを知っているからである。

　ぼくが、下村に完全に頭を下げたのは高等学校の頃、彼が芸術写真に手を染めだしてからで、その時彼は独特の組織力を発揮して「関西学生写真聯盟」を作りあげ、また、その時分、印象派主流の大家の模倣をでなかった学生写真に新しい生命をふきこんだ。ぼくはその時の彼の熱意と創造力を決して忘れない。

　その後、下村は戦時中の「真空地帯」でまた持前の無器用さを発揮し、しかし多少のずるさをも身につけて僅かに生きながらえていた。その彼が完全にエネルギーを出しきったのは、新演の設立からであった。この前の『結末のない話』がそれを示した。そしてぼくは、こんどの『真空地帯』が、一つの画期的な舞台になることを信じて疑わない。

（「下村正夫と『真空地帯』」一九五三年、『学問への散策』『著作集⑥』）

3　東京帝国大学時代

内田義彦は一九三四年四月（二一歳）、東京帝国大学経済学部に入学するが、ただちに再度の結核療養のため、三六年まで休学。三九年（二六歳）に学部を卒業し、同年四月から一年間、同大学院に在学。一九四〇年四月〜四二年一二月（二七歳〜二九歳）、財団法人東亜研究所所員。一九四三年一月から四五年八月つまり終戦まで、東京帝国大学嘱託として世界経済研究室に勤務。ここでは以上の時期を大きく「東京帝国大学時代」として一括しておく。

私の中の看護人的存在

私自身の経験を語ろう。私は三十年前（東京帝国大学入学直後の頃）、結核で数年間自宅療養をした（だから私は、患者兼看護人であったわけだ）。当時は、化学療法も外科療法もなく、安静と栄養と自然治癒力だけが頼りの時代であり、したがって病気との闘争において戦闘の主体は患者たる私であり、医師はいわば作戦本部ともいうべきものであった。医師が作戦本部であるとともに、戦闘部隊そのものである短期決戦型の病気と、長期戦型のそれとは、病気との戦い方（看護人のあり方）において根本的に違うという認識も、「極限概念」という認識や、「病気のいい分もきかなければ病気には勝てぬ」という認識とともに、療養の中で得たものである。

作戦本部から私に与えられた指令は、一日に卵五つから始まって、十にエスカレートし最後には卵十五！というものだった。三人の兄を結核で失っていた私にとって、この指令は至上命令である。至上命令であるが故に指令は忠実に遂行され、そして、指令は遂行されたが故にエスカレートした。が、最後の十五に至って遂に私はその指令を拒否した。それを拒否したのはほかならぬ私の肉体であった。指令と、指令を拒否する私の肉体の間にはさまった私の脳髄は、ようやくにして「医学」に発する指令の私への執行人であることをやめ、私の看護人たる地位を回復した。この指令が、ある医局の、ある方針に基づくものであり、私が模範患者としてその最適の実験台になっていることを知ったのは、しばらく後のことである（私は、医師が悪意をもってそうしたなどというつもりはない。ある意味では良心的な医師ほど、患者を実験台にするという傾向をもつ、ということを私は先に指摘しておいた）。この指令が何を根拠にして、いかにしてできたかを知ってから私は、私自身の看護人として、この指令を具体的な点で私向きに改めた。私がとにかく生き延びたのは、医師のおかげであることはいうまでもないが、同時に、医局と私の肉体の間に立ち、恥じることなく素人質問をした私の中の看護人的存在であったと思っている。

（「方法を問うということ」一九六八年、『学問への散策』『著作集⑥』）

東京帝大の末弘講義

話は、ちょっと飛ぶんですが、大学に入った時、末弘厳太郎先生が開講の辞をのべられた。その話を私は時にふれて思い出すんです。末弘さんは、諸君が大学を出るまでに是非やっていただきたいことがある。それは新聞を読めるようになるということだ。こういわれるんですね。基礎的な理論を理論としてしっかりやるわけですけれども、基礎理論をやる上で新聞がちゃんと読めるように、そういう風に理論を勉強しなければならない。これは理論を経済政策という意味での現実とのかかわりで勉強するということをも含むんですが、それだけ、それに尽きるものではない。われわれは新聞とかジャーナリズムを通じて現実を知るでしょう。それだけからではないが、少なくともその範囲は大へんに大きいわけだ。その新聞の紙面はしかし、一定の方針から編集されているし、第一、ニュースというものは、領域的にも、時間的にもバラバラでしょう。社会面とか経済面とか家庭面とか政治面とか国際面とか、そういうふうに「現実」は散らされた形で、しかも日毎見透しがたく生起しつつある姿で、現われている。その新聞の紙面から現実を読みとるために、こちらの学問はよほどしっかり身についたものでなければならん。そこのところをうっかりすると、学問は学問止りの世界の中で大変高級なことをやるが、それが現実を見る見方にならん。その点に注意して、深く勉強しなさいというんで、これは一寸見には格調が低いようだけれども、学問の仕方として根本的なことを言われたわけです。何げない形で。これが、じつは、末弘さんの学風そのものであった。

（杉原四郎との対談「鼎軒田口卯吉を考える」一九七九年、『著作集⑤』）

武谷三男・野間宏から教えられたこと

ぼくも古谷〔弘〕君〔東京大学経済学部教授、一九五七年に遊泳中急死〕などは別にして、他に経済学者の友達は一人もいなかった。とくに卒業直後の東亜研究所時代はね。だ

からスミス研究はおろか学説史について話し合うなんてことはゼロ。それどころかぼく自身、一体、経済学者として何をしたらいいか、まったく暗中模索だった。つまりテーマがすでに決まっていて、これをどのように勉強していったらよいかについての暗中模索ではなくて、そもそも一体何をどう勉強していったらいいか、それがわからない。

東大入学当時は『日本資本主義発達史講座』（岩波書店、一九三二―三三年）や『資本論』を少しかじって、経済学はこちらが本場ぐらいの生意気な学生だったけれど、何しろあの壊滅ぶりでしょう。敵もさることながら、こちらの破産も明らかなんだ。そのうちに戦争はだんだん身近になって、生きているという保証はなくなってくる。そういうこともあって、納得しうる理論、生きているという証（あかし）が欲しい。そういう学問を経済学徒としてどうやっていったらいいかわからない。それで人と話し合いたいんだけれど、うっかりしゃべれない。とにかく話し合っても大丈夫ということが最初の条件としてある。経済学部の学生だからというわけにはいかないんです。で、そのときの友人が――経済学者ではなくて――、たとえば武谷三男（物理学者）であり、野間宏（作家――当時、詩を書いていた）なんです。一方は自然科学者、他方は文学者という両極端の友達を偶然にも得たわけです。

この二人からは物の考え方を教えられた。正反対の方向から。一つのほうから話すと、そのころ軍事財政の分析をしたことがあった。当時、タイガー計算機というのがあってね。

それで、武谷君に、「日本の軍事予算が――数字は忘れてしまったが、たとえば――昨年より一二・五パーセントふえた」というような話をしたら、途端に「一二・五パーセントの〇・五というのはどこから出てきたか」と突っこまれた。「しまった」と思ったね。そう言われれば、ぼくにもわかるので、つまり計算機をまわせばいくらでも出てくるでしょう、細かい数字が。

しかしそんな数字は根拠がない。「一体、ぼくら自然科学者が数字を一ケタおろすのにどれだけ苦労するか、わかっているのか」とさんざんやっつけられた。「君のやっている程度の正確さなら、一二・五パーセントはおろか一〇パーセントでもダメだ。一割ぐらいというのが妥当な表現だ」と言う。一割という不正確な表現のほうが、不正確な事態に、より適合的な正確な表現であるというわけなんだね。シャクにさわったけれど、その通りなんだ（笑）。一言もない。

一方で、野間君と話をすると、ぼくのほうが社会科学をやっているから、その場の議論ではぼくのほうが勝つ。しかし、家へ帰ってきて一人になって寝る段になると、彼の「そうかなあ」という疑問を含んだ肯定の声音が耳に響いてきて重さを増してくる。ぼくの議論そのものがむなしく感じられてきて、弱ってしまうんだな（笑）。

武谷君の場合は、物事を切って考えるところからくる正確さがある。野間君の場合は、逆に、切らないで、全人間的に物全体にぶつかるところからくる確かな手ごたえがある。切ることから生まれる正確さとは別な、しかしあいまいでないあるものがあるわけね。

ところが社会科学という学問は、一面で自然科学と共通した徹底的に切らなければいけない側面と、他面で文学と共通する逆の側面を両方兼ね備える必要があって、そのために両方ともあいまいになってしまうという弱点が最初から出る。超学問的というか、一人の人間ではとても背負って歩けないようなものを背負いこまねばならぬと思いましたね。

何もぼくが文学青年めいていたわけではないんで、社会科学者にならねばならぬというところから、逆に文学的なものとぶつかることになったわけです。それと、武谷君の話を聞いていると、わからぬながら男子一代の仕事という気がするし、野間君の話にはやはり、これまたわからぬながら生命をかけるに値するものを感じて、さて君は何をやっているかということを答える段になると寂しいかぎりなんだ。

納得的なことを自分に納得できる形で話すようなことが何もない。それを求めていまだに迷い続けているようなわけで、修業時代・戦時中の経験は、ぼくの学問を決定的に方向づけましたね。経済学の友人を持たぬ弱さをも含めて。

（小林昇・水田洋との鼎談「私たちのスミス研究」一九七六年、『著作集③』）

大塚久雄と古典の読み方

ぼくがまだ、東大に籍をおいて、専門のきまらぬまま、経済史など勉強していた頃のことである。その頃、ぼくはよく（ぼくとしてはよく）大塚久雄先生のところに出入していた。ゆくと先生は、ほとんどドアが閉まるか閉まらないかのうちに「君、あの論文を読みましたか、おもしろいですね。こんなことをいっているんですよ」、とたたみこむようにいわれる。その論文を大抵ぼくは読んでいなかった。しかし、なかには不勉強のぼくといえども、読んでいたものもあり、名前と噂ぐらいは通史や書評などで知っていたものもあった。だが、「こんな面白いことをいっているんですよ」という風にはよんでいなかった、少なくとも「面白いですね」などとはりきった気持で読んだものはほとんどなかった。せいぜい、あくびまじりで、通説を再確認して安心していたくらいのものである。それは丁度、ルーヴル博物館で「巌の聖女」がたしかにあることを確かめて、安心して帰ってくる旅行者の心情に似たものがあったろう。

だが、大塚さんの話はちがう。大塚さんの語るウェーバーは大塚さん（の一構成要素）そのものであり、そしてブレンターノは、後におこるべき批判をあらかじめ純粋培養的に展開しきっている恐るべき、そして「面白い」論敵としての息吹きをもって立ちあらわれていた。ぼくは感激した。そして古典の読み方について、あらためて教わった気がしたのである。

（「古典の読み方を学ぶ」一九五六年、『学問への散策』『著作集⑥』）

戦時中——ふんばる拠点としての学問を求めて

ぼくの出発点は御存知の通り戦争中でしょう。自由だと思われていた時代にその空気をうけて育って、その自由がだんだん奪われてゆく時代が高校から大学時代。教育というものは人を食う化物であって学問の中に自由があると思っていたのですが、その学問が「教育学問」に完全に食われてしまった。反教育的なあるいは反学問的な世界にいて、なんか自分の拠点みたいなものをつくらなければならない、というようなことでした。それにいつ死ぬか分からんような状況でしょう。生きている証がほしい。ふんばる拠点を見出さなければということで、それが言ってみれば私の学問であったわけです。ふんばる拠点というのは、一つはこれだけは確かな事実であるということですね。この事実は否定できないということ。それともう一つは事実の意味、つまりその確かな事実というのは特定の専門研究について知るより他ないのですが、その特定の専門研究をやってある事実を確かめるということがいつ死ぬかもしれぬ自分にとって意味があると自分で納得できるかどうか、ということです。自分で納得できるというのは難しいのですが、自分のしていることを他人に話をしていてやはり納得してほしいですね。そうでないと自分に納得できない。身のまわりに納得する人がなくても納得する人があるにちがいないということを自分で納得する、そういう納得ですね。それでいろいろな専門研究を、手あたり次第にしかし私なりには真剣にフォローもしてみましたし、他方、吉野源三郎さんの『君たちはどう生きるか』などという本をよんで、これが本当の学問であるなと思ってもみたりしました。しかしまた、学問の享受ということを離れて自分で何か納得のいく学問を創るとなると、いったい何をどうやったらいいか、苦しみの連続です。そういうことは、戦後も、今日までつづいているので、戦後、比較的自由になったとはいうものの、自由のなかでどうにも自分が宙に浮いている感じが、学問の技術的な側面でも思想の面でも、ふっきれない。拠点ができていないのですね。その拠点をどう作るかがやっぱり問題で、ですから教育的というか啓蒙的というか、ある結論をもっていてそれを何とか啓蒙しようというような気持で書いたものはほとんどなかったです。むしろ自分の中になんとか自分にも他人にも納得のいく拠点をつくろうということで、しかし、その拠点をつくろうということが、自然にあなたのいわれる教育と結びついていたのかも知れません。

(堀尾輝久との対談「教育批判への視座」一九七三年、『著作集⑦』)

野間宏への手紙——古典に学ぶこと

君に一度手紙を書き度いと考へて、一週間許りのび〱になって居たところでした。御ハガキをありがたう。

一度生死の底をくぐりぬけて帰って来、「国民の働きの姿」を、直接にはそれと接触の無い所から、狭い間を通して見つめ、考へて居る君の気持が少しは解る様に思ひます。一度会ひたいと思ひますが、当分忙しく、勉強しなければならない事が多いので、行かれそうもありません。四月には関西に一度行きたいと考へては居ます。

結婚した事はたしか此前知らせました。其後元気です。そして此度東亜研究所をやめ、東大経済学部に新設の世界経済研究室に入りました。十分の時間を与へられ根本的な研究をする事が出来ます。当分は遅れを取り返さなければなりません。

おそまき乍ら素材そのものの直接的な交渉から常に出発する事の第一義的な意義と、同時に然し単なる感性的な把握に終る事なく、分析を常に中核に進めて行き一つの統一ある思想に到達する思惟の重要性とをはっきり悟りました。

調査と研究と云ふ此の対立した二つの大きな仕事を偉大な学者は必ず統一的にやり遂げて居ます。それは経済学の領域についてのみでは無く、学問一般、更に芸術の諸分野に於ても、云ひ得ると思ひます。本源的な（それ自身本質的な価値を持ち、それ無くしては凡そ学問も芸術も存在しない）物の感性的把握あるひは感情を自己否定的に一つの形式、一つの統一ある全体に高め凝結させて行く、と云ふ所に真の古典と云ふものがあると思ひます。偶然的な、直接的な素材——所与性——が一個の統一した形式を持つ全体・作品に迄高められて居ると云ふ意味で、それは物の（現象に区別した意味で）本質にせまるものであり、又活動的な、瞬間的な感動のセッナ的な表出では無く、一の統一的主観——人格——の表現であり、又（之あるひは他の、他のものに対し自己を一個の独自な芸術部門、あるひはその内の一個独自の芸術作品として自己を表示する）一の作品である様思ひます。何等かの意味で、音楽的、詩的、あるひは学問的（経済学的、政治学的又は自然科学的等々）であることなくして、物の本質を創出的に反映し得る事は無く、又一個の統一ある主観たる事なくして、かゝる創作的活動——認識——を行ひ得る事は不可能です。総て古典と仰がれる作品が物の本質を深く新たに表現したものであり、同時に当該芸術、あるひは学問のありかた——原基的な形態、形式——を新たに確立したものであると云ふ事は学ぶべき事です。もとよりそう云ふ形式は、人間——勿論単なる個人では無く、歴史的主体——が物の本質をより深く究めて行く過程に於て、新たなる形式が常に生まれて来なければならず、又かかる事をなし遂げる人間存在のあり

1941年。左より高安国世、野間宏、下村正夫、内田義彦

方――人格も又変化して行かねばなりません。古典が常に新たなる人間存在の確立であり、新たなる芸術、学問の存在形式の確立である所以です。総て古典について学び得べき点はこの一点にあると考へます。逆にかかる事を認めず、伝来的の形式の下に総ての新鮮な、物の直接的感受を形式的に鋳込んで行かうとする所に、形式主義、因襲主義、抽象主義の危険があります。

　総てかう云ふ事はもう常識的な事なのでせう。然し、最近古典を読み返して見、つくづくそう云ふ事を深く感じました。そうしてそう云ふ風にして古典を読み、何よりも調査から研究へと進めて行き度ひと思って居ます。やるべき事が余りに多く、今迄のたいまんが悔まれます。然し今は身体の調子も悪くなく、全部の時間を勉強にあてる事が出来ます。

　ではお元気で。又、ハガキを下さい。

　一月二十三日　　内田義彦

野間宏兄

（野間宏への手紙、一九四三年一月二三日、『内田義彦セレクション④』『著作集』補巻）

戦時中の問題意識――「近代」のもつ複雑な問題性

戦時中、私が当面した問題の一つは財閥支配下の古い経済・政治体制の「再編成」の問題でありますけれども、それにはさしあたって二つの問題局面が含まれています。ナチス経済の「革新性」という巨視的な問題と、微視的には、日本のいわゆる新興工業の問題です。(…)

　当時、日本でも理研コンツェルンとかいう新興工業が旧財閥の外におこってきておりまして、旧態依然たる財閥に風圧をあたえております。理研では当時「資本主義工業」

に代る「科学主義工業」といって威張っておりました。その——当時の言葉をそのまま使えば——資本主義工業ではないところの科学主義工業こそ、じつは本来の近代資本主義工業と目されるべきものでそういう形で近代が日本経済の中にも育ちつつあったわけですけれども、——そして、そうしたものが現在の日本ではむしろ主流になっていることは、皆さん御承知でしょう——その近代資本主義工業は、革新官僚と結びつき、それによって強力に育成されようとしている。さらには軍部の中国侵略と結びついて「興亜」の大合唱にテイク・パートしているわけですね。

教育もそうです。戦時中のあの反動教育は、決して昔からある「古い」ものがそのまま強化されたのではない。新しい近代的教育への試みが行われている。とくに自然科学・技術の方ではそうでしょう。そうでなければ「時代の要求」に応えられない。皇紀二千六百年は科学技術の新開発を軸にした新世紀宣言でもあった。そういうことが、各方面でこの時代全般にでてきます。科学教育を軸にした近代化が——ある点では内務省的な古い考えとの軋轢をしめしながら——促進されて、正にそのために、他面、古風な明治生まれの白足袋オールド・リベラリストすら眉をひそめるほどの非合理な超国家主義が持ち出される。こういう格好になっております。要するに、ナチ型と比較すると前近代が圧倒的に強いけれども、その前近代を破って近代的なものがそれなりに育っていた。その面がそのまま強化される可能性がもしあったとすれば、それはナチと同質のものになるだろう、と考えられる。そういう事態であった。

というわけで、前近代と戦うばかりではなく、こういう形に包摂される近代と戦わねば、社会主義どころではなく、近代は根こそぎになってしまう。革新の大合唱の中で、何らか学問的に処していこうとすると、こういう問題に誰しもぶつからざるを得ない時代でした。(…)

経済学者である私についていうと、当時私は、技術論と技術史を中心に勉強しておりまして、技術者の運動にも——理論的な側面で——多少のかかわりをもっておりました。技術者運動というのは、技術屋さんなどという言葉が示すように当時の古い経営理念から無視軽蔑されるそういう地位にあった技術者が、技術者としての視角からの発言を経営の上に認めさせてゆくために起した運動で、私も興味をもってこの運動がひき起した論争から大いに学ばしてもらったのですが、考えているとやはりむつかしい問題にぶつかります。古い組織と理念は倒さなければならない。それは、当然なんですけれども、同時に、自然の合法則的な利用という技術者の観点からみたものが絶対化されて、それに馴染まない古い職人気質の人間の動きや考えがすべて非合理にみえてくるおそれがある。どうしようもなく頑迷な習俗に絶望して、ついふらふらと「革新」的な近代官僚の方を選択する気持すら出てくるんですね。

少なくとも私の場合はそうでした。で、近代を念願しつつ、しかし同時に、スウィフト〔『ガリヴァー旅行記』の作者〕の提出した問題につきまとわれる。近代に対する私の念願は、そういう苦闘のなかでいよいよ深められてきましたけれども、同時に、近代というもの、近代のもつ問題性の一筋縄ではいかぬ複雑さが次第に意識されてきて、そこにたたずまざるを得ませんでした。

私のスミス研究は（…）戦時中の閉塞状況のなかで、経済学をどう有効に身につけてゆけばよいかということから始まって戦後本格的になったわけですけれども、その一つには、いま申し上げたような問題がありました。

（「考えてきたこと　考えること」一九八三年、『著作集①』）

4 戦後期——『経済学の生誕』に向かって

一九四五年八月（内田は三二歳）の敗戦、そして翌年の専修大学助教授就任とともに、内田義彦は社会的・文化的・学問的活動を活発化させた。青年文化会議、東大音感合唱研究会、「未来」同人への参加をはじめ、各種研究会や実態調査などの中心となり、積極的な文筆活動を展開した。発言は時局の問題、日本資本主義やマルクス主義の問題など多方面にわたったが、やがて三四歳の時に発表した『潮流』論文（一九四八年一月）とそれへの批判をきっかけにして、内田はアダム・スミス研究に沈潜していく。その成果が名著『経済学の生誕』（一九五三年）である。時に内田は四〇歳。

スミス学とマルクス学の同時進行

スミス研究である『経済学の生誕』のプランが私に胚胎した頃、私が、スミスの専門研究者でスミスにすっぽりと身も心もひたし切っていたかというと、そうではありません。これは、さきほど御紹介して下さいました吉沢〔芳樹〕さん、あるいは福島大学の田添京二さんなんかが当時の私をよく知っておられるので「証言」して下さるかと思いますけれども、『生誕』が私に胚胎し胎内で次第に肢体をととのえてくる頃の私が、その頃いっぱいあった講演会や研究会や読書会で熱っぽく論じていたのはもっぱらマルクス、――『資本論』をどう読むか、マルクスをどう読めば日本に生きるかということでありまして、スミスについては、私なりに勉強をしてはおりましたけれども、そのものとしてのスミスを、少なくとも外に向かって論じたことは、ほとんどありません。私に対する外部の評価でも、私が当時多少ひとの関心をひいていたのは、マルクスの――手前みそでいえば――独自な研究者としてだったと思います。少なくともスミスの専門研究者としてではない。スミスについていえば、その頃スミスの勝れた専門研究者を多数擁して日本のスミス学の中心となっていたのは、一橋のとくに高島善哉先生の一門でした。ですから、マルクス研究者であるはずの私が、『経済学の生誕』というスミス研究で学者としての名乗りをあげたのには、意外の感をもたれた人が多かった。その意味では、『資本論の世界』のときとは逆ですけれども、同じようなことだったわけです。

　という風に、経済学史の領域の中でも、遠心的傾向を持っております。が、私の方からいいますと、マルクスについて語っている時に、同時にじつはスミス研究に深入りしており、スミスに沈潜してスミスを論じながらマルクスについて考え直しをするという風で、二つの、切り離すことが出来ない組を造って、相互にその片方に軸足をおきながら、同時進行させる。必ずしも意識してそうやってきたわけでもありませんが、いま、振り返ってみるとどうもそうなっている。それが内田義彦氏の方法だったようです。少

なくとも創る側での私の主観に即していうと、終始一貫して同じ私の問題を追求していたので、これもやりあれもやる、という風にテーマが散らばっているという意味で「遠心的」ではない。むしろ、やることすべてが同一のテーマに向かって凝集する傾向が強いんで、その意味ではむしろ求心的すぎるんですね。問題をすべて私の問題関心にひきよせて取り扱いすぎる。

（「考えてきたこと　考えること」一九八三年、『著作集①』）

『生誕』におけるスミスとマルクス（1）

ぼくにとっては、マルクスよりもスミスのほうが読んでみてわかりやすい。マルクスを読んでわかったつもりだったけれども、そのわかり方は借り物だったということが、スミスを読んでよくわかった。そこで、借り物のマルクスからでなく、わかったスミスから出発してマルクスをもう一度読んでみる。こういうことだったでしょうか。

ぼくの『経済学の生誕』について、前半はおもしろいが、後半はつまらないという人が、当時の受け取られ方からいうと多い――いまは後半がマルクス研究の面で読まれているようだけれど――。というのも、後半はぼく自身、かなりマルクスへの義務感を伴って書いた。わかっていないマルクスを、わかろうとしたんだね。

あの本は、スミスをできるだけふくらまそうという意識と、そのふくらませたスミスをマルクスで裁断してみようという意識が両方働いており、それぞれの意識が前半と後半に主として分けられた。書く努力からいうと、後半のほうがずっと大きい。まだかなり無理をして書いている。

ただそのマルクスに対する見方が、戦前のマルクス理解と違う。その違う面を少しずつふくらませているのが『生誕』以後のぼくの仕事の一つの面だろうと思う。マルクスを動かさずにスミスを裁断するというのでは、はじめからなかった。

（小林昇・水田洋との鼎談「私たちのスミス研究」一九七六年、『著作集③』）

『生誕』におけるスミスとマルクス（2）

私の学問的生涯は、日本資本主義論争に触発されて始まったといっていいが、その論争の推移と形骸化と中断の中で、私は、マルクスについて、スミスについて、さらにはスミスとマルクスとの噛み合せ方について、根本的に研究し直さねばならぬと考えるにいたった。その問題意識を一口で言えば、スミスが提出している市民社会の問題をすり抜けてもいけないし、スミスを野放しにしておくこともいけないということである。こうして出来上ったのが一風変ったスミス研究である『経済学の生誕』である。第一に、経済学の流れの中でスミスを考えずに、ホッブス、ロック、ルソーという市民思想の中から経済学がどうして出来上ったかを見る、第二に、市民的思想家スミスの積極面を出来るだけふくらませた上でマルクスと対置してみる、というのがこの本の視角になっている。経済学と社会諸科学（ないし、それを包む思想）との関係、また、市民思想と社会主義思想との関係をどうおさえるかは、爾後、私の研究の中心テーマになった。

（『日本資本主義の思想像』一九六七年、『著作集⑤』）

人文学の一環としての経済学

　私は、もともと、経済学史の専門家として学問研究を始めたわけではありません。「太平洋戦争」というような泥沼のなかにだんだん日本が入ってゆく、その中で私は経済学の研究をしつづけていたものです。マルクスを頼りに経済学で日本を見る方法を勉強していたんですけれど、どうもうまくいかないわけですね。何をどうすれば、経済学という学問が生きてくるか。自分のこの眼で社会を――社会を現に動かしつつある諸力を――見、少なくとも自分に納得しうるかたちで認識してゆかなければなりませんけれども、そういう努力をするなかで、あるいは、そういう努力を空しくしたあとをふりかえって――その理由については今日はお話しする余裕がありませんけれども――アダム・スミスという一人の人間が、何をどう考えながら、どういう風にして経済学という学問を創り上げていったか、その跡を捉えてみようと思いついた。

　スミスは、時代に対する非常に鋭敏なセンスを持った人で、『国富論』という、のちには経済学史上の古典になる著作を書いた。しかし、そのスミスは、さいしょから経済学者であったのではありません。人情――人間がどういう時にどういう行動をするか、そのやり方、マナー・態度です――に精通する人文学者であった。その、時代感覚を鋭敏にもち、人心に精通する人文学者が、どういうふうにして現実をみ、彼が見たところのものを明確に捉えるために経済学という学問を抱えこむにいたったか、そして、それによって――いままで人文学の外にあった経済学という学問を人文学の一環にかかえこみ、それを学問体系に仕上げることによって――今まで――人文学だけでは――捉ええなかった現実を透視しえたか、つまり経済学の創設がいかに人文学者としての彼に必須であり有効であったか、それをこの眼で確かめる。学問的追体験ですね。スミスを追体験することによって経済学者としての私自身の見方をのばしてゆきたい、そう思ったわけです。そういう観点で、スミス研究に没頭した。

そういう観点でみますと、まず、アダム・スミスが、経済学者としてではなく、一個のひらの人間として遭遇し、そしてそれについて考えたであろうものを、出来るだけ並べる必要がある。すると、学史の研究者として、経済学史上の古典『国富論』を書いた経済学者スミスを見るのとは、違った眼でスミスに接近せざるを得ないわけですね。さいしょから違っています。

いま追体験という言葉を使いましたけれども、追体験の仕方、構造自体も違うんです。学史の研究者として、経済学史上の古典たる『国富論』の著者スミスの理論体系（だけ）を追思惟するのではありません。——といって、学問的営為とは別にひらの人間としてのひらの人間を心情的に追体験すればいいなどというものでもない。理論的な追体験。スミスが（当面した問題を）どのように理論の領域に送りこみ、新たな理論装置を創り上げることによって現実をその眼で見とどけ得たか。その総体の理論的追体験こそが重要なんですけれど、そういう理論的な追体験が有効に——この眼を用いて——行われうるためには、最初に、専門学者の局面ではなく、ひらの人間という局面での出会いというか遭遇と追体験がいる、ということをいっているんです。最初に必要だし、最初だけではなく終始一貫、それを基底において、学問的な認識装置の創造過程の全体を理論的に追体験する。

われわれお互いにしても、ここでは経済学の勉強している人が大部分ですけれども、必ずしも経済学者あるいは経済学者の卵として（だけ）生活しているわけではありませんね。憲法問題とか外交問題とか、新聞を賑わす雑多な諸事件に取りかこまれて暮している。学生諸君に講義をする先生の方も雑多な現実にとりかこまれていろいろ考えながら、そこで、自分の専門についてもいろいろと考え、それを講義しています。もちろん、それらの事件が直接専門の中に出てくることはありませんけれども、直接に出ない形で、深く滲みこんでいる。とくに、重要な事件になるとそうです。ある専門学者の学問的仕事は——とくに古典的著作の作家については——その人が、人間として感知し遭遇した重大事件をどう専門領域に送りこんだかをまず理解して、初めて本当に理解可能となると思うんです。

スミスの場合の七年戦争がそうです。七年戦争というのは当時少なくともヨーロッパに住んでいる人にとっては当時の――歴史的という自覚が当時あったかどうかは別として――大事件で、どういうわけで、後代のスミス研究史からそれが抜けてきたかは別に問うべき問題としてとにかく、それを別にしてスミスの時代はありえない。日本でいうと太平洋戦争みたいなもんで、われわれの世代の人間は皆その中で生き苦しんで考えながらそれぞれの専門の仕事をあたためてきている。丸山（真男）さんの『日本政治思想史研究』にしても、木下（順二）さんの『風浪』にしても、その作品の底にそういうことがありましょう。私もまた、戦争の大うずまきの中で、経済学を現実理解にどう生かせばいいかをずっと考えておりました。そういうわけですから、スミスを理解しようとして雑読しているうちにたまたま目についた七年戦争という言葉が、そういうものとして私の目を強く捉えた。一度意識するとたちまち全面的に前面に踊り出る。ちょっと意識してよむと――当然ですけれども――スミスに限らずこの時代の作物何にでも七年戦争が出てくるんです。目のうろこが取れたというのでしょうか。七年戦争ということを意識してよむと、も一つハッキリしなかったスミスの言動も、くっきり理解されてくることが多いことに気付きました。

そこから、スミスという人物を同時代の中で捉えるための仮説らしいものが出来、やがて仮説にまで固まってきたんです。

（「考えてきたこと　考えること」一九八三年、『著作集①』）

戦後デモクラシーの問題と『生誕』

忘れないうちに言って置くと、『潮流』論文〔一九四八年〕から『生誕』〔一九五三年〕までの時期には、言ってみれば安易な解放感のなかでのデモクラシーの問題があったと思うんですね。当時一般には、ブルジョア・デモクラシーというものが歴史的に先にあって、その次に、これを完全に否定するというかあるいはまったく異質なものとしての社会主義があるといったような、積木みたいに考える思想傾向があった。別の形で表現すると、市民主義か社会主義かという二者選択の形で出された市民社会の問題性――日本に即して言えば資本主義以前のものがあるという限りでのみとらえられた市民社会の積極的理解と言ってもいいかも知れない――があった。あるいは主体性論争のばあいのように、主体の問題が体制認識と切り離されて提出される。法則か主体かという形です。本来体制認識を自分の問題として深めていく拠点でもあるべき主体の問題が、体制の問題をぼやかす形で堤出されたということがありますね。これではデモクラシーの発展、展開という、さまざまの社会形態を貫いていくもの、あるいはまたそれを阻止している ものが、具体的に押さえきれないのではないかという問題意識をもっていたんです。そして、それは戦時中、もちろんスミス研究によっても触発されたんですけれども、もっと広くというか、端的に言えばスミス研究という形ではなくて別の形でぼくのなかに成立してきていたものです。それがスミス研究になってきた。

戦時中の問題、戦後の安易な解放感のあった時代の問題、そしてこの数年の問題。この連なりが問題なんです。むしろ、同じ問題が、同じ形でつづいているというんではないんです。はるかに複雑になってきていると思うんですが、一九三〇年代に出てきながら十分自覚されなかったことを広く深く考えてみなければならない時期にいまきている。そういう意味で三〇年代との連なりを自覚しながら戦時中出てきた〝市民社会〟という問題をその歴史的起源にさかのぼって考えてみなければならないと思っています。ひとつには市民的思想の歴史の問題。いまひとつにはマルクスにおける市民的思想の批判的継承の問題。それを、どちらのばあいでも一度、経済学の外に出て経済学にひきしぼっていくという、そういうことです。

いま、平田〔清明〕君の話を聞いて少々恥ずかしいんですが、自分でも『生誕』を書いたことの意味を——平田君らの緻密な研究に触発されながら——もう少しふくらまし再解釈しながら、いまの仕事をしているような気がします。

そこで解剖台にでも乗ったつもりで話をしますと、まずなぜスミスをやったかというと、確かに君のいうとおり、あの『潮流』論文(「戦時経済学の矛盾的展開と経済理論」)が直接にはまずあります。日本ファシズムの研究を本格的にやろうということで丸山(真男)君とか、辻(清明)君とかの政治学者と宇佐美(誠次郎)君、井上(晴丸)君とぼくといったような経済学者とがいっしょにやり始めた。この一連の『潮流』論文のなかで丸山、井上、宇佐美君らのものは後にそれぞれ本になりました。

ぼくのほうはと言うと、『潮流』論文の前に封建論争のノートを書いてみたり、ナロードニキについてとか、技術論とか、市場の理論についていくつか書いていたのですが、そのうえで、戦時中の日本をふり返ってみたのが、この『潮流』論文です。戦時中、価値規定の浸透がすすみ、一方で経営体といったものが出てこざるをえない。が金甌無欠の私有原則がこれを否定している。まあ、さきほどの平田君のことばを使えば、絶対主義的な暴力から本来的重商主義的な（歴史的段階が違いますから重商主義とは言えません。歴史的に言えばそれに対応するようなもの、したがってむしろ本来的ファシズムの暴力と言っていいかもしれません）ものへの転換と交錯がある。神話的なものへの再現も、たとえば教育についていえば、自然科学的技術的な領域での合理主義的な教育システムの導入とからみつき、その合理主義を否定する意味で神秘的な国体主義思想の昂揚がはかられるので、たんに昔ながらの復古思想の再現とは意味合いが違っているわけです。そういうことを書いた。ところがこの『潮流』論文が生産力論だと言われた。確かにそのとおりです。だが批判者の批判で問題がつくされているかというと、どうもそうは思われない。自分で納得のいく自己批判をやってみようと思った。そこで、ちょっと日本を離れて、しばらく海底にもぐってじっくり考えてみましょうということからスミスとスミス研究に沈潜したわけです。日本の問題を直接対象にすると考えにくいんですね。学問の実験と政治の実験とはいちおう別だと当時から思ってはいたのですけれども、直接、日本を対象にすると実際にはなかなか割り切れない。自分で納得のいく見方をこしらえるために迂回生産が必要だと思ったというわけで、ぼくの気の弱さも半分手伝った迂回生産だけれども、やっていくうちに、迂回生産が論理的に絶対必要だということがだんだんわかってきたということかな。戦時中から始まったスミス研究の眼で日本を見ても困るし、従来のマルクス研究者の眼で、スミス研究者が日本を見る見方を否定するだけでも問題は解けない。スミスを思いきってふくらませてみる。ふくらませながら、マルクスの問題とその解決の仕方をあらためて考える。そういう仕方で日本とマルクスの経済学をとらまえてみたいと思ったわけです。スミスを何に絡ませてふくらませるかということは、その後、さきにも言った問題状況の変化、あるいは、そういう問題状況をとらえるとらえ方なり、マルクス理解のぼくなりの深化があって違ってきていますが、連なりという点で言えば、いま言ったようなことがあります。

（平田清明との対談「歴史の主体的形成と学問」一九六八年、『内田義彦対談集 読むということ』『著作集⑦』）

内田義彦の知られざる文章から

宇野重吉と

以下は、内田義彦の文章のうち比較的知られていないものである。「社会科学の文章」「教育批判への視座」は『内田義彦著作集』に収録されている。「〝神話〟の克服へ」も同様であるが、発見された校正刷から未収録部分を再現した。

"神話"の克服へ

この文章は、一九四六年二月、『帝国大学新聞』に発表されたものである。『内田義彦著作集第十巻』に収録されているものは、その短縮版のようであるので、今回の収録にあたっては、書斎より発見された校正刷をもとに省略された部分を補った。ただし旧漢字は新漢字に、旧かなづかいは新かなづかいに改めた上、現在ひらがなで表記することが多いものはひらがなに改めた。

一

牛乳は一体凍るものだろうか凍らないものだろうかということが新たに問題となったとして、それを先ず冷して見るかわりに古典書のどこかから牛乳の概念規定を抽き出してきて、牛乳なる特殊概念は凍るという概念と本質上矛盾するという論証をして凍ることを否定したとすれば、人は笑うだろう。論証にいかめしい用語を用いたりすればいっそう滑稽の度がひどくなるだけに違いない。今日では少なくともこの領域ではこの種の屁理屈は学問として通用しないのである。

ところで社会科学の領域ではどうか、たとえば今日本の国民経済について同じような質問に同じような答が与えられたとする——もちろんその内容に相応じて厳格に学術用語のみをもってである。その時人はいっそう笑うであろうか。

あっけに取られている普通人はしばらくおく。学会の内部とか周辺部とかでは不思議に人は笑わない。ずり落ちそうな学問的教養の借り着を身に纏いつけて戦々兢々たる知識人は、笑うにしても素早くあたりを見廻して和戦両様の構えを作るだけの慎重さを決して忘れないだろうし、専門学者に至っては、恐らく終始荘重の態度を崩さないであろう。実際メフィストフェレスも言うように、学者とか天使とかは笑いを忘れることすでに久しい存在であるようだ。否それはもともとその本質が笑いと矛盾する存在なのかも知れぬ。――何故その本質が笑いと矛盾するか？　他でもない。学者自身そういう屁理屈の製造人であるからだ。

「われわれの経済史学は第四の批判的歴史たることが望ましい。それは過去を肯定すると共に否定する歴史である。後ろ向きでもあり前向きでもある。現在より過去にさかのぼりさらに未来に向う。事実を事実として剖検するが、同時にそれを過去の記念碑にもし未来へのかがみたらしめんともする。この意味で経済史に新しい神話の要素を加えんとするものである。」「げに神話なき民族ほどあわれさびしいものはない。」これは架空の文ではない、一年ほど前に「歴史的現実への凝視」と題して某帝大教授が公表せられた文である。しかも筆者は観念的たることをもって自他ともに許す特色としているいわゆる政治経済学派の人ではない。筆者が強調しているのは「経験科学としての経済史学」樹立の要なのだ。

そしてこの経験的経済史学者は続いて「事実に徴せんとして事実に囚われる」立場を克服し、「ともすれば煩悩に迷わされる」ことなくまた「刻々の情報」に一喜一憂することなく「歴史をみ」つめ「現実を理解」して大東亜戦争完遂に協力することを可能ならしめるべく、新たなる立場から戦争経済史の研究が行なわれつつあることを報告して次の如く誇らかに叫んでいる。「博捜、渉猟せる史料、原典の集積と考証、厳正なる史料批判の上に、制定される適正穏健なる成果は期して待つべきである。しかも冷たかるべきメスに温かき情熱を伝えつつ研究者の腕は戦争完遂への感動にみちあふれている。それは大東亜戦争に対する香りも高い新しい意味での神話の創作であるとも言えよう」「げに稽古は過現未を照らす」――と。

かくの如きものがわが国経済学の姿であり、わが国の学界、マルクシズムの誤謬と非学問的な性格については、あれほど厳格にその学問的潔癖を誇り、学界の純粋を擁護したはずのわが国の学界は、かくの如き屁理屈を学問として通用させてきたのである。そしてかくの如きもの、あるいはガリバー旅行記の作者の口を借りれば丸薬として製造された知識、霊験あらたかではあるが猛烈なハキ気をおこすために大抵の人は薬の効果があらわれる前に吐き出してしまわざるを得ないという只一つの惜しい欠点を持った知識の丸薬を作り出したのがわが国の学界とすれば、わが国の教育はこれを吐き出さずに呑み込んで終う訓練であり、感覚と肉体の反逆の克服であったといえよう。そしてこの丸薬が身におさまった効果は大東亜戦争に於て遺憾なく発揮されたのである。

二

屁理屈を屁理屈として笑う、それは容易なことではない。自然科学の領域においてもそれは実に数世紀にわたる闘争、自然と人間とに対する徹底的な闘争のうちに初めてかち得られたものであった。言うまでもなく経験の蓄積が自動的に学問を作り出したわけではない。ベルナールも言っているように理性を持った人間のみが経験を経験として受け入れ得るものなのだから。

　理性を持った人間とは、自然の示すところに従いうる謙虚な心を持った人間を指すのであるが、それはまた自然に対して、あらゆる人が平等だと主張する矜恃を持った人間たることを同時に要求するのだ。それは権威からの解放を意味するであろう。経験とか実証がそもそも証明力として働き得るためには、権威に対する盲目の屈従から理性が解放せられていてはじめて可能のことなのだ。アリストテレスの権威が精神の中で支配をしている時、いかにしてこれあれの事実の挙証が実証としてアリストテレス学説に対する誤謬の証明力たり得るか。また法王の権威が全天をして地球を巡らしめている時、しかして法王の権威が不可謬のものとして、あらゆるものに超絶した力を認められている時、いかなる実証が地球をして太陽の周囲を巡行せしめ得るか。実証が実証力を持つということ、それは精神の領域における支配の転換を意味する。単に学問の領域においてのみではない。文化の、イデオロギーの全領域における封建的権威の否定によってのみはじめてそれは可能になるのだ。そしてそれは又云う迄もなく下部構造に於ける封建的基礎そのもの、その経済的基盤その政治的支配体制に対する妥協なき闘争と抹殺とにつらなる。

　西欧においては産業資本は、民衆と共に封建的勢力に対し果敢な闘争を行ない、自らの支配を確立した。それは西欧近代社会の誕生であり、民衆の人間としての確立そしてまた封建的収取と浪費の「文化」に対する新しき民主主義文化の生誕であった。そしてまたこの生活の全領域におけ

經濟學

一

牛乳は一体何であるのだらうか誤りのないものだらうかといふことが新たに問題となつたとして、それを先づ第一に古典派の何處かから牛乳の概念規定を抽き出して來て、牛乳なる特殊概念は[illegible]るといふ概念と本質上不一致であるといふ論證をして見ることを否定したとすれば人は笑ふだらう。論證にいかめしい用語を用ひたりすれば一層滑稽の度がひどくなるだけに過ぎない。今日では少くともこの領域ではこの種の論理は學問として通用しないのである。

ところで社會科學の領域ではどうか。例へば今日本の國民經濟について同じような質問に同じような答が與へられたとする——勿論その[illegible]相應して嚴密に學術用語の[illegible]をもつてであるが。その時人は一層笑ふであらうか。

うつけに取られてゐる普通人は恐らくさうではない。學者の内部とか周辺部とかでは不思議に人は笑はない。すり落ちさうな概念的教義の借り物を身に纏ひつけて眼々恍々たる[illegible]學者[illegible]行を見過して[illegible]の概へを作るだけの[illegible]を決して忘れないだらうし、[illegible]學者に至つては恐らく終始その態度を[illegible]さないであらう。實際メフィスト[illegible]

そして[illegible]の[illegible]的[illegible]歴史學者は積いて「事實に[illegible]せんとして事實に囚はれる」立場を克服し、「ともすれば煩瑣に迷はされる」ことなく又「刻々の情報」に一喜一憂することなく「歴史をみつめ」「現實を理解」して大東亞戰爭完遂に協力することを可能ならしめるべき新たなる立場から戰爭經濟史の研究が行はれつつあることを[illegible]して[illegible]次の如く高らかに叫んでゐる。「[illegible]、[illegible]せる史料、[illegible]の[illegible]、[illegible]、[illegible]正なる史的批判の上で、制定される嚴正[illegible]なる成果は[illegible]して待つべきである。而も冷たかるべきメスに溫かき[illegible]を備へつつ研究者の腕は戰爭完遂への感動にみちあふれてゐる。それは大東亞戰爭に対する香りも高い新しい意味での[illegible]の制作であると云へよう」——げに[illegible]は[illegible]を[illegible]らす」——と。

[illegible]く如きものが我國經[illegible]學の[illegible]姿であり、我國の學界、マルクシズムの[illegible]と[illegible]的な[illegible]についてはあ[illegible]その學[illegible]、[illegible]の我國の經濟學は、かくの如き[illegible]を學問として通用させて來たのである。そしてかくの如きもの、あるひはガリバー旅行記の作者の口を借りれば丸藥として[illegible]された知識、[illegible]あ[illegible]

が[illegible]せられて始めて可能の[illegible]このためアリストテレスの[illegible]域が[illegible]の中で支配をしてゐるは如何にもこれあり[illegible]でアリストテレス[illegible]説に對する[illegible]の[illegible]か。[illegible]主の[illegible]が不可[illegible]のものとして、あらゆる[illegible]した力を[illegible]められてゐる[illegible]如何なる[illegible]そこで大國の[illegible]を[illegible]せしめ得るか。[illegible]が[illegible]力を持つと云ふこと、それは[illegible]の領域に於ける支配の[illegible]を意味する。[illegible]の領域に於てのみではない。文化の、イデオロギーの[illegible]に於ける[illegible]の[illegible]によつてのみ始めてこれは可能になるのだ。そしてそれは[illegible]部[illegible]

その經濟[illegible]その政治的支配体[illegible]に對する[illegible]な[illegible]と[illegible]に[illegible]らなる。西歐に於て[illegible]本主義と共に[illegible]的勢力に對し[illegible]な[illegible]爭を行ひ、自らの支配を確立した[illegible]

我々がスミスの原典に接する時、如何に彼が封建的遺制に對し[illegible]することなく笑ひ、民衆の常識の上に立つて學問を立て、ゐるかを知る。これから經濟學を學ばうとする諸君は色々の本を讀む前に先づ國富論の第五編第一節にある「少年教育の[illegible]について」といふところを讀んで下さい。そこで諸君は封建的學問制度のからくりを知ると共に、何よりも「人なつこい」スミスの民衆と學生に對する心温い[illegible]と[illegible]の學問としての自らの經濟學に對する快い自信[illegible]長い間の封建的教育でおさへつけられてゐた五分の魂が動き出すのを感じるに違ひない。それは[illegible]分である。封建的[illegible]の丸藥に肉体的に反撥せしめる何かである。そして諸君は[illegible]

三

「ローマの門を出てカンパニヤの野へ、山々の方をさして[illegible]に出て行く人は、[illegible]ての[illegible]と塔、すべてのドームと尖塔との[illegible]が次第におぼろげに影をうすめて消え去る[illegible]を見る。果ては[illegible]に永遠の都が今はただ一つの[illegible]に過ぎざる如くそこに[illegible]はる[illegible]合、そこに一つの巨大な聖ペテロ寺院のドームが、万象を[illegible]して高く[illegible]形に聳えてゐる。我々にとつてゲーテとの時間的へだたりもまたかくの如くである」こういふ美しい言葉でヴィンデルバントはそ[illegible]

れた[illegible]の[illegible]と[illegible]の[illegible]をあとにする[illegible]等の[illegible]に[illegible]るものは何であらうか。それは[illegible]の[illegible]事實であらうか、或ひは又「[illegible]中もとにかく動いてゐる」と云はれた大學の時計台であらうか。だが[illegible]

〝神話〟の克服へ

民衆の一員としての

内田

の本質が果して宗教する存在なのか知れぬ。——何故その本質が笑ひを勝ちするか？他ではない。學者自身そういふ民理族の製造人であるからだ。

「我々の經濟史學は第四の批判的歴史たることが望ましい。それは過去を肯定すると共に否定する歴史である。後ろ向きでもあり前向きでもある。現在より過去にさかのぼり更に未來に向ふ。事實を事實として訓練すると同時にそれを過去の記念碑にし未來へのかゞみたらしめんともする。この意味で經濟史に新しい神話の要素を加へんとするものである。」げに神話なき民族ほどあはれさびしいものはない」。これは限定の文ではない。一年前に「歴史的現實への發見」と題して某帝大教授が公表せられた文である。而も當者は讀者たることをもつて自他共に許す說色としてゐる所謂政治經濟學派の人ではない。然し者が強調して居るのは「經濟科學としての經濟史學」確立の要なのだ。

いは一

しまつたまはそれを持ないといふ又「一つの著しい缺點を持った知識の丸裸を作りました」のが我が國の學界とすれば、我が國の教育はこれを吐き出すに吞み込んで終ふ訓練であり、敗戰と共体の反逆の克服であつたといへよう。そしてこの丸裸が何におさまった效果は大東亞戰爭に於て惜しげなく發揮されたのである

二

民理族を民理族として笑ふ、それは容易なことではない。自然科學の領域に於てもそれは實に數世紀に亘る戰爭、自然と人間とに對する徹底的な戰爭の裡に始めてかち得られたものであった。言ふまでもなく經驗の蓄積が自動的に學問を作り出したわけではない。ベルナールも言つてゐるやうに理性を持つた人間のみが經驗を經驗として受け入れ得るものなのだから

理性を持つた人間とは自然の示すところに從ひうる謙虛な心を持つた人間を指すのであるが、それは又自然に對して、あらゆる人が平等だと主張する矜持を持つた人間たることを同時に要求するのだそれは權威からの解放を意味するであらう。權威とか忠誠がそもそも原動力として働き得る爲には權威に對する盲目の服從から理性

いは二

に對する新しい國民主義文化の生誕であった。そして又この生活の全領域に於ける戰爭の一環として民衆の學問としての近代科學が打ち建てられたのである。それはかくるものとして生活の領域に於ける戰爭であり、戰爭や理性たることを失つた封建的權力の搾取者の、權威を擁護して又どこ迄も訓練づけんとする民理族の權力に對する作るもの、商品と貨幣とを作るものとしての民衆の、理性と良識との上に立つ學問の勝利であつた。民理族に對する戰ひで負けない笑ひ、これは自らの才能に立ち得るもの自らに値するところのもの、權學や封建的權威と民理族の御用の用に立たぬところを必要としないものの持つ笑ひである。そして又スミス經濟學はその戰爭と笑ひとにつながつてゐる。

いは三

の經濟學の出發點を得る。そしてそれが古典としてのスミス經濟學の本質であり、それこそが歴史學派の經濟學に缺けてゐるものであつた。

「舊秩序に對する新秩序の利益を代表せずして、新奇遊ぎ通した、舊秩序内部の利益を代表してゐた」といふ事實、これがドイツの產業資本をして封建制度に對する戰爭を中途半端なものたらしめ自信なき「既はれた老ひぼれ」たらしめたものであり、自ら呼び求めた合理主義の光輝から目を背けしめたのである。そしてそれが又ドイツのスミスをしてドイツのスミスたらしめ、つまりはスミスたらしめなかった事情である。而して我國の資本の性格が如何なるものであったかは讀者が既に見た通りである。

いは四

に立つかゞ、しかもその根本して「世界的な大戰」を闘ふとする構造も既に見えるのである。休戰あけと共に全生產者の動きもいよいよ活潑となるだらう。

我々の經濟學は如何なるものたるべきか。それはもう多く言ふ必要がない。全生產者自ら省へ得るところである。讀者が自ら民衆の一員として自らの生活をまもるために生活のあらゆる領域に於て封建的勢力と闘ふ時、そして此の全領域での戰爭の一環として、讀者の專攻たる經濟學の領域に於いても遂行されてゐる非合理主義の撲滅のための戰爭に、讀者自ら民衆の一員たるの自覺と自信を持つて參加する時、そこに讀者は始めて學としての經濟學を確立することが出來るだらう。そしてそれが單に政治經濟學批判の立場であるか、それとも文獻學そのものの批判の立場であるか、それは讀者の戰爭の過程に於て歷史そのものが讀者に示すところであらう。（元東大經濟學部世界經濟研究室嘱託）

いは五止

る闘争の一環として民衆の学問としての近代科学が打ち建てられたのである。それはかかるものとして学問の領域における闘争であり、もはや理性たることを失った封建的無為の搾取者の、権威を基礎とし、またこれを基礎づけんとする屁理屈の学問に対する、作る者、商品と歴史とを作る者としての民衆の、理性と実証との上に立った有用の学問の証認であった。屁理屈に対する気兼ねのない笑い、これは自らの基礎に立ち得るもの、自らに信ずるところのもの、もはや封建的権威と屁理屈の「無用の用」に依存することを必要としないものの持つ笑いである。そしてまたスミス経済学はその闘争と笑いとにつながっている。

　われわれがスミスの原典に接する時、いかに彼が封建的理屈に対し臆することなく笑い、民衆の常識の上に立って学問を立てているかを知る。これから経済学を学ぼうとする諸君は、色々の本を読む前にまず『国富論』の第五篇第一章にある「少年教育の経費について」というところを読んで下さい。そこで諸君は封建的学問制度のからくりを知るとともに、何よりも「人なつこい」スミスの、民衆と学生に対する心の温かい信頼と民衆の学問としての自らの経済学に対する快い自信に接して、諸君自らの胸の中に長い間の封建的教育でおさえつけられていた五分の魂が動き出すのを感じるに違いない。それはホモ・エコノミクスの何かである。封建的虚構の丸薬に肉体的に反撥せしめる何かである。そして諸君は自分の実感の上に色々の学説を批判し、笑うべきものを笑い、とるべきものを摂取するの自信を得るだろう。そこに諸君は諸君の経済学の出発点を得る。そしてそれが古典としてのスミス経済学の本質であり、それこそが歴史学派の経済学に欠けているものであった。

「旧秩序に対する新秩序の利益を代表せずして、新規蒔き直した、旧秩序内部の利益を代表していた」という事情、これがドイツの産業資本をして封建制度に対する闘争を中途半端なものたらしめ、自信なき「呪われた老いぼれ」たらしめたものであり、自ら呼び求めた合理主義の地霊から目を背けしめたのである。そしてそれがまたドイツのスミスをしてドイツのスミスたらしめ、つまりはスミスたらしめなかった事情である。しかしてわが国の資本の性格がいかなるものであったかは、諸君がすでに見た通りである。

三

「ローマの門を出でてカンパニヤの野へ、山々の方をさして巡歴に出で行く人は、総ての壁と塔、すべてのドームと尖塔が、次第におぼろげに影をうすめて消え去るのを見る。果ては遂に永遠の都が今はただ一つの団塊に過ぎざる如くそこに横たわるとき、そこに一つ巨大な聖ペテロ寺院のドームが、万象を圧して高く穹窿形に聳えている。われわれにとってゲーテとの時間的へだたりもまたかくの如くである。」こういう美しい言葉でヴィンデルバントはそのゲーテ論を始めているが、裏切られた民衆が廃墟と飢餓の東京をあとにするとき彼らの眼に残るものは何であろうか。それは白亜の議事堂であろうか、あるいは又「戦時中もとにかく動いている」と云われた大学の時計台であろうか。だが廃墟は何時までも廃墟の儘ではない、焼あとに根強く生き残った街路樹も薪木として何時か伐り倒されてしまったが、しかもその根本にはもう芽がふくらんでいる。そして「世界的な大学」を創ろうとする機運も既に見えるのである。休暇あけと共に学生諸君の動きもいよいよ活発となるだろう。

我々の経済学は如何なるものたるべきか。それはもう書く必要がない。学生諸君が自ら答え得るところである。諸君が自ら民衆の一員として自らの生活をまもるために生活のあらゆる領域において封建的勢力と闘うとき、そしてこの全領域での闘争の一環として、諸君の専攻たる経済学の領域においてもまた行なわれている非合理主義の抹殺のための闘争に、諸君自ら民衆の一員たるの自覚と自信を持って参加するとき、そこに諸君は初めて学としての経済学を確立することが出来るだろう。そしてそれが単に政治経済学批判の立場であるか、それともまた経済学そのものの批判の立場であるか、それは諸君の闘争の過程に於て歴史そのものが諸君に示すところであろう。

読むこと　きくこと

この文章は「森有正を正確に読む会」による「内田義彦氏を囲む会」（一九八一年十二月二十日、名古屋市）における内田談話『読むこと』と『聞くこと』と。」の文字化記録をもとに、今回、大幅に加筆修正し、新たに小見出しを付したものである。記録者の岩瀬慶昭氏に感謝申し上げたい。なお、内田はこの談話をさらに発展させて、『読むこと』と『聴くこと』と」と題して『読書と社会科学』（岩波新書、一九八五年）に収録した。

今日は二つのことを考えてみたいと思います。「読むこと」と「きくこと」です。実は関連のあることですが、この二つのことをお話ししたいと思います。

読むこと

まず「読むこと」ですが、「読む」と簡単に言いますけれども、読むことというのは非常に難しいんですよね。本を読むわけですが、本を読んでも――本だけ読んでも仕方ないんですね。本はわかったけれど肝心なモノはわからない、そういう読み方がなされがちです。本でモノが読めるようにならないと。例えば、森有正さんの本を読んで森さんがわからないと、ちょっと具合がわるい。ですから「本を読む」と言いますが、実は「本で読む」ということです。皆さんは社会科学よりも人文関係の本を読んでおられる方々が多いと思いますので、比較的そういう問題は起らないと思いますが、社会科学の方になりますと、社会科学の本を読むけれども、では社会科学を使って世の中が社会科学的に見えるかというと、そういうふうにはなかなか勉強してくれないんですね。「あの人は社会科学をよく勉強しています」という場合、社会科学の本を一所懸命読んでいる、ということなんです。例えば、マックス・ウェーバーについて読んでいる、ウェーバーの学説はこうである、ということはよく分かるけれど、ウェーバー的に考える、ということが出来ない、それではなんにもならないと思いますね。本でモノが読める、これが大切です。

「本で読む」んだけれども、では本なしに世の中が分かるかというと、そうはいかない。なぜ本なしに世の中が読めないかということは、実は大問題になるわけですけれど、世の中を直接読めればいいんですけどね。森さんの話だけ聞いていても、やっぱり本を読まないと、森さんを知ったことにはなりません。何十年つき合っていても、書いたものを読まないと本当のところはわからない。これは考えてみれば非常に難かしい問題になりますから、ここではさらっと逃げます。「本で読む」と言いましたけれども、「本でモノが読めるように、本を読まなければいけない」ということなんです。いきなりモノを読むのではなく、「本でモノが読めるように、そのように本を読む」。私が最初に「読むこと」と言ったのは、そのように読むという意味なのです。

そういうふうに本を読むのは、なかなか難しいんです。このことは読書会でもそうだし、一人で読む場合もそうです。この話の題を「読むこと」と「きくこと」という、二つにわけました。皆さんはここで「森有正を正確に読む会」という研究会を持っていらっしゃるわけですが、研究会をどう持つか、ということになると、もう一つの問題「きくこと」にも及ぶわけです。本を読むことも難しいけれど、研究会をどう持つか、これも難しい。どうすればいい研究会になるのか。一人で読むだけでなくて研究会で読みなさい、ということをよく言います。しかし研究会で読んだ方が面白くなる、というのは稀有な例だと思います。たいていの場合、一人で深く読んでから、その印象を研究会で話をする。いろんな議論が出てるうちに何か公式論みたいなものになり、何かまとまっては来るんだけれども、どうも何か、ずれてくるのです。つまり読んだものが深まってくる形にはならずに、研究会の雰囲気みたいなものがすっと出て来る。研究会というものは場合によっては意見の共振会みたいになりますから、そうすると会としてはカッコがいいのかもしれないが、やっぱりうまくいかない。この「森有正を正確に読む会」では非常にうまくいっているそうですけれど、それは稀有な例だと自覚なさって、必ず難しい問題が出てきますから、それをどう乗り越えるかということが、今日の題の二つ目です。

「研究会をどうもつか」は、どういうふうにお互いがしゃべったらよいか、という問題なのですが、肝要の点は「どうきくか」ということだと思います。いろんな意見が出ます。その意見を、どこまで深く、互いにきくことが出来るか。ここが勘どころです。上手なきき手がいて、「ああなるほど、そういうふうにきいて下さったのか」と、そういう人がおれば、話すことが楽しみになる。お互いの意見でも、そういうふうにきくことが出来れば、その会に出ることが楽しみになりますね。研究会というものは楽しいものでなければいけないと思う。

二つの読み方

そこで、まず第一の問題に入ります。「読むこと」です。読み方には二通りあるんです。森さんの本を読む場合で考えると、私の言うことがちょっとずれますが、例えば他の社会科学の本なども入れて考えますと、問題を鮮明に把んでおいた方が、森さんの本を読む場合にも有効だと思います。つまり読み方に二つある、ということを考えてみたい。

簡単に言いますと「情報として本を読む」か、あるいは「古典として本を読む」かということです。必要があって本を読むと言いますけれども、新しい情報を得るために本を読むこともありますね。新しい情報を得ると有益ですね。しかし本を読むことで別に新しい情報を得るわけでもない、その意味で有益ではないが、何か自分の魂が肥ってくる、そういう楽しみがある。古典を読む場合はそうです。ですから情報として読む場合と、古典として読む場合と、心構えが完全に違う。古典を読む場合でもそこで情報を得るという面もありますが、しかし全く違うものであって、実際には混じりあっているのですが、二つに分けて考えていきたいと思います。

「情報として読む」場合にどういう読み方をするだろうか、ということを考えながら、「古典として読む」とはどういうことが必要か、ということを考えてみたいと思います。

情報として読む

新聞社の要請で、「新聞表現の検討」というテーマで、加藤周一さんと公開対談を行ったことがあります。文体ということに話が進んだときに加藤さんが、「新聞の文体は非常にいい、日本のいろいろな文体の中で新聞が非常にいいんじゃないか」ということを話された。確かに社会科学という学問をやっていますと、社会科学者の書く文章というのは難しいんですよ。なんであんなに難しいのか、同業者ながら、いやになっちゃうんです。必要から読みますけれども、あんな厄介な文章にしなくてもいいのにと思いいます。自然科学者の書いたものはまだやさしいです、大体において。社会科学者の書いたものは非常に読みにくい。それから見ますと新聞というのは大変読みやすい。「一読明快」です。その意味で新聞というのは一つの日本語のモデルとしていいと思いますが、しかし、文章はそれでいいかといいますと、ちょっと問題がある。このことを加藤さんが知らない、なんて言うつもりは毛頭なくて、加藤さんがたまたまそういう発言をした、それを使わせていただくだけのことで、加藤さんが「一読明快」だけで文章がすむものではないことを知らない、なんてことはない。それは加藤さんの文章読めばわかる。その限りにおいてと、そういうふうにご了解願いたいと思いますが、これを先ほどの問題として考えますと、新聞というのは何よりも「情報として読む」、そのことに、非常に適当な文体を選んでいるわけです。

ところが「古典としての読み」というのは違う。いいですか、今「一読明快」と言いましたね。新聞があとで繰返して読むと全然違っていた、というのは困ると思うんです。一読明快というのは、一読目でわかる、ということです。二読しなくてもすむ。それからもう一つは、新聞はどう読んでもいいんです。電車の中で読もうが、書斎でじっと腰をすえて読もうが、受身で読もうが、わからなければ困る。そこへ身を踏み込んで、そうして読んで初めてわかる、というのでは困るんですね。ぼやっと読んでもそのままわかる、これが理想になります。その意味では交通信号と非常に近い。交通標識は、一読明快でないと困るんです。よくよく見ればこう書いてある、実はこうだった、ということでは困るでしょう。交通信号とはそういうものですね。情報というのは、そういう意味で「一義的」なのです。深く読もうが浅く読もうが受身で読もうが、どうだってかまわない、ちゃんとわかる。そういう読み方が、「情報として読む」という意味です。

もう一つ、一読明快ということは、あるいは情報の一義性ということは、情報を受け取る人によって異なっては困る、ということがあります。誰が見ても同じように受け取られなければならない。と言えば、そういうものでないものが古典であり、古典の読み方というのはそういうものでは困る、ということがおわかりでしょう。古典は一度読んで、また一年たってから読んでみて、あの時はこう読んだけれど浅はかだった、こう読んでいたが実はこうであった――というふうに読めてくるような内容をもったものでなければ、「古典」とは言えないでしょう。文章そのものは同じなんですよ、森さんの本の何ページというのは全く同じなのですが、一年たって読み返してみると、一回目に読んだ時と違う。逆に言えば、古典とはそういうふうに読むべきなんです。

それから先ほどの交通信号の場合、受身だって何だってわからなければ困る、と言いましたけれど、古典の場合はそうじゃない。ぼやっとしてではわからないんですよ。同じ一回だって、どう読むかで違ってくる。ですから、古典は一読明快ではないんです。

もう一つ、人によって違うんですよ。同じ芭蕉の俳句でも、読み手によって違うわけです。読み深めていってだんだん一致してくる面もあるけれども、違う面があるんですね。それぞれ正確に読んでいくわけですよ。だけど、面白かったというところが、人によって違うんだな。片方の人は面白いと言い、もう片方の人は全然面白くないと言う。つまらないと言う人もいるし、面白いと言う人もいる。わかり方が一義的ではないんですよ。だから何か物足りないような気がしてきます。情報の一義性みたいなところから見ると、なにか曖昧というか頼りがないというか。では頼りないのかというと、そうでもないんですね。正確でないかというと、そうでもない。正確を期すれば期するほど、まったく違うものが出て来なければ、正確な読みとは言えない。極端な言い方をしますとね。誰が読んでも同じだ、という程度の読みでは、正確な読みとは到底言えない。森さんの文章を正確に読むという場合、これはあとで「下手にまとめてはいけない」ということでお話ししたいと思いますけれども、誰が読んでも共通事項になる程度の読みでは、本当に正確に読んだとは言えないと思います。本当に踏み込んで、自分で読んだ場合には、一人一人の個性的な味が出てくると思います。古典の読みとはそういうものでしょう。

そういう意味で、情報の一義性みたいなところから見ると頼りないんだが、そういうものを頼りないと見るのが実は間違いなんです。それはおそらく一つの「科学信仰」だと思います。もし、正確さというものを「情報性」にだけ置いて、これだけが頼りがいがあって、「古典」は不正確だからあまり頼りにならない、というふうなことになると、それはやはり鑑定書だけに頼るという結果になると思います。誰が見ても、同じという問題じゃないんです。だから曖昧だ、単なる主観的意見じゃないか、ということになってしまえば、正確に論証しえるものは、通信簿とかなんとかだけになってしまう。それ以外の「はみ出る」ものは一体どう考えたらいいかということになってくる。そういう意味での不正確さ、すなわち古典の読みというところに含まれるような、つまり情報の一義性というところから見たらはみ出るような、しかし単なる主観的でない「あること」を確かめるのが「古典」というものなんです。

「読むこと」で一番大事なのは、そういうふうに「古典として読む」ということです。およそ本を読む場合に、もちろん情報を正確に読む習慣はそれはそれとしていいんですけれど、一番欠けているのは「古典として読む」という読み方です。ここからは、「本を読む」と言う場合、「古典として本を読む」ということに限定して、お話しいたします。

古典として読む

「古典」を読めば「古典として本を読む」ことにはならないのです。つまり、古典である本が、自分の古典になってくるように本を読む。自分の古典としてね。古典が自分の古典になるようにどう本を読めばよいか、これが問題の核心です。

別に、いわゆる古典といわれるものでなくたって、同じ読み方が可能です。むしろそれが大事なのです。普通言われている古典というものを読んでみますと、案外「自分の古典」として読むことが、ないがしろにされてしまう場合もあるんです。古典を読んだって、結局古典についての情報を読んでいるにすぎない。その場合は情報として読んでいる。だから古典として読むというのは、別に国語の教科書で古典といわれるものに限らない、現代文だってよいわけです。森さんはその意味で大古典ですけれど、森さんのものを読んだって、古典として読めないこともあると思います。森さんのものを古典として読もうとする努力がどういう修練になるかというと、森さんのものを古典として読むことで、まだ古典になっていないような本も、古典として読むことが可能となる。まだ未完成なもので、到るところ穴だらけの本だって、古典として読む修練が出来るわけです。森さんの本だと、そこへ寄りかかっていても、そう簡単に外されない。踏み込んでいくことが可能です。ふつうは簡単につぶれるもんだから、いいところまで踏み込まない習慣が出来てしまうわけです。古典というものは、ちょっとやそっと踏み込んだって、簡単に応じてくれるものではない。そこで修練していますと、実はこれからが肝心なんだけれど、森さんだけ知ったってしようがないと思うんですよ。森さんにぶつかることで、いたるところ古典として読む。そういう習慣というか、あるいは喜びが出来てくる。森さんが望んでおられることも、そういうことだと思いますね。

「あの時は楽しかったな」

これからお話しすることは、研究会でお互いにどうききあうか、つまりお互いの中の古典的発言をどう引き出すかという問題に、実はからんでくるものです。お互いにこうしてしゃべり合っているうちに、もしかして、ききようによっては大事な発言があるかもしれない。それをどう発掘するか。これが第二段の問題になります。つまり研究会というのは、単に情報を求める会ではあるまい。お互いの中のもう少し深い所にあるものを知り合う。それが先ほど言ったたのしみであります。

情報を得る場合は主に利益でしょう。しかしこの問題は魂が成長してくることでもある。つまりどう受けとるかという主体の形成の問題ですから、それがたのしみです。「たのしみ」なんて言うと何か頼りないように思われるかもしれませんが、しかしいろいろなことを思い出すなかで、人生で「ああ、あの時は楽しかったな」と思われる「瞬間」が非常に大事なのです。でもね、その瞬間は楽しいと思っても、十年もたってから、ああ、あの時は楽しかったな、というようになる会は少ないと思います。十年たってですよ、あの時は楽しかったな、と思えるのは、その時楽しくなかったら駄目です。ただそういった場合の楽しみというのは、普通いう受身の楽しみとはちょっと違うと思うんです。あの時は楽しかったな、ということになるような楽しみがあるように思いますね。古典はそういう意味で、友達みたいなものです。古典を読んで、あの時は楽しかったね、という形で今、もう一度楽しめる。今読んだらくだらん、というのではなくて、今、楽しい。深層にあるものと結びつきながら、それが楽しい。友達でもそうじゃないでしょうか。「あの時は楽しかったなという友が、今会ってみて、その人と話すことが大変楽しい」と孔子が言っていますね。これほど人生に楽しいことはないでしょう。古典というのはそういう楽しみを味わわせてくれるものであって、研究会というのは、そういうものが出てくるような場でなければならないと考えております。

われわれは、せせこましいというのか、みみっちいところがあって、情報的利益を得ないと、何か不安感が出てくる。よく「匹夫といえども志奪うべからず」と言います。自分の魂が向かうべき方向、そこへ向かって歩いている時が、楽しいんですよ。これはね、利益とかなんとかの、もう一つ奥にあるものです。人間というのは、そうは魂が思っても、うつせみの体は、実際には妥協したりなんかしています。政治も、ヤーとやられちまえばもうどうしようもないと思う動きです。だけど、しかし魂までは奪うことが出来ない。それが人格というものだと思います。そういう人格を野放しにしておいてはやっぱりいけない、修練がいりますよ。そしてその効果はなにかと言えば、楽しみという言葉で表していいと思います。

われわれの社会は有益性とか有効性に、あまりにもとらわれすぎているのではないでしょうか。人間にはある土性骨が必要でしょう。本当に有益かどうか、自分に全て引き受けて決定する。その確信がもてないのが、現代の悲劇だと思うんです。これは、直接に成績に関係するとかいうことでなくて、魂の歩みなのですから。私は社会科学でもその層まで行かないと、上つらの表面の層だけで、こういう社会構成がいいんじゃないかという議論だけでは、本当の社会科学が出来ないと考えています。文体なんていうのは、その効果の問題です。

信じてかかれ

「信じてかかれ」ということを、申し上げようと思います。よく科学の根源は疑いにある、というふうに言います。それは間違っていないと思うんですよ。だけど私は同時に信ずるということがなかったら、科学は出来ないと思います。深く信ずる。科学でも、とにかく信じてかかる。古典というのは深く読むと最初に言いましたね。信じてかからなければ、そういう読みが出来ないのではないでしょうか。

例えば、私がここでお話ししていましょう、私の中に何か……すぐ役に立つようなことがあれば、すぐ入ると思います。しかし私の話の中でも若干の古典的な意味を持っていることがあると思いますが、それを、お聞きになる側である程度信じてもらわなければ、最初から疑いをもってかかるような眼であれば、わかるでしょうか。つまり信じてかからないと、その中にある深いものに踏み込めないわけですよ。古典というのは、踏み込んで読まなければ、駄目なんです。信じてかからなければ、踏み込めない。森さんが言ってることでおかしいな、なんていうところはいっぱい出て来ると思いますよ。ああこれ、言い違いだろう、というふうに疑ったら、どうにもならない。ここのカンマ、普通ならピリオドなのになんでこんな変な所にカンマが……とか、こんな変な所で段落が切れている、ああこれはたぶん軽率に書いたんだろう、などと思って疑ってかかるのは簡単です。しかし、森さんほどの人が、というふうに信じてかかると、別の疑いが出てくるんですよ、そこで初めて本当に疑いが生まれる。そうするとその疑いから「ああ、わかった！」ということになる。これは楽しいですよ。わかったと思っても、もう一ぺん読み直す。そういう意味で、信じてかからなければならない。

科学というものは、疑いから発する。しかしその疑いがどの程度の信の深さから発しているか、二つは抱き合わせになっているんですよ。疑いといっても、普通の疑いというのは、ああそうかなという、その程度の疑いですね。そうであるかぎり、今あるものを信用しているんですよ。その上で、小さな疑いを発しているにすぎない。根本的な疑いというのは、根本的な信の念から発する。科学では仮説を立てるでしょう。仮説を立てて、それを論証する。仮説を立ててるだけでは思いつきですから、論証してみせるわけですね。ある操作で一つの結論を出す。しかし仮説が論証されるかどうかはわからないですよ。学者は、仮説の論証に一生をかけるんですね。少し大きい仕事になりますと、一所懸命やって、やっと論証できたということになればいい方で、一生を棒に振っちゃうんです。自分が新しい何かを作った場合には、その仮説は未だ論証されてないではないですか。その論証されていないものに自分の一生を賭ける、と言えばおわかりでしょう？　そういう意味で、日本で不足しているのは信の念が少ない、ということだと思うのです。

疑ってかかれ

例えば松川事件の広津和郎さんが、あの論証に何年かけられたでしょうか。被告の「眼が美しい」ということを言っておられたですね。実際に論証されたわけですけれども、それまでは無罪だと論証されていないんです。一生の非常に重大な時期を使われた。そこにあるのはやはり「信」

の深さです。この「信」の深さがあるかないかが、科学者にとっても決定的だと思う。「信」の念というところまで深まってこないと、やっぱりあぶなくて出来ない。失敗したら、それまでの努力を棒に振るんですよ。だけど失敗したことは何かに生きてきます。本当に自分を信じて「賭ける」ということをしない一生は、さびしいのではないでしょうか。真に信じて賭けるというようなことをやらなければ、さびしいですね、人生は。そう思います。

それからもう一つ。科学の世界は、論証されたものも、仮説との間が非連続なんだ。けれども連続している。一応論証されたけれども、別の視角から見ると、くずれてくるかもしれない。そういうことが今、科学の世界ではいろいろ起こっておりましょう。例えば農薬が大変効いた、これは事実、論証されたわけです。確かに効いたから、その限りでは論証されているんですよ。しかし他の面から見ると、ああいう仮説は部分的仮説で、他の点から見ると完全につぶれてしまう。ですから、科学で結論が出たと言ったって、実は仮説にすぎないんです。だから論証されたものであっても、もう一ぺん疑ってかかって、もう一ぺんこれを検証しなおさなくてはならない。つまり、科学なんて一義的なんです。実は、それはある面についてでしかない。そういうものだけを簡単に信じていたのでは困る。

感想を書け、感想を書くな

それからもう一つ、これは無茶苦茶なことなのですけれど、本を読みますとよく感想を書くということがあります。この頃感想ばやり、感想文ばやりでしょう。とにかく本を読んで感想を書きなさい、というので本を読む。図書館の人にきいてみると、感想を書くからそれについて何かガイダンスをして下さい、という人が多いらしい。感想が書きやすい本がないか、ときく。つまり感想が書きやすいように本を読むことは出来るのです。しかし、感想の書きやすいように本を読んではいかんのです。本当にいいものに接した場合、簡単に感想が出るでしょうか。本当に印象が深い場合は感想が出るより前にまず、ポカンとするのではないか。あるいはモヤっとする。そう簡単に感想を出してはいかんのです。

この前、リヒテルの実況録音のレコードをきいたのです。リヒテルがシューベルトの全く絶望的な曲を弾いている。孤独なシューベルトの演奏は、実はリヒテル自身がソビエト社会で味わっている孤独、そのありありとした告白でもあったのです。その演奏の直後に「ブラボー！」と来るんです。終わったとたんに。レコードに「ブラボー！」と入ってるんですよ。困るんですね、日本のあれ。終わったとたんに待ちかまえたような「ブラボー！」。それは、音楽によっては「ブラボー」と大拍手してよいのもありますけどね。あそこで「ブラボー」と言うのは、ちょっとひどい。

まあこれは冗談ですけどね、感想も「ああ感想か、よし来た」という感想があるでしょう。この頃そういうように感想を書くことを修練づけているような気がするんですよ。そういうふうに感想を書くことも、それは必要かもしれません。しかし本は感想を書くためにあるんじゃないでしょう。この頃、感想を書くために本を読む人がいるんですね。もっとも大学でも、試験で一時間以内に何字以内で感想を書け、と言いますから、そうするとやっぱり感想を書くために、知らぬ間に修練づけられるわけです。リヒテルの話で戯画化したけれども、そこまではいかなくとも、それに近いような感想はやってはいけない。

本読んで大事なのはモヤっとしたものです。ただしモヤっとしたままでは困りますから、これを整理するのに感想は書かなくてはいけない。そうでなければモヤが知らぬまにどこかにふっとんでしまいますから。しかし大事な精髄はモヤっとした中にありますから、それをふっ飛ばして感想を書く、そういう読み方をするように役立っては、非常に困ると思います。そうしないと成果が上がってきたような気がしない、そういうことも確かに実感としてはあると思いますが、大事なことは「下手にまとめては困る」ということなのです。そういうふうに感想をもってきがちなんです。本当はそのモヤっとしたものを、そのまま残しながら感想を書くことが望ましい。モヤっとしたところまで出ている、そういう感想文がいい。簡潔な文章なんだけれど、そのモヤっとした感想までが出ていて、臨場感を持っている。

「感想文を書け」しかし「感想文を書くな」ということになる。感想に向かって読んではいけない。感想文が書けないようにモヤっとしたものをよみがえらすように読むべし。モヤっとしたものをどうつかまえて明確な形にすることで、モヤを定着させるか、これが勝負です。非常に難しいのですが、どうか修練を積んでいただきたい。みなさんはそれぞれですでにお気づきだと思うんです。どうかそれを意識していただきたいと思います。

感覚を大事に、しかし感覚に頼るな

先ほど、古典を「私の古典」になるように読むと申しましたが、その場合手がかりになるのは、自分の読み――自分としてはこの時こう読むより他なかった――という感覚を大事にすることです。自分の独自な読みをまず信じてかからなければいけない。だけど同時に、あまりこだわらない。つまり私はこういうふうにしか読めないということに、あまりこだわりすぎると読めません。古典というものは、先ほどお話ししましたように、その時にこうだと思っても自分の魂の成長の中で逆の読み方が出来てくるものです。自分の感覚を大事にするということと、それに余りこだわってはいけないということ――その辺がまた一つの勘どころ、と言うより他にないんですが。

辰野隆さんというフランス文学者のエッセイだったか、ちょっと忘れましたが、モナリザが好きになる話があります。お読みになりましたか。辰野さんはモナリザがうす気味がわるくて、あんまり好きではなかったらしい。ところが、ルーブルは写真は撮らせないが届け出ると模写は許される。辰野さんはルーブルへ行っては模写する人たちを見ていたらしい。模写している人がいると、見るわけではないんでしょうけれど、つい見えてしまう。すると、ここはちょっと違うんじゃないか、そうじゃないよ、と言いたくなる。また次の人のところへ行くと、違うんじゃないかというふうに気になって、そのうち、違うんじゃないか、違うんじゃないかと思っているうちに、だんだんモナリザが好きになった。「なるほどね」という時があったりして。これは、非常に面白いと思うんですよ。名画モナリザに、別に最初から傾倒していたわけではない。自分の眼で見ていた。普通は、自分の感覚とは別にもう最初から、名画として見るものですよ。あそこへ行くと、プログラムみたいなものがあるわけです。印をつけて、「何番のモナリザを見ました」と、チェックして帰ってくる。そして故国に帰ってくると、「名画モナリザをこの眼で見ましたが、なかなか立派でした」って(笑)。この眼で見たわけじゃない、そこにあるということを見ただけだと思います。「なるほどね」と辰野さんが言うような意味では見たわけでない。それよりは、やはり、「いやおもしろくない」というのが名画モナリザへの接し方だと思いますが、同時に「自分の見方は浅はかだったな」と、変わるように見なければならない。

古典というのは、最初から面白いようには出来てないんです。面白いところもありますけど、すべての相が最初に現われるようにはなっておりません。読み深めていくなかで初めて面白味がわかってくる。自分の感覚を大事にしながら、あまり流されずに、自分の魂の成長というものを考える。自分よりも正しいものがあるかもしれない、あの観方も正しいかもしれないということを同時に心の中に置くわけです。自分の感覚を信ずるのと、他人の意見を信ずるのと、その中間を取るというのではなくて、完全に信ずるのと、否定して他人の意見を大事にするのとを、矛盾的に同時に持ちながら読んでいただきたい。まん中ぐらいは一番困る。人間というのは、そういう矛盾したことをやっているのです。そうでしょう？ そのやっていることを意識してほしい。

きくこと

読書会につなげてという意味で、このあとのお話をします。今までの中では多少自分の経験も述べましたけれども、今度はそういうことを抜きにしてお話ししますから、それをふくらます仕事はどうか皆さんで、それぞれの体験を結びつけてご理解いただきたいと思います。

先ほど、「情報として読む」か、「古典として読む」か、というお話をしました。読書会の場合、いろいろな情報を持ち寄るようなことも有益だと思いますが、お互いに古典として、すなわち古典的発言を持っている。そういう人間的な集まりが出来るには、「きき合うこと」が大切です。情報も大事なんだが、その奥に、そこで自分の魂が育って来るような、互いにきき合うような場所になっていただきたいと思います。

大学で研究会を持たれた方は経験があると思いますけれども、いやになっちゃうんですね。しゃべっているうちに何となくずれてきて。研究会的雰囲気といいますか、先ほどの「ブラボー」みたいな感想を出す人もありましょう。何となく何かカッコいいというか、そういう結論に向かって流れ込む。自分がしゃべったことを本当にきき取っていただけない。きくということがないがしろにされている。もちろん一人一人が話し上手になることは大事です。しかし先ほどお話ししましたが、いくら話し上手でも、上手にきいていただかないと駄目なんですね。肝心なことは、「どうきくか」だと思う。情報として相手の言うことを聞くのではなくて、より深いところで、言葉の中に含まれているものが育っていく、そういうものとして言葉をきく。ひょこっと出てくるかも知れないんです。しかしお互いに慣れているわけではないですから、上手く全てが出るわけではありません。大変に下手なかたちで出ます。その下手なかたちで出る中から「宝」を発見する。そういうふうになれば、その会は大変に楽しくなると思いますね。

私の話だって、少しは、後になって心に残る話もあると思いますが、やっぱりきいていただかないと、と思いますね。それには「古典的労作」だけをそういうふうにきいては駄目なので、お互いにしゃべっている話も同じようにきかないと駄目なんです。森さんの作品を語り合うことで、お互いの発言の中にある大事な点をきく。アラートな、敏感な耳を、どうか押しつぶさないでほしい。

お互いに普通しゃべっていることを、あまり大事にきいていないんじゃないでしょうか。このところ友人をたてつづけに亡くしましたけれど、人が亡くなったときに想うのは、あの時あの人はこういう顔をしていたな、何か口ごもって、賛成はしたもののちょっと反論のあるような顔をしていたな、とか、まざまざと思い浮かぶ。それがつらいのです。その時になぜ聞いておかなかったのだろう、と。実はきいてはいるんです、でなければ、あの時口ごもったのはどういうことだろうかと想い出せないですから。見たりきいたりはしているんだけれども、せっかく見たりきいたりしたことを大事にしない。知らないうちに、ふっと流してしまう。ああこういうふうに接しておけばよかった、そういう後悔の念を起こさせることによって、死者は教えているのではないでしょうか。われわれは浅はかですから、今度こそはと思っては同じことを繰り返しているわけですけれどね。そういうふうに人に接すれば、その人の独自な生き方や、その人でしかないようなものが見えてきます。その時はしかたない奴だなと思っても、意味というのかな、人間の多様性ということが、そういうようにきくことで、初めて理解できると思います。

宝を発見するアラートな耳

全然きかないということ、それは何かといえば、軽蔑だということです。どんなことをしゃべっても初めから全然耳を貸さない、それはその人への軽蔑でしょう。何をしゃべっても全然入っていかない、きく必要がないという態度で接する。お医者さんが時々そういう態度をとります。だから素人(患者)の言うことがわからないんですよ。何か症状があると言っても、きいていただけない。後になって大さわぎしていますけど、そうでしょう? あるいは学問をやっている人が、素人が何か言っても全然きこうとしない。つまり軽蔑しているわけです。しかし本当にきくべき耳があったら、あの時こういうことを言ったが、その言葉は言葉だけではたいしたことではない。しかしそれは重要な提言だったということがわかります。つまりある言葉がそのままで生きるような、そんなことをお互いにしゃべっていることはないのです。しかしそれを大事に受け取れば、実に重要なことをお互いにしゃべっていると思います。なぜならば、一人一人別の境遇にいて、別の発想をしているからです。われわれはきき逃しているのです。

あの読書会は楽しかったなと、後になって言えるようになるには、きくということがどこまでできているかにかかっています。おやりなさい、と言うつもりは全然ありません。ある意味で人間がそうすることは、非常にしんどいことだと思います。これは絶望的に難しいということがわかります。しかし、やはり人間というのは、人間にしか出来ないようなことをやる、やらなきゃ人間になれないという、そういう存在だと思います。私はお医者さんと話すときも、よく考えてみると、人間に出来ることかなと思います。私自身、経済学もやはり人間に出来ることかなとよく思います。しかし出来ることをやらないと、やっぱり人間になれないという面がある。研究会というのは批判的でなければなりませんが、批判の一番の要点というのは、お互いの宝を発掘するアラートな、鋭い耳を持つということだと思います。

モタモタを見つけ合う

よくあの人は批判力が優れていると言いますが、つまらない面を発見する――あそこは駄目だとか、こんなのくだらないとか――、私はこれも批判ではありますが、低級な批判と呼んでいます。普通の人には見えないようなものを、まっ先に見抜く、これが私は高級な批判だと思います。ポジティブに「モノ」を見る。

僕には年来、鬱病という変な病気があります。私の主治医は斎藤茂太さんと北杜夫さん。鬱病の特色というのは面白い所が見えてこないことなんですよ。何か仕事しますとね、仕事というのは労苦も伴うけれど、楽しみなものですね。それが厭な所だけが見えてくる。批判力はちっとも衰えない。低級な批判だけでは、駄目だと思うんです。

考えてみると、何か仕事をなしたという人は、やっぱり他の人が見逃しているような、皆が絶望だ、駄目だという時に、ああこうやればいい、そういうのが見えてくるのですね。これが高等な批判力です。幼稚園の先生なんかうまいと思うんですよ。いい先生というのは、本人も気づかないようなことを、「いいですね」と言ってくれましょう。半分はおだてかも知れませんが、おだてじゃ育たないですからね。やっぱりモヤっとしたものを、「ああ、これはいいですね」と言える。それが本当の観方、高級な批判だと思うんです。

お互いにしゃべり合っている中でも、上手にきけば、そういうものが深く蔵されている。表に出ているわけではありませんよ、何かモヤモヤとしたことを言っている。「どういうつもりで言っているんだろう、こういうことかな」ということき方をしていただきたい。「つまりこういうことでしょうか」と言ってみる。およそそういうものを持たないということになると、それは何かといえば、相手の軽蔑であり、簡単に言うと相手を人格として認めないということだと思うんですね。どうか、モタモタしているものをお互いに見つけ合う、そういう研究会になるように努力していただきたい。これはなにも研究会だけのことではない、社会全体のことだと思います。研究会の中でそういうことを育てることが、そういう風習を社会の中で育てるうえで非常に大事になる。そういう修練を積んでいただきたい、と思います。

読んでわかるということ

この文章は、『国語通信』一九七一年十一月号、筑摩書房、所収の外山滋比古・益田勝実との鼎談「読んでわかるということ」より、内田義彦の発言部分を摘出したものである。なお、ごく一部ながら、小見出しを変更した。

「聞」と「聴」

「わかる」ということばと「読む」ということば、その、わかりかたの構造と読みかたの構造には、山本〔安英〕さんのことばの勉強会で一度喋ったことがあるんですけれども、こういうことがあるんじゃないでしょうか。同じ「きく」ということばでも「聞」と「聴」があるでしょ。この「聞」と「聴」は、それぞれ「見」と「視」に対応していますね。読んでわかるという場合、「視聴」的なものと「見聞」的なものが別個の働きとしてあって、その二つがうまく結びついて初めて「わかる」ということになる。

「きく」構造でいうと、荻生徂徠は、「聴」のほうはきこうと思ってきくことだ、「聞」のほうはきこえてくることだ、と書いてある〔『訳文筌蹄』〕。ぼくは非常に面白いと思いましてね。それから「聴」を調べてみますと、「聴氷」ということばがある。狐が、この氷、渡れるかな、と思って、尻尾で叩いたかはどうかは知りませんけれど、我々のほうで言いますと、どこかにいくつかのチェック・ポイントをおいて、ま、渡れるらしい、と判断する。これを「聴氷」という。だから政治をきくのも「聴」になるんです。「聞」のほうは、きこうと思ってきくんじゃなくて、向こうから聞えてくる。徂徠の挙げている例では、「聴けども聞えず」。これは非常に複雑なことばづかいでね、普通、社会科学とか学問の場合は、だいたい聴的だと思いますね、読みかたにしても。

聴的というのはどういう意味かというと、一つは、対象を切る。どことどこというふうに分けますね。もう一つは、主体的にワナをかけて聴く。「聞」のほうは、チェック・ポイントをつくらない。こっちから聴くんじゃなくて、向こうから聞えてくる。というわけですが、ぼくはね、以前、「聞」より「聴」のほうがより主体的でもあり、より学問的でもあると思っていたんですけれども、はたしてそうかなと、このごろ考えているんです。というのは、いろいろチェック・ポイントをおいて聴けば聴くほどわからなくなってくるということですね。かえって聴こうとするために理解が不可能になって聞えてこない。

そこのところ〔徂徠が「聴」より「聞」のほうが価値が高いと言っているかどうか〕は徂徠がそう言っているかどうかわからないけれども、ぼくの学問常識にひっかけますと、〔「聞」のほうが高くあるべきだと〕此頃そう思いだしたのです。もっとも、聞くといったって、やっぱり分けて聴かなきゃ全体が聞えてこないし、何か働きかけなきゃ向こうから自然に聞えてくるなんていうことは絶対にないわけなんだけれども、最後に向こうから聞えてこなければ、その文章がわかったとはいえないわけですね。一つの文章を理解するために、いろいろ辞書を引いたり、チェック・ポイントを設けて考えたりするけれども、それは手段であって、最終目標は、ふっと向こうから聞えてくるということなんですね。ところが学問をやっていると学問癖がついて手段と目標が転倒する。読めば読むほどわからなくなるような読みかたをしてきたんじゃないか。といってぼんやり読むということでは読めないから、どういうふうに読んでいったらいいか、ということを改めて考えさせられています。

そういうことを考えるのは、社会科学は変な学問なんですよ。つまり自然科学者の言うことを聞いてますと、ある意味で「聴」に徹して非常に正確なんですね。自然科学者は、それほど正確じゃないよ、と言うかもしれないけれども、ここまではよくわかるんですが、という言いかたはできるんですよね。こっちはそれほどじゃないですからね。

それから文学者の場合は、自然科学者の正確さとは違うけれども、たしかさというか、手ごたえというものがありますよね。たとえば野間（宏）君なんかと話していますと、たいてい議論では勝つんですけれども、勝ったあとで何となくふわっとこっちが浮いてね（笑）。

そういう一方での手ごたえのたしかさみたいなものがあって、一方で自然科学的な正確さがある。自然科学的な正確さは分けるところから来ていると思いますね。それから文学のほうのたしかさというのは、もちろん分けるんだろうけど、もっと全体。ところで社会科学というのは、自然科学的な正確さと文学的なたしかさを持たないと成立しないと思うんですよ。両方いるんだけれども、そのどっちも不徹底で、悩み苦しんで、そこで理解の構造とかいうようなことを、此頃考えているわけなんですけれどね。（…）

〔野間君との議論は〕打々発止（ちょうちょうはっし）じゃなくて、〔私が〕打々で、彼はたまに止ぐらいのものなんだが（笑）、勝ったあとの味が悪いというか、即ちそれはこっちが負けてるんです。夜になって止がきいてくる。それで向こうのたしかさを感じるんですがね。聞えてくるわけだ。聞くまいとしても聞えてくる。（…）

二とおりのわかりかた

いまの「聞」と「聴」にひっかけて言いますとね、たとえば、こういうことがあると思うんです。情報がはいった場合に、情報は情報としてだけわかるというわかりかたと、新しい

Aという情報がはいることで、自分の、前に蓄積されていたものをわかり直すという、その二つの面があるだろうと思うんですね。ちょうど新資料が出てきたときに、新資料のところだけでわかるという要素と、新資料としてはたいしたことはないけれども、この資料が一つ出てきたことで今までの資料が全部読み直されるという（…）。洗脳的なわかりかたと言っておきましょうか。

一方でそういう、一つの情報が全体をひっくり返す場合があるということを考えておいて、他方でこれとは別個に、一つ一つの情報を情報として、いわば浅いところでわかっていくということもたくさん積み重ねてこないといけない。全部をひっくりかえすということは、そういうものの蓄積のうえのことですからね。

そうすると、そのとき受け取った情報は、そのときなりにいちおうわかりますね。自分の原体験にそのままひっかかってくる場合もあり、それとは無関係に事実は事実としてだけ受け取るという場合もあるわけだけれども、とにかくそういう浅いわかりかただって、ぼくは十分必要だと思いますね。それと同時に、今までわかったと思っていた自分のなかの既存の知識全体の意味がひっくりかえるという形でわかるという、二つの理解のしかたがある。それがわりに平均化されていたんじゃなかろうか。それをはっきり分けて考えたほうがよい。情報の蓄積がないと、一つの情報で全体がわかるということはありえない。自分の経験で言いましても、ああ、そうか、ああ、そうか、ということで新知識がある程度はいってきて、ただし、それが固定していたかと思うんです。新しい情報が来たときにひっくり返ることもあるぞと、覚悟した上で、情報は情報として蓄積し覚えておかなければいけない。仮説的に浅いところで情報は情報として理解しておくことは必要なんじゃないか。その二つを平均化しちゃうとぼやけたことになる。このへんのことはわりと平均化されて理解されているけれども、実際はシュパ〔ヌ〕ング〔緊張〕の関係にあるんじゃなかろうかと思うんです。

新しい情報が次々に新しい情報としてはいってきて、それがやがてひっくり返る、ということはあらゆる時点で行なわれる。子どものときに止まっちゃうんじゃなくて、あらゆる時点でくり返されるということを意識していることが必要なんじゃないだろうか。（…）

情報の受けとり方

特に此頃では自然科学的正確さなるものの怪しさは誰の

目にも見える。注射一本の効果だって全然わかっていない。切ったつもりが切れていないんですね。物自体は具体的なものなんだから。いわんや人事の領域にはいると、非常に簡単なことだって最後のところはわからない。が、最後のところはわからないという、その受け取りかたの問題なんですね。すでにわかったというような考えかた、教えかたが一方にあるし、一方では、結局はわからないという、極端に言えば、どっちでも同じことだというようなことになる考えがある。その二つの間のところが問題ですね。学校では、あたかもこれ以上に理解し直すことは不可能であるという形で授業をしているわけですね。片方の受け取る側は、一方でそういうものをたてまえとして受け取っておいて、結局、最後のところはわからない。勉強してもしようがないと。それだとやっぱり事実を確定していくという無限作業のエネルギーがどうも出てこないんじゃないか。

どうしても理解が深まってゆく構造を明らかにしながら読む作業を進めなければならない。

たとえば、このトンカツ屋は「まずいが安い」と思っていたのが突然「安いがまずい」と思われてくることがありますね。科学技術の功罪ということ、あるいはヨーロッパ的学問の功罪という「価値判断の転換」の問題を想念に入れて言っているんですが、このトンカツ屋は安いがうまいというのと、うまいが安いというのを分析すると、安いということもはいってるし、まずいということもはいってる。自分のなかにはいってる諸要素が、ある情報がはいることで突然、個々の事実が不意に想起されてきて、つまり自分の体験と称していたもののなかが一度分解しましてね、体験のなかのある要素が不意に強く出てきたり消え失せたりするんですね。そうすると、情報の蓄積量は同じでも蓄積されたものはまったく違ったものになりますね。諸要素だけ取ってみるとまったく同じなんだけれども、置きかたを変えてくるとまったく変わっちゃう。

自分のなかの体験と称されるものもやっぱり断片断片で、その断片がある連なりかたをしている。その連なりかたが違ったものになるのが読みかえですね。受け取った情報がいつかはひっくり返るという形で情報がはいってくるということ。それは理解のごく初歩的なことだと思うんです。そうしてみると、ここのところはいちおうのところではこうで、ただし、読みかた、見かたによって違う、という言いかたができる。

賭けるということ

ただ、そうして読む場合にはもちろん賭けているわけで、いつでも自分の賭けが間違っているということはありうるし、向こうのほうも間違っているということもありうるけれども、しかし賭けて読む。

理解っていうのは仮説的なんです。ところが仮説と言っちゃうと仮説の重さが出ない。何かある行動をするときに、わかってから行動するということはない。ある段階で行動するわけですから。だから行動は仮説に従って行なわれると言っていい。しかし、一つの仮説ということで、仮説としての、それに従って行動するという重みが出るかというと出ない。仮説的に、これこそが唯一の真理であるという形を取らなければどうしようもない。客観的にあとから整理してみれば、一つの仮説であるにはちがいない。そのことを一方ではっきり知っていて、しかし、一つの仮説であるかもしれないことのために一生を賭けるということでやる。こういう読みかたもあるよ、と言うと、ああ、そういう読みかたもあるか、というような、そんな仮説的な読みかたでは、ほんとに主体的な読みかたにならんと思うんです。賭けるためには、いま言った、その時点、その時点で、技術的に可能なかぎり尽しておかないと読めないんじゃないだろうか。それで賭けるということを言うわけです。

学生諸君に、こういう考えかたもあるよ、と言いますと、非常に軽く受け取るわけですね。しかし、実際は、こういう考えかたもあるよ、と言うために、われわれは一生を費すこともあるわけです。一生を費すから間違ってないという保証もないし、むろん学問というものは否定されるためにあるという、極めて当然な、しかし、しんどいもんですから、いわんや学問以外のもっと複雑な人生になると、そういうものなんだけれども、しかし、そういう意味での仮説というようなことがほんとうに日本に定着しているかどうかという気がするんです。それがないかぎり、いま言ったようなことがなかなか……。「それが」というのは学生の例だけ言ってるわけじゃないんです。研究者の側も言ってるんですけれどね。賭けというのは、そういう面を含めているんです。

仮説というのは新しい仮説というんじゃなくて、既存のことも全部含めて仮説的な、いつ直されなければならないかもしれないということです。(…)

内なる読者

書かなきゃしようがないから書いているんですけどね。やっぱりぼくは、自分のなかに抽象的な読者がないという感じがするんですよ。学会の場合は学術論文になるわけで、読者があります。また講演会ならまだ表情があるのでなんとかいきます。ところが、新書なんていうのは誰が読むか、まったく見当がつかない。そうするとね、自分のなかで抽象的な読者というものが想定されていないと読者が消えちゃうわけですね。

アダム・スミスが面白いことを言っていましてね、『道徳感情論』という本ですが、人間には共感本能がある。それから共感獲得本能がある。つまり相手方に自分の意見と同じになってほしいという。また、彼の場合は、セルフ・インタレストなんてことばをつかう。これは簡単に利己心と言っちゃまずい。インタレストは関心ですから。やっぱりお金がほしいだけが彼のセルフ・インタレストじゃなくて、自分の言ったことを相手が納得してほしいということまで含めて、彼はモチーフにおくわけですけれどもね。たしかに共感本能というものを持っている。これを共感能力という形で強く出すのがルソーになりますね。スミスの方は、共感獲得本能と共感本能を人間は持っているけれども、しかし、かなりその間にギャップがある、と言う。たとえば私が悲しいと思っているときに、たしかに相手方も悲しいけれども、私が悲しいほど相手方は悲しいと思わない。そこで片方は感情を抑制するとともに、自分が悲しい事情はこれこれであるということを説明する。相手方は、あいつ、悲しんでいるけれども、なぜだろうと、知識欲が働いてきて、そこでとにもかくにも共感が成立すると考えるわけですがね。

それにしても、現実の相手方が、自分としてはこれこれこういう場合には怒るのが当然だと思っていても、目の前ではひとりも共感を示してくれない場合がある。

自然科学者というのは比較的読者を意識しないし、世評に恬淡（てんたん）であるけれども、これが文化というあやしげな領域になるととにかく理解してほしいわけですよね。俳優さんなんか見てるとそうですよね（笑）。いやらしいぐらいなんとか理解してほしいということを示す。

書き手を内側で支えているのは何かというと、いろんな場合にいろんな人と会いますね。そうすると、あのとき彼はああいう反応を示した。それが積み重なってくると、自分のなかに内なる傍観者というものが出てくる。これをア

ダム・スミスは〝良心の起源〟と言っている。良心というのは宗教的にだけ受け取らないほうがいいかと思いますが、これを内なる読者と言ってもいいかもしれません。現実の読者と違って内なる読者。それがほんとうに確立されていると、読者を無視するんでなくて、読者のことを思うがゆえに現実の読者を無視するという確信が出てくるんですけれども、それがないと現実の読者に流されてみたり、あるいは読者を無視するということがある。(…)

　文法というのは相手方に通ずるためのものですけれども、相手方に通ずるために、抽象的読者をどう説得するかという面を含みながらの、他者との交流がないと文法的に論証していくことはできないんじゃないでしょうか。

　自分との戦いですね。そこでいきますと、たとえば徂徠にしても、私はあれは漢学者というふうに言っちゃいけないんじゃないだろうかと思う。日本学なんですね。つまり、このことばはこれに対応する、このことばはこれに対応するという、とにかくロジックというものをつくりあげていった。あれも鎖国のなかなんですけれども、その努力がああいう辞書をつくりあげた。たとえば事例がいっぱいありましてね、「天地玄黄」、天は玄（くろ）いという。土地の黄色いのはわかるが、空を玄いというのはおかしいかもしれない。青いと思うかもしれない。しかし、ほんとうに晴れた日に空を見てみると、青いとは言えないだろう、奥の奥にある、それが玄の色だと。自分に言っているのか弟子に言っているのか。とにかくそれが辞書というものですよ。あれがそのまま育ってきたら、オックスフォードまではいかないにしても、日本語の辞書ができたんじゃないだろうか。どうもそういう面白い辞書にぶつからないような気がしてしかたがないんですけれどもね。みんな置きかえでしょう。あれでは読んでわかるはずはない。

社会科学の文章

本稿は、岩波書店原稿用紙（二〇〇字詰）九枚に手書きされていた。タイトルに続いて「内田義彦」の署名があったが、ここでは省略した。執筆時期の厳密な確定は困難だが、主題や用語からして『作品としての社会科学』（一九八一年）前後のものと推定される。原稿中の旧かなづかいは新かなづかいに改めた。『内田義彦著作集　補巻』（岩波書店）に収録されている。

社会科学者の悪文難文が問題になっている。

一読意味が通らぬものがあり、解り易く見えて、さてここが要とことばを頼りに迫ってみると摑みどころがなくなる場合があって、文の難易も複雑だけれども、書き手の一人である私にしてからが解読に手こずる場合が多い。小難しいという一般読者の評は、当然だと思う。むろん、私自身の文章も他人から見ればせいぜい同然だろうから、他人事ではない。お互い、こんな悪文を読んだり書いたり、つまりはこういう文章で考えていて、国民の社会科学の創造などとてもとても、の感はぬぐえない。

悪文難文は直接にはことばの問題である。しかし、何を狙いにして書くか、社会科学者の注意と努力が日常向けられている方向も、内容とことばの双方を大きく規定していて、むしろそれが、小難しい文章を常態にする元凶のように思われる。

たとえば小説家が作家だけを相手にして書く、それも、私は私小説が専門だから同業の私小説作家の理解と評価が得られればいいというようなことは、まず考えられない。悪評高い私小説にしてもだ。どんなに質の高い、創造的な作品でも、生産者ではなく一般読者に対して提供され、その評価と玩味を目標とも生命ともしている。つまり、作品である小説は、経済学用語でいうと、生産財ではなく消費者用の消費財である。同時に、一つ一つの作品は、それだけで意味を持ち、それだけで理解されうるものとして、完結した一つの世界を構成している。

思想の領域でも、社会科学系のものを別とすれば、事態は変らない。制作されたものは、作品として、自己完結的な一つの世界を構成しており、百年の知己を待っていのレベルの高い、独創的な作品でも、直接に、「生産者」ならぬ一般読者を相手に、その理解と評価を——そして、読者一人一人のなかで果すべき産婆術的役割りを——目標にして書かれている。むしろ、質の高いものほど、専門の障壁を越えて万人に深く訴えかける。一般性と古層への遡及性こそ、作品の高さ（あるいは深さ）、独創性と新鮮さを証するものである。

社会科学の場合はちがう。といってももう、詳述する要もあるまいが、社会科学者が生命とするところは、作品ではなくて論文である。一般の読者にではなくて、同じく論文の生産者たる専門家の理解と評価に向けて書く。世界に散らばるそれぞれの専門家——それも何と細かく分れていることか——だけが解ればよろしい。専門外、とくには一般読者の評価と共感は、学の低さをこそ証すると見做す風習すらある。少くとも、作品らしい作品を制作するに要する大変な努力力量を積極的に評価する気風は、全然無い。とくに日本ではそうだ。

世界に散らばる（といっても実は超大国向けだが）論文は持ち寄られて（学際研究！）、政策担当者たる別の専門家の手によって、政策実践に——乃至は政策反対実践に——移される。一般の国民が社会科学の制作物と縁を持つのは、この局面に於て、政策の受益者あるいは犠牲者としてである。受益者としても、その限り、消極的な、受身のものだろう。

スミスにしてもマルクスにしても、その主著は、作品であった。学者向けではもとよりなく、政策担当の専門家用に拵えられた「新しい処方箋」でもない。一般の——分論（ママ）なるものに構わず自分で考えぬく——読者に読まれ、その一人一人の胸中でコペルニクス的転回を起すことこそが、狙いであった。論文調の小難しさも、いわゆる啓蒙書の安直な「易しさ」も、彼等の文章とは無縁である。

古いよき時代の古い学問、といい切ってすむだろうか。論文無用とか専門学者無用の論を立てるのでは、もちろんない。政策立案に、社会科学が真に有効になることも、待望むところだ。しかし、作品としての性格を完全に失って政策目的が独走するとき、社会科学は、所詮出来の悪い管理の学たるを免れないだろう。そして、その管理の学としての必然の不正確さは、非合理的な思考と暴力を、必然の随伴物とするだろう。

社会科学は、作品としての性格を回復しなければならない。

21

法令用語の文章

内田百閒

法令作者の悪文難文が問題になっているが一読意味が通らぬものがあり、解り易く見えて、さてここが腰とことはを頼りに通ってみると掴みどころがなくなる場合があって、文章の難易も複雑だけれども、書き手の一人である私にしてからが解讀に手こずる場合が多い。小難しいという 一般読者の評は当然だろう。なるほど、私ばかりの文章も他人から見ればぜいぜい同然だろうから、他人事ではない。お互い、こんな悪文で読んだり書いたりく

他の生物とちがう人間の特殊性

この文章の出所は、座談会「危機克服の展望」、金子武蔵・大塚久雄編『講座 近代思想史Ⅷ 疎外の時代2』弘文堂、一九五九年七月、である。座談会出席者は務台理作・金子武蔵・大塚久雄・内田義彦・城塚登・安藤英治の六名であるが、以下ではそのなかの大塚・内田の対話部分を摘出し、適宜改行を加えた。

大塚 内田さん、いままでのお話にでてきたこと、マルクスの『ドイッチェ・イデオロギー』のフォイエルバッハ論や、またある意味で次元をかえて資本論の底流をなしている基礎観念に何か深い関係をもつのじゃないですか。

内田 マルクスのばあい、一見マルクスと対立している自然法的なものとの本当のアウフヘーベンがあるように思う。それで、今の生産の問題にからんでくるんじゃないかと思う。マルクスの特に思想をとりあつかうばあいに、わりあいに初期マルクスをとりあつかっているんで、こういう問題をとりあつかってゆく上では初期マルクスは非常に大事だとおもうんですが、同時にこの考え方が、資本主義的分析——資本論のなかでどう生かされているかという点で、初期マルクスの精神を、資本論で読まなければならない。たしかに資本論だけだと、初期マルクスでマルクスが取り上げようとしていることが、したがって資本論でもほんとうにはとり上げていた問題が、見逃されてくる。これが大事なんですが。資本論でどう生かされているかということがやはり問題になるとおもう。

その場合、資本論で一貫しているのは資本主義の特殊性ということと、それに入る一般的前提として、他の生物とちがう特殊人間的なもの。これが前提におかれている。これは使用価値的観点といわれて、超歴史的なものなんですが、つまり人間のどの歴史段階にも共通なんだけれども、他の生物と人間とがこの点で決定的に区別されるというもの、これが資本主義ではどうなっているかということが問題とされる。使用価値的観点というものは超歴史的といえばその通りなんですが、特種人間的であり、人間はなんであるか、その点で自然法的世界と接触してこれを批判しているように僕には思われるんですが。

その場合、人間の本質というのを、先ずもって生産でとらえている。その上で集団的生産の経済ということがでてくる。それは労働過程論。あそこの所がフォイエルバッハに直接するかと思う。あそこのところで、十分人間になっている状態を前提にしているということが書かれているんで、その場合にやっぱり人間の生産というものを、自然との素材転換の一形態、労働過程では、他の生物と人間とのちがいが先ずどこにあるか、これを押さえて、それが労働・生産という形態をとっているということで人間の特質を見出す。その場合、あそこで先ず目的意識ということが非常に強調せられている。つまり自然法則というものを意識的に利用してくるという点、普通マルクスで考えているような、あるいは解釈されているような、客観主義的というか、目的意識を放逐するのとは全く反対に、人間的特質というのは、先ず目的を立てること、いくら下手な大工でも、蜜蜂とちがう点は、あらかじめ頭のなかにでき上った建物をもって、それに合うように自然の法則を利用する、この点に特色がある。合目的的である。

その客観的手段としての労働手段が身体の外にある。人間以外の生物のばあいは生産手段が身体のなかにある。自然との素材転換の過程は身体の中にあることから、目的定立的でない。少し拡張解釈しますと、生物に目的定立的めいたものがでてきますのは、自然にはたらきかける手段が多義性をもっているかどうか、植物みたいに全くパッシヴに適応しているばあいと、動物のばあい、やっぱり口が動いてますから、結合させてゆく、あるいは挿入させてゆく可能性はあるわけですが、道具が身体の中にあるということに規定されて、自然との対応関係が目的意識的でない、固着しているわけですね。社会の諸形態というのも道具できまっているわけですから、身体のなかで分業の形態が規定されてしまう。人間のばあいは道具が外に出ているために、自然との関係が歴史的に——自然法でいうような意味の歴史——かわってきて、それから、社会の結合の諸形態というのも、一方がかわってくるからかわってくる。初めに目的したとおりに結果が出るかどうかは別問題として、フォイエルバッハ論でとらえているかと思うんですが。

大塚　その場合、目的意識的にうごくということを、何よりもまず人間に固有な自由としてとらえているというわけですか。

内田　そうです。

大塚　ところでね、その自由な人間の営みというものが、なぜ、他の自然界と同じように、人間の意識に対して独立の客観的な過程に化してしまうか。こういう問題を提起し、それを説明しながら、マルクスは、さきほどからお話のゲシュテルに非常によくにた形で人間疎外の問題を考えているわけでしょう。というのはね……

内田　逆にも考えられますね。先ず動因というものを考えて、その動因が錯雑する中で、どう転化するか。

大塚　そうですね。ただ、しかし、生きた人間の営みから経済学の法則に到りつく論理的前提として人類の自然成長的分業に由来する人間の「疎外」現実というものを考えているように思われるのですが、どうでしょう。つまりね、人類の歴史が計画経済の上にうちたてられるに至らない間は、人間個々人の営みは自然成長的分業の形でおこなわれているんで、しかもそれが資本主義経済の場合に最高度に達する。無計画な、自然成長的な分業体系の内部で個々人が自分たちの仕事を与えられたものとして受けとる。そんな仕方で一人一人が社会生活のなかに入りこんでいくというような場合には、人間個々人は歴史過程全体とその動きを見とおすことができない。そこで、人間個々人の総力の表現である社会的生産が、経済生活が、そもそも人間自身の力でありながら、人間に対立し独立して、自然と同じように、客観的過程としてあらわれるようになる。そこで、それは法則にとらえられるものとなり、理論的経験科学としての経済学が可能となる。そういう考えがあるといってよいでしょうね。

内田　そうです。その場合、今の先ほどの問題からいいますと、生産手段が外にあるだけでなく、生産物が身体の外に出てくる。生物のばあいは、自然にはたらきかけると同時に消費する。人間のばあいは、労働手段が外にあるから一度生産物が外に出た上で消費されるわけです。

資本主義に独自なダイナミズム

出典は井尻正二・川島武宜・川添登・中村雄二郎・野間宏との座談会「『資本論』を語る」『思想』一九六七年五月号、岩波書店。これは『資本論』百年（一九六七年）を記念して『思想』誌上で展開された座談会の記録からの抜粋である。内田義彦は司会役を務めたので自説の積極的発言は控えめであるが、ここにピックアップした部分は、内田の『資本論の世界』（一九六六年）および「『資本論』と現代」（一九六七年、『日本資本主義の思想像』所収）での核心的論点の一つとなっている。なお、適宜改行を加えた。

やはり僕は自然というものの重みがマルクスには基本的にあると思いますね。マルクスの一番大きな問題というのは、人間と自然と両方を見ていたということですね。資本主義のポジティブな意味、ネガティブな意味、その双方がそこにかけられてアウスボイトゥング（活用、開発、搾取）という言葉で要約されているというふうに思うわけです。

いま『資本論』は古いんだという議論が多いですね。これは戦前段階の資本主義と現在の資本主義が違うという意見と平行している。確かにちがうとぼくも思います。しかし現代の資本主義は古典的な資本主義とちがうんだといった場合に、その古典的な資本主義が、どこまでダイナミックにとらえられた上で、そう言われているのかに問題が残るのです。

つまり、人類の歴史のなかで、大づかみに言えば、財産の所有者の人間に対する支配ということはずっと貫ぬいていたわけだけれども、そのなかで資本主義というのは、同じ財産の人間に対する支配といっても、いままでの社会とは違って、独自な意味を持っている。資本主義の、土地所有者の支配する社会とはちがう独自にダイナミックな性格を押えずに、さいきんになって（始めて）資本主義が変貌したというように問題を立てることが、間違いなんじゃないかと思うのです。

その間違いが発生してくる理由の一つは、少なくともヨーロッパの場合は、土地所有支配の段階に対して資本主義が出てくる場合に、財産から自動発生的に、いわば財産によりかかって成果をむさぼるというのはけしからんという思想をともなって出てきたと思うのです。その意味では、労働という概念のなかにいろんなものが含み込まれていると思うのだけれども、少なくとも「労働せざるものは食うべからず」という発想があって、土地による収入とか、そういうものによりかかっているやつを攻撃してきた。この場合、この命題が、土地という本源的な生産手段の所有者、つまり従来の社会の支配者に向って発せられたということが重要です。それを基盤にして古典的な労働価値論というのが生れたわけですね。

だが日本のブルジョアジーの場合にはそういう伝統がない。「働かざるもの食うべからず」というのは、もっぱら、財産の所有者の側から働く人間に向って発せられてる。社会主義思想が導入されて始めて、この命題が生産手段の所有者に向って発せられたわけで、資本対土地所有の対立のところで、実は提起さるべき問題が提起されていない。労働神聖観の伝統がない。あるのは財産神聖観だけだ。そういう伝統がないものだから、資本主義社会というものの独自な意味づけというものが、私有財産制度一般に解消されすぎている。

つまり資本主義というのは、最初にお金があってそれから生産過程を経て、流通過程を経て、はじめて最初の貨幣は増殖していく。なにを作るか、どう作るか。その目的設定がなければならず、それに失敗すれば最初の貨幣はゼロになっちゃう。それが資本でしょう。最初のお金さえあれば、自動的に利潤が出てくるというようなところで、つまり、土地所有と本質的に違いのないところで資本主義が表象されすぎたということが一つあると思います。もちろん、資本家の「働かざるもの食うべからず」は虚偽意識であって、財産の所有者の人間に対する支配であることは変りはない。むしろ極限状態になる。にもかかわらず、従来の土地所有支配の段階とは断然ちがう。目的設定を明確にせねばならんが、個々の資本が目的設定を明確にすればするほど社会的生産の全体は無政府になり、その無政府が目的設定の明確化を資本に強制する。そういうパラドックスが成立するわけです。

直接的生産者もそうです。個々人が切れてくることによって、身分とは違った階級が出来、固定した旧式分業に変って意識的な集団労働が形成される基礎が出来るわけですね。僕はマルクスは、一方やはり財産の人間に対する支

1963 ～ 64 年、エジプトのカイロで

配、と同時に、同じ財産の人間に対する支配といっても、いわば財産によりかかっているというふうな意味での財産制度とは、まったく違うという、この二つの意味内容を含めて資本主義社会というものの歴史的位置づけを与えているというふうに思うのです。切れた人間の存在ということのポジティヴな意味ですね。

社会主義社会は、少なくとも現在までの歴史的事実に徴してみると、むしろそういう意味での資本主義のもつ歴史的意味を経ないで成立してきている。そういう課題が社会主義社会のなかで何らかの形でもう一度提起されないと、社会主義社会は伝統的社会になっちゃうと思うのです。

教育批判への視座

この文章の出所は、堀尾輝久との対談「教育批判への視座」『世界』一九七三年八月号（『内田義彦著作集』第七巻、岩波書店）である。以下ではそのうちの内田義彦の発言部分を中心に採録し、小見出しも一部変更した。

生きている証

ぼくの出発点は御存知の通り戦争中でしょう。自由だと思われていた時代にその空気をうけて育って、その自由がだんだん奪われてゆく時代が高校から大学時代。教育というものは人を食う化物であって学問の中に自由があると思っていたのですが、その学問が「教育学問」に完全に食われてしまった。反教育的なあるいは反学問的な世界にいて、なんか自分の拠点みたいなものをつくらなければならない、というようなことでした。それにいつ死ぬか分からんような状況でしょう。生きている証がほしい。ふんばる拠点を見出さなければということで、それが言ってみれば私の学問であったわけです。ふんばる拠点というのは、一つはこれだけは確かな事実であるということですね。この事実は否定できないということ。それともう一つは事実の意味、つまりその確かな事実というのは特定の専門研究について知るより他ないのですが、その特定の専門研究をやってある事実を確かめるということがいつ死ぬかもしれぬ自分にとって意味があると自分で納得できるかどうか、ということです。自分で納得できるというのは難しいのですが、自分のしていることを他人に話をしていてやはり納得してほしいですね。そうでないと自分に納得できない。身のまわりに納得する人がなくても納得する人があるにちがいないということを自分で納得する、そういう納得ですね。それでいろいろな専門研究を、手あたり次第にしかし私なりには真剣にフォローもしてみましたし、他方、吉野源三郎さんの『君たちはどう生きるか』などという本をよんで、これが本当の学問であるなと思ってもみたりしました。しかしまた、学問の享受ということを離れて自分で何か納得のいく学問を創るとなると、いったい何をどうやったらいいか、苦しみの連続です。そういうことは、戦後も、今日までつづいているので、戦後、比較的自由になったとはいうものの、自由のなかでどうにも自分が宙に浮いている感じが、学問の技術的な側面でも思想の面でも、ふっきれない。拠点ができていないのですね。その拠点をどう作るかがやっぱり問題で、ですから教育的というか啓蒙的というか、ある結論をもっていてそれを何とか啓蒙しようというような気持で書いたものはほとんどなかったです。むしろ自分の中になんとか自分にも他人にも納得のいく拠点をつくろうということで、しかし、その拠点をつくろうということが、教育と結びついていたのかも知れません。

間違いを通して知る

いろいろと問題があると思いますが、ある意味で非常に合理的になり、言わば無駄が排除され過ぎているような気がします。学問も教育も高度成長でしょう。私は大学で勉強しているので、大学について言うと、先生は学問に追われている。学界について行くだけで忙しいでしょう。息がきれる。それについて行くだけじゃいけませんからね。何か創らなければならない。学界に新知見をということで、散歩しながら基礎的なことをじっくり、という余裕がありませんね。それが習い性になって、こんなことじゃいかんという意識すらなくなりがちです。学生の方も小学校以来、いまでは幼稚園からですか、教育に追いかけられ通しで大学にきた。学問そのものがきらいになっている。学問をやりたいという人も、なんとなくせっかちで、学界あるいはジャーナリズムで新しい学問として騒がれているようなものでないとやっていて落ちつかない。お互いに散歩しながら、散歩のなかで学問に遭遇をするというふんいきがありませんね。学問を試すものが学界だけになっているものですから、自然、現在の学界の延長線上でテーマをとらえ、学界の論理にだけけしたがって物を考えるようになっている。息せき切った一直線思考。

ところが、だいたい学問などというのはトライアル・アンド・エラーですから、長い歴史でみても、ひとつの正しい方向が一直線に出てくるわけじゃないですね。結論だけから言うと反対方向に向かって、それがまたこちらへ戻るというような形で、ジグザグにゆれながら進歩するものでしょう。たとえば地動説の歴史を見てもコペルニクスの後、観測結果を整理してそれを基に反地動説をとったチコがでて、そのチコの観測をふまえてケプラーが出る、というふうに、「地動説」というものを軸にするとジグザグなコースをとりながら学問は進歩してきた。そういうことが他にもある。歴史的にみてそうだというだけでなく、われわれが現時点で学問をしてゆく場合でも、一直線にだんだんと正しい結論にいく場合もあれば、まったく正反対のほうへいって、今度は逆転して戻ってくる、ということもあり、そのジグザグの全部が学問上意味をもっていると思うんです。中間の間違いは、結論のところだけで言うと間違い以外の何ものでもないけれども、しかし真理への一歩前進の一コマであるわけですね。その間違いを自分で一度おかさないと、ほんとうは前へ進めない。自分でおかすことが必要なんですよ。そうでないと学界とともに進んだつもりでも、基礎がない。間違いを自分の中で通過させることが、正しいことをどこまでふくらみをもって理解できるか、という点でとても大きな意味をもつと思うのですが、そういう余裕がありませんね。

小学生ぐらいの兄貴と妹の兄妹が議論しているのを見ていたことがあるんです。おもしろいなあと思ったんですけど、「種馬はメスである」という結論を出したんですね、妹の方が。子どもは女からしか生まれないということと、種馬がえらく高価だということを知ってるわけです。それで、その事実をもとにして、子どもを産むのはメスだから、オスでは高いお金を出す意味がない、だから種馬はメスだと妹が言い張る。兄貴のほうが、いや、そうは言うけれども、オスだって教育的効果があるとか、教育学者が安心するようなことを言って妹のあやまりを正そうとするんだけれども（笑）、あまり迫力がないんですよ、議論のすじみちに。聞いていて、おかしくて仕方がなかったんですけれども、さてどちらの結論の出し方が正しいんだろうか。「種馬はメスであるにちがいない」という結論の出し方も、面白いと思ったんですね。現在、妹が知っている事実からすればこうなる。その事実をもとにして種馬はメスにちがいないと推定する論理をしっかり持っておれば、種馬はオスだという否定できない事実を知れば、否定できない事実と外せない論理のギャップから、事実を正確かつ論理的にとらえることができるようになりますね。種馬はオスだという正しい話を論理なしに始めから鵜呑みにすると、それはできない。この話自体は、まったくばかげた話なんですけれども、そういうことはしょっちゅうあるわけですね。

　事実を捕捉する過程を簡単に短縮してしまうと、大事なところは全部吹っ飛んじゃう。学問による結論は知るけれども、自分で学問的に結論を出す方法を、間違いを通して知ることができない。じっとみていて、間違っていると思っても、しかしある意味の合理的な間違いなら、しばらく時をかして、自然に正しいところへいったほうが、はるかに有効だと思います。昔は少なくともいまほど忙しくないですから、そういう先生もけっこういたわけですね。ところがそういう余裕が、だんだんなくなってきた。(…)

やさしい問題を解く

　ほんとうはやさしい、解き得る問題を、もっと時間をかけてやらないといけないように思いますね。セッカチに、通り一ぺんで難しいことに次から次へ移ることではなくて。(…)

　あまり複雑すぎる問題は、学問的な手続きをとってもその効果が明確にためされない。比較的やさしい、解きうる問題で初めて学問的な手続きをとる意味がハッキリわかる。大体、学問というのは複雑すぎて手におえない問題を、比較的簡単で学問的に解きうる問題諸群におきかえながら、推論をすすめてゆくのですから。それで、やさしい問題と取り組むことで、解きえたという喜び、解きうるという感覚を経験することは教育の基本でもあれば、学問の基礎でもある。学問というのは、何も学者として学問に専心する場合だけを指していうのではない。学者であれ何であれ、すべて人が当面する具体的な問題を学問的に解いてゆく場合をも含めての学問を指していうんですけれども、とにかく、簡単なもので繰り返し得た学問的思考の基本を身につけて初めて、わかったこととわからないことについての的確で鋭い見分け、問題の複雑さの感覚、しかもその複雑でややこしい問題を何とか学問的に解いてみましょうというエネルギーや才覚・工夫がでてくる。昔、負けるのも修業だけれども一度勝った経験は十回負ける以上の修業になる、その機会をいかに、しかもごまかさないで与えるか、そこがけい、このコツだということを剣道の先生にきいて感銘をうけたことがあるんですが、学問修業でも同じですね。単純な問題で、勝つことを骨身に徹するほど覚えておかねばならない、と思うんです。他人に問題を与えるということは、ある意味では自分で問題を考えるより難しいんで、よほど考える訓練をつんだ人でないとできないことですね。

自然体は複雑な姿勢のなかで生きている、その意味で自然体が基礎だということの真実さを、ぼくはこの歳になってやっと理解しかけてきたようです。学問をする場合でも、教育をみる場合でも、初歩・中等・高等というふうな観念にいつしかおちいっていました。時代的に初歩であるものが、じつは論理的に基礎なのであって、その基礎の理解が初歩・中等・高等となるにしたがって次第に深まってくる、ということは言ってみれば当り前なのですけれども、その当り前のことに気づくのは、当面の仕事に追われているとなかなかむつかしいんですね。初歩を忘れて次に行くということで、なかなか本物になりません。

ところで、ぼくは自然科学を、——今ふつう言われている自然科学重視とは全く違う意味で——もっと重要視してほしいと思うのです。結果をすぐ、単純簡単明快にためし得るということになると、自然科学はいいですね。それもさきほどから言われているやさしい問題で学問的推論の基礎を身につける。社会科学の領域になりますと、主観性がかなり強い。どこまでが偏見かどこまでが許容しうるし許容しなければならぬ主観かの判定はなかなかむつかしい。主観の入りこみにくい、明白なことについて正確さの観念を養った上でないと、この判定はむつかしい。いやおうなしに受けいれる外ない結論に、いろいろ、主体的に頭を働かして至る、その正確さの感覚を自然科学の初歩で時間をかけて身につけてほしいと思うんです。

それからもうひとつは、たとえば文学だとか芸術といった、思い切って相対的なところで、いろいろな見方というものに感嘆する能力を身につけてほしい。その二つが社会科学を勉強してゆく上にも必要だとおもうんです。もちろん私は社会科学が教育のすべてだなどと思っているわけではありません。しかし、また、社会科学的思考を身につけることは、社会科学を専攻するしないにかかわらず、いやおよそ学問を専門としてやるかどうかにかかわりなく、何をするにも、どんな人にも必要でしょう。ふつうの日本人が話す日本語の文脈のなかに社会科学の言葉が自然に入りこむことのないかぎり、日本語は日本語としての豊かさを持たないと私は考えているのですが、その社会科学の基礎は、いま言った意味での基礎という点で言うと、直接社会に関する学問についてだけ養われるわけではない。むしろ、社会科学をそのものとして学ぶ以前のところで勝負がきまると私は言いたい。（…）

それ〔真理はレラティヴなものでしかないという感覚〕は何よりも大事なことで、子どものときにピチッとやっておくべき問題ですね。もう一度社会科学のところにひきもどして言うと、大学で扱う問題というのは、ある意味で学問的に濾過はされておりますけれども、現実と密着した問題でしょう。非常に複雑ですよね。単純なことを学問的にやりつけていないのに、複雑なものを学問的に処理するなどということは、できっこない。複雑なものを多少複雑なものに変形して学問的に解決するということに慣れていない。そもそも正確さの観念が薄いし、事物を学問的に正確に捕捉する学問的創意も出しつけてない。それで複雑さに閉口して、複雑な現実を捨てて、すでに先学によって学問的に系統づけられた、安心できるところでテーマを選び出すか、それとも主観に託して学問そのものを捨てちゃうか、そのどちらかになる。二つの立場が混在している場合も多いので、定義はまったく主観的、ひとりひとりがまちまちの「独創的」な定義づけをして、しかし問題提起と処理からいうとあまりオリジナリティがない論文も案外多い状態です。

教育の怖さ

「教育」、という雰囲気に私がどうもなじめない（…）。何か人をコチコチにならせるようなものがあるでしょう、「教育」には。（…）教育者というのは間違っちゃいかんという前提が強すぎるんじゃないでしょうか。確かに学問研究と違って、教育の場合はすぐ相手に結果が及ぶということがあって、間違っちゃいかんということが常にあると思うのですが、それにしても人間は絶対に間違えないなんてことは不可能で、間違いながらも上手に間違っていき、それを直したりするような場所、そうしてそれが一番楽しいというところが本当の教育の場というものでしょう。教育の場において、色々な事象を学問的に処理することで人間を味わっていく、あるいはお互いに学ぶ存在であるところの人間と人間との交流を味わっていく、そういうことがもっとのびやかな形で出るようにすることが、なんとかしてできないかと思うんですが、教育という名がつくとそれがなくなる。お互いに間違いをおかしながら学ぶということと切れたところで「教育」というものが考えられているんですね。真理であるところのもののみを言う、とお前は誓うか。ああ怖い。

過ちをおかしながら学ぶものがすなわち探究者であるわけでしょう。その探究者であることを捨てさせるようなあるものが教師という名にまといついている。変なものですね。それはもちろん、対学校当局とか対文部省とかの関係から出てくるものだと思いますが、同時に人間に関するきれいごとの倫理からも出て来ていると思います。いったい人間に関してきれいごとを説く性善説は、然るに何ぞやという形で案外お互いに意地悪になる面もあって、教育者に真理の体得者の仮面をかぶらせる。これが正しい教育理念の浸透を妨げていることがあることも認めなければいけないと思います。

いったい、こんな長い教育過程、一人前の人間になって世の中へいくまでの期間がこんなに長いのは、ほかの動物にはないことですよね。動物の場合、もっと早く独立しちゃうわけですから。それはやはり、人間が手でもって自然に対して働きかけ、そのあり方を変えてゆく、それから人間同士の社会的な関係それ自体をも変化させていくということとつながっていますね。この変化可能性ということと、人間の本能が、単なる本能ではなくて学ぶ本能という形をとっているということ、そして人間が長い教育を経なければならない、ある意味で教育的存在であるというのとは、ぼくは同じだと思います。

独立した教育期間をだんだん短くしていってもいいと言う人がいるけれども、私は短くならないんじゃないかと思うんですよ。どうでしょうかね。

能力主義とは何か

能力主義というものの歴史的意味と変質の問題、(…)これはひとつには、能力主義がどういうふうにしてできたかという、形成過程の問題とも関連があると思います。

つまり能力主義というのは、(…)歴史的には財産の支配から能力の支配へというスローガンで出てきたわけですね。ところで能力主義という標語が、財産の支配というものを徹底的につぶす形で出てきた場合と、財産の支配がそのまま居残って能力主義が採用されてきた場合とは、非常に意味が違う。

たとえばブルジョア社会というのは、土地だけもっていて、なんにもしないで果実だけを収取するのはけしからんという形で、土地所有支配に対抗してできた。人間が基本であって、財産にしても、国家にしても、人間が生きてゆくための必要な手段でしかないという考え方が、財産ではなくて人間の能力をこそ評価するという考え方と結びついていたわけですね。ブルジョア社会ができる時について言えば、人間を封建制に対置・結合する原理として。もちろんブルジョア社会は、やはり財産の人間に対する支配の社会ですから、そういうスローガンは建前として形骸化する。しかし、他面、人間の社会だということが、建前として残ることによって、建前に拘束されてしんどい所が残る。

古典的なブルジョア経済学の場合もそうですけれども、まず人間の権利から出発していますよね。人間が社会的に生きていくにはどうしたらいいか、これが大前提であって、そのためにということから、いわば苦労して財産権を導入しているわけですね。財産権自体が、論証不要の自明事ではなく、何とかその必要であることが論証されなければならない、少なくとも疑いの対象になっているわけです。対象になりながら、これとこれは、こういう意味で必要だとか、いわば問い詰められる形で答えを導いている面がありますね。ところが、日本の場合、そういう問いつめが行なわれなかったですね。なぜ財産があるいは国家が必要だとかいった問いつめが。逆に言えば人間が手段でなくて自己目的であるという発想がピチッと定まらないまま、その上に能力主義がはいってきている。だから能力主義は、もともと切捨て的発想があるんだけれども、日本で言われる場合はもっとひどい。人間的自由ではなくて財産の自由だけがあまりにも自明のものとされているところでは、能力主義と言ったって能力主義の眼でみてもチャチなものしかできない。トップには能力主義からの要請は適用されないでしょう。能力主義の原則から言うとトップほどある意味でしんどいことになるわけでしょう。トップとしての能力はあるかということで。能力主義というようなことを言っているトップに、トップらしいトップはあるんですかね。トップは能力主義以外の何かで支えられている。能力主義の導入によって下のものをみみっちく競争させることででたらめなトップの地位はいよいよ安泰だなどという能力主義はあるんですかね。（…）

能力主義というスローガンはいろいろなところからかもし出されるので、それもおさえておかねばならない。たとえばサン・シモンなんか能力主義ですよね。財産の支配に対する能力の支配。サン・シモンの影響を受けたリストとかベルリオーズについて言うと、人間の無限性に対するチャレンジですね。ピアノから無限を引き出すし、人間から無限の可能性を引き出すというのがリストの音楽になるわけでしょう。それを財産あるいはノレンの支配に対置する。リストというのはたいへん親切だということで有名になっているでしょう。ショパンを発掘したりしているわけですね。つまりそれは、ノレンのかげにかくれて埋もれている能力というものをどういうふうに押し出すかということが、彼の使命感になっているわけです。自分で自分の能力をひきだし、同時に埋もれた能力を発掘する。その発掘の中に国民音楽もある。ドイツ音楽だけじゃなくて、たとえばポーランドとか、そういうところにある音楽性というものをどういうふうに見つけていくか、これにひとつの使命感があるわけです。そういう能力主義もあるわけですね。

いまある能力主義、それとはまったく無関係の切捨て能力主義ですが、しかし能力主義というものの一般的評価に、あるいは能力主義というものへの志向をもっている人への一般的評価に、その批判を機械的に入れることは少し問題もある。そしていま能力主義の原則を口にしている人は、そういう人の志向をある程度上手に吸収しながら、軌道転換をさせて、知らぬ間に活発な能力発掘の努力を見失わせるようにしているというのが現状じゃないでしょうか。ですからその能力主義志向の人をどっちに吸収するかという問題は、私は非常にむずかしいが考えねばならない問題だと思います。(…)

充実した瞬間の感覚

人間こそが基本であって、人間がお互いに生きてゆくために財産制度をはじめ社会の諸制度、教育も含めていろいろな制度があるという基本があるかないかです。その基本がないところから一方で過剰教育が、人間のすべてをくいつくすていの過剰教育があり、他方教育の不在がでてくる。(…)

豊かさがそうでしょう。経済的にはクライメイトあるいはポリティカル・クライメイトという言葉があります。資源や交通条件、その他自然的な好条件があれば資本は入りやすいでしょう。それに才能ゆたかな人間がいて、しかもおとなしいとなれば、つまりポリティカル・クライメイトがよければいっそう資本は入りやすい。豊かになるというわけですが、その豊かさは人間的豊かさとは逆でしょう。人間的に豊かという要求が強ければ強いだけコストは高くなる。産業の要求する高度な才能があって、しかも人間的な豊かさを要求しないということが産業からいうと理想ですね。多様化コースというんですか、そういう理想的な社会ができると、その条件の上では、ひとりひとりの人間は、職につき「豊かな」生活を保障されるためにも人間的な豊かさをすてなければならない。教育が人間をくいつぶすことを知っていても、やはりそういう教育にむけて殺到するということになるでしょう。人間的な豊かさが、自明のこととして認められていなければいないだけ、そうなる。人間的な豊かさを確立することが何より大事ですね。教育は個人――手段としての人間ではなく絶対的な存在としての人間――に関することとして行なわれなければならない。

教育、われわれが人からあるものを引き出したり、引き出されたりしたことの喜びというのは、そこで得たことが将来どういう意味をもつか、あるいはそれがほかの人にどういう影響を及ぼすかということと切り離すことはできないんでしょうけれども、それが自分という存在をどう充実させてくれるのかという、それがいちばん大きいと思うのです。それは充実した瞬間としてあらわれますね。自分が他者との関係のなかで開かれてゆくことを自覚する絶対的な一時間の授業。そういう瞬間の感覚というのにあまり意味を置かないような教育というのは、私は間違っているんじゃないかと思います。それはどうしても手段としての人間の教育なんで、その上で、たとえば合理主義的なカリキュラムの編成が行なわれれば行なわれるだけ、いっそう変なものになるだろうと思うんです。

その〔充実した瞬間という〕感覚というのを、逆にぼくらがどこまでもてるかということが問題ですね。非常にむずかしいことです。だいいち、少しきれいごとのところで言えば、教わることは喜びだと言うんですけれども、しかしまあ、一生懸命になってつくってきたのを見すてて、新しく覚えることは喜びだとはいうものの、しんどいことですね。たいへんな修行がいると思いますね、教わるということの苦しい喜びという感覚をもち続けるということは。間違いは捨てるのが当然なんだけれども、その当然なことがいかにしんどいかということは、少しでも仕事をしていればお互いにわかっていることで、そういう苦しさの共感をお互いもちながら、しかし馴れ合いにならずに、苦しさに耐えてお互いに伸びてゆくのびやかできびしい場所をつくるということが重要だと思いますね。

これはどうしてもきれいごとになりやすいと思うんです。きれいごとじゃ、ぜんぜん駄目だと思いますね。どう教育するかという前に、その問題をわれわれとしてはどういうふうにお互い自分で乗り越えていくかということが、やはりいちばん重要だと、このようにぼくは思いますけれどね。(…)

フェラインの重要性

国民的学問の創造という場合、つねづね思い出すことですが、ドイツでナポレオン戦争のあとメッテルニヒ体制の下でこういうようなことがあったんです。ナポレオンの侵略に対して国民的抵抗が始まる。無権利状態にあった中産階級の発言権も認めないと侵略軍に勝てないということがでてきた、それが、メッテルニヒ体制で後退させられた、という状況に対してドイツの知識人の間に三つの国民的フェラインができ上がった。

その一つが自然科学者のフェライン。一つはクラシシストのフェライン。いま一つはドイツ学者のフェライン。どれもドイツという名がついている。ドイツという言葉もフェラインという言葉も、それぞれタブーに近い言葉です。その三つのフェラインの議事録を整理した本があって、それを種本にして話しているわけですが、まず自然科学者のフェラインができた。メッテルニヒ体制で自然科学者の発言権がおさえられ、自然科学的合理主義が骨抜きにされるのをなんとかせにゃというんですね。サン・シモンを生んだエコール・ポリテクニク系統の学者の発想です。ドイツでは専門研究の面では学問的レベルが高い。高いけれども全体が統一されて実際に生かされる形になっているかというとそうではない。あまりに専門学問になっていて、学者同士でも話が通じない。ドイツの自然科学が真に有効になるためには、それぞれの分野の学者の間での会話が必要だ。また、それぞれの地域で起こる別個な問題をとりあげながら、それを全体の問題にしなければならん。というわけで、学界は必ず毎回別の地域で開き、その地域の人をインヴァイトする。

また、素人学問になってもいかんというので、それぞれ専門家をインヴァイトする。専門家をインヴァイトしながら、しかし、専門家だけしか話が通じないというようなことを防ぐために、報告はレポートをよみ上げるというようなことをやらず、皆に話をするという形のレポートをレポーターがして、皆で討論する。こういう趣旨でドイツの自然科学者のフェラインができた。

もう一つは、クラシシスト。ラテンとかギリシャ、古典古代の語学や文化や歴史の学者ですね。その古典学者のフェラインがこれに意識的にならってできます。というのは、ドイツの教育界がだんだん実業教育に力をいれるようになってくると、古典学などは意味がないといった形で、古典学が、あるいはいままで高い地位をもっていた古典学者の地位があぶなくなってくる。それに対するにはやはりドイツ全体が集まらねばというわけで、これには、とくに高等学校の校長さんが力をいれている。

もう一つは後にゲルマニステンの名で有名になりますが、ドイツ各地の民俗だとか歴史とか言葉とかの研究者のフェライン。これは、学界的地位がないわけですね。自国の学問が学問的世界で市民権を得ていない。集まってドイツの学問文化を確立しなければならんというので、これは童話で有名なグリム兄弟が中心です。

この三つは、それぞれ分野がちがうだけではなく、そもそも問題の発生基盤が、特殊性の論理を固定すると、それぞれ全く別個だ。利害が逆ですらあるわけですね。が、神聖同盟の下で圧殺されているドイツの学問文化を創造してゆくためには、どうしても連帯が必要ということで、三つのフェラインはそれぞれ独自に動きながら連携を保とうとする。個別ではだめで全体としてどうなのかをそれぞれが見通しをつけねばという趣旨から、さきほどの報告形式もできた。専門家と素人を集めてだれにもそのことを論ずる意味がわかるような内容をそういう形式で報告する、それはいいときめたところが報告者が出なくて困ったというようなことも書いてあります。素人といってもゲーテのような人もいるので、報告者は困ったろうと思います。

読んでいて面白かったことは他にもあるので、パーティーで同じ人の隣に重ねてすわってはいけない、なんてルールを作ったらしくて、そのルールが大変いいという反響があったとも書いてある。つまり、いままである先生の隣に坐るということは、それだけで意味をもつ（あるいは意味をもつように受けとられる）面があった。それがルール化されると、その意味づけが破れるし、否応なしに多くの人と知りあいになる、というようなことです。

いまいったフェラインの人々が主流になってのちに例のフランクフルトの国民議会ができる。その間フェラインが現実的になればなるほど右寄りになる。ナショナリズムはやがて国家主義の方にかたむくので、マルクスはそういう総合化を前提にして、それに対置しながら自分の学問を進めていったわけですね。

そういうことなんですが、ぼくは、これをよみながらドイツでもやはりこういうことがあったんだなということと、すでに一世紀半も前にこういうことがあったんだなという複雑な気持をもちました。いま、別の段階で、しかし同じようなことをも含みながら、新しくこうした問題が出てきており、その問題を解決する新しい方向の芽もでているとおもうんですが（…）。

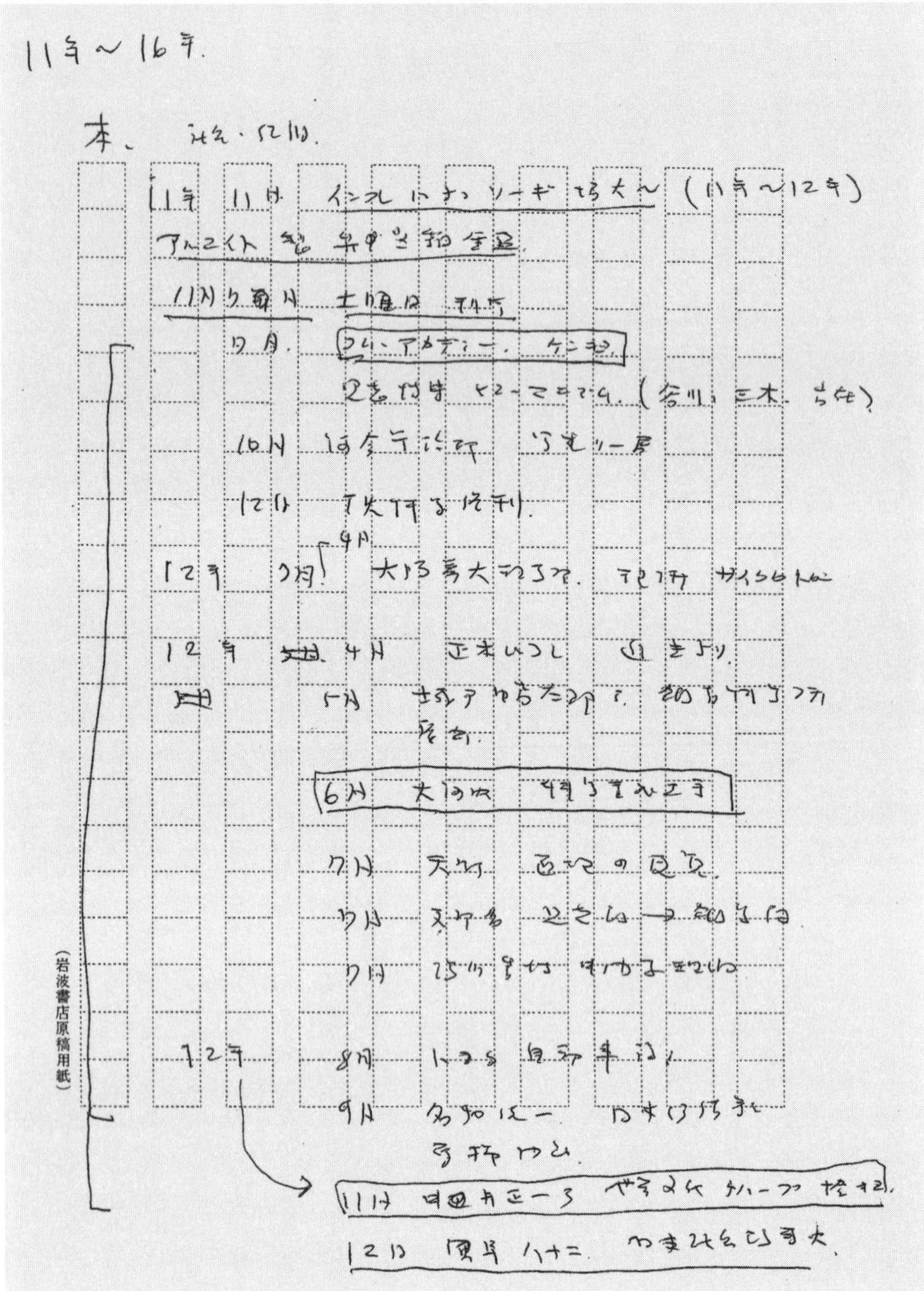
11年～16年
本、
(11年～12年)
(岩波書店原稿用紙)

昭和14年 3月 羽仁〔五郎〕 ミケルアンヂェロ
7月 東芝設立
→ 昭和11年 水力タービン
→ 鴨緑江 水豊発電所〔昭和12年建設開始、同19年竣工〕
10月 アインシュタイン・インフェルト〔ポーランドの物理学者〕
物理学はいかに創られたか
11月 ホグベン〔イギリスの動物学者・遺伝学者〕 百万人の数学〔原著1936年〕

昭和15年 2月 厚生大臣 吉田茂 労働組合の自発的解消を要望
4月 閣議、科学動員計画要綱を決定
5月 内閣に新聞雑誌用紙統制委員会設置決定
7月 出版物の弾圧を強化 古本屋在庫の検索に及ぶ
7月 大河内〔一男〕 社会政策の基本問題
7月 文部大臣 橋田邦彦 国体の本義発揚と科学技術振興の両立を説く
9月 講談落語 艶笑物 博徒物 毒婦物 白浪物 の 口演禁止
10月 東京のダンスホール 禁止 (各ホール 超満員)

昭和16年 1月 オパーリン〔山田坂仁訳〕 生命の起源
2月 ダンネマン〔安田徳太郎ら訳〕 大自然科学史 〔全11巻 ～'60.9.20〕
3月 三枝〔博音〕 三浦梅園ノ哲学
4月 高野岩三郎 監修 統計学古典選集〔全13巻 ～'49.8.15〕
4月 国民学校 新教科書
8月 三木清 人生論ノート
10月 繰上卒業 始まる
11月 下村寅太郎 科学史ノ哲学

昭和11年〜16年

本、　社会・経済

昭和11年11月　インフレによる争議増大〜（11年〜12年）
アルマイト製弁当箱全盛
11年7月　土曜日刊行
〔中井正一らを中心に関西地区で発行された隔週紙で昭和12年に廃刊に追い込まれる〕
7月　コム・アカデミー、　検挙
〔10月〕　思想特集　ヒューマニズム（谷川〔徹三〕、三木〔清〕、古在〔由重〕）
12月　河合栄治郎〔編〕　学生叢書
12月　歴史科学　終刊

昭和12年3月−4月　大阪帝大理学部　理研　サイクロトロン
12年4月　正木ひろし　近きより〔この題名の個人雑誌を創刊〕
5月　城戸幡太郎ら　教育科学研究会
6月　大河内〔正敏〕　科学主義工業　を創刊
7月　天野〔貞祐〕　道理の感覚
7月　文部省　思想局　→　教学局
7月　湯川秀樹　中間子理論
12年8月　トヨタ自動車設立
9月　名和統一　日本紡績業と原棉問題
11月　中井正一ら　世界文化グループ　検挙
12月　風早八十二　日本社会政策史

昭和13年1月　矢内原〔忠雄〕　嘉信創刊　19年〔廃刊命令を受ける〕
2月　大内〔兵衛〕、有沢〔広巳〕〜　教授グループ（人民戦線第二次検挙）
2月　唯物論研究会　解散声明
〜学芸（〜11月まで）刊行
11月検挙
3月　大塚久雄　株式会社発生史論
6月　久保 栄　火山灰地　第一部——新潮　昭和14年
7月　第二部
代用品時代
9月　東亜研究所開所　（近衛文麿）
11月　岩波新書　刊行開始
11月　唯研　学生自治運動グループ　検挙開始

昭和14年1月　昭和研究会（三木清）新日本の思想原理
3月　尾崎秀実　東亜共同体の理念とその思想学説（中公）
この頃　東亜協同体論議
14年1月　平賀粛学

II 昭和11年〔1936〕4月〜16年

世界・東亜

5月 イタリア アジスアベバ 占領（エチオピア併合宣言）
6月 フランス ブルム、第一次人民戦線内閣（共産党閣外協力）
7月 スペイン 内乱始まる
11月 日独防共協定
8月 中共 逼蒋抗日
12月 西安事変
昭和12年 7月 盧溝橋 日中戦争 発端
12年 2月 ブルム内閣 人民戦線綱領休止声明
12年 4月 ゲルニカ → 12月 フランコ カタロニア占領
8月 第八路軍 編成
9月 国際連盟 日華戦争の日本の行動非難
12月 南京占領（南京虐殺事件）
11月 ヒトラー 生活圏獲得戦争計画（秘密会議）
11月 英外相 ヒトラーに英独協調を打診
昭和13年 1月 支那事変基本方針 国民政府を相手にせず
4月 国家総動員法 発令
13年10. 武漢三鎮 占領
12月 陸軍 進攻作戦停止 戦時持久への移動方針

昭和13年 6月 五相会議、（本年中に戦争目的を達成）決定
12月〔10月〕 武漢三鎮 占領
12月 陸軍中央部、進攻中止 戦時持久へ切りかえ 決定
10月 英・仏・独・伊 ミュンヘン会議
ミュンヘン協定（ズデーデン 独へ併合承認）
10月 ダラディエ内閣 人民戦線離脱宣言
12月 フランコ軍 カタロニアへ進撃開始
昭和14年 5月 ノモンハン事件
9月 大本営 進撃中止ヲ関東軍ニ命令
9月 モスクワ で 独ソ、 ポーランド分割協定
昭和15年 5月 ヒトラー 西部戦線進撃、
北仏 オランダ ベルギー ルクセンブルグ 奇襲
6月 イタリア 英仏に宣戦布告
◎ 9月 日独伊 三国同盟調印
◎12月 ルーズベルト 米国が民主主義国ノ兵器廠となる 炉辺談話

昭和16年 4月 日ソ中立同盟
6月 南部仏印進駐
7月 御前会議 対ソ戦準備 南方進出ノタメ 対英米戦ヲ辞セズ
16年5月 ベトミン（ホーチミン） ヴェトナム独立同盟
16年3月 改正治安維持法（保護拘束）
16年4月 企画院事件
16年4月 日ソ中立条約
16年7月 御前会議 日ソ戦準備、南方政策ノタメ、対英米戦ヲ辞セズ
16年10月 近衛〔首相〕、 収拾会談、企画院〔総裁〕、陸海軍相、外相会議、
陸軍 中国よりの徴兵に反対
16年10月 ゾルゲ事件
10月 東條英機内閣
16年12月 ハワイ攻撃

I②

日本　昭和9年—11年

昭和 9年10月　陸軍省　国防の本義とその強化（陸軍パンフレット）

昭和 9　東北　冷害　身売り　工場増築

○ 軍需産業で　熟練工　逼迫する

昭和 9年 6月　文部省　学生部→思想局

○昭和 10年 2月　天皇機関説問題

→国体明徴　9月発禁

9年 3月　理研—重工業設立

10年 2月　三菱重工業　ディーゼルエンジン　→ふそうバス

4月　宮田製作所　軽オートバイ量産

11年 9月　住友金属設立

10月　トロール船　太平洋全域出動

硫安　大豆粕を圧倒

11年 2月　2・26〔事件〕

11年 3月　高橋蔵相から馬場財政　公債漸減計画廃止

11年 5月　陸海軍　大臣・次官　現役

I　③

本　ソノ他

昭和9年～11年3月

1月　杉山平助　転向の流行について

5月　佐野 学　所謂転向について（中央公論）

2月　梯 明秀　物質の哲学的概念

2月　三枝博音　日本に於ける哲学的観念論の発達史

社会起源論

2月　山田盛太郎　日本資本主義分析

4月　平野〔義太郎〕　日本資本主義社会の機構

竹内好　中国文学会結成　10年　中国文学創刊

9月　経済評論　刊行　→昭和 12年まで

12月　河合栄治郎　日本ファシズム批判

昭和 10年 4月　美濃部〔達吉〕　天皇機関説　発禁

○　11年 2月　世界文化〔新村猛・中井正一・武谷三男・久野収らによる創刊〕

昭和 11年〔10年〕4月　石原純編　岩波理化学辞典

昭和 11年 5月　唯物論全書　甘粕石介　芸術論

10月　戸坂 潤　科学論

11月　相川春喜　技術論

I ①

昭和9年（1934）4月—昭和11年〔1936〕3月（東大入学→病気のため帰阪）

世界　東亜

昭和9年 3月　満州国　帝政実施　皇帝溥儀
4月　列国の対中国共同援助に反対〔外務省情報部長天羽英二の声明〕
〃　中国国民政府汪兆銘　満州問題を保留しての日中友好表明
〃　中国外交当局　天羽声明に関し、他国の内政干渉を許さずとの態度表明

4月　中共　反日統一戦線・抗日救国の六大綱領
10月　中共　大長征（西遷開始）
2月　フランス　右派左派対立、　共産党指導のゼネスト
〔6月〕ヒトラー　シュトラッサー〔ナチス左派の代表的人物〕　粛清
8月〔7月〕　ウィーンにナチス一揆
8月　ヒンデンブルグ〔大統領〕死　ヒトラー　首相と大統領兼務

昭和10年5月　日中公使→大使
10年6月　仏共産党　社会党　急進社会党　合同集会（人民戦線）
7月　モスクワ　7回コミンテルン　人民戦線テーゼ
8月　中共　抗日救国統一戦線提唱
9月〔10月〕　広田〔外相〕　中国大使と交渉　日華提携の三大条件（排日の中止、満州国承認、赤化防止）提議　ほぼ承諾
10年10月　エチオピア問題起る　→11年10月アヂスアベバ占領　エチオピア併合

昭和11年 7月　スペイン内乱起る　→～14年

内田義彦　覚書世界史年表（1934.4〜1941.1）

凡　例

1　この年表は岩波書店原稿用紙（200字詰）10枚にわたって内田義彦が手書きしたもの。作成時期は不明であるが、岩波書店『近代日本総合年表』（初版1968年、第2版1984年……）が参照されていると推定されることから、広くとって1968年以降のものと思われる。

2　年表の対象期間は1934（昭和9）年から1941（昭和16）年までの8年間ほどである。時局的にはいわゆる満州事変（1931年）以後の対中侵略開始期から太平洋戦争開戦期までの、日本の軍国主義化・戦時経済化の時期にあたり、内田にとっては東京帝大入学から東亜研究所勤務という、自身の学問的テーマを模索しはじめた時期に相当する。

3　年表中、( )、＿＿、﹏﹏、▭、○、◎、→などの符号は原稿のままである。〔　〕は編者による修正・補足を、□は判読不能文字を示す。

4　同一項目中の文であるかぎり、原稿での改行は無視して同一行に収めるようにした。

5　カタカナで表記されている熟語は、わかりやすさのため漢字に置き換えた。また本年表とは無関係と思われるメモは活字に起こさなかった。

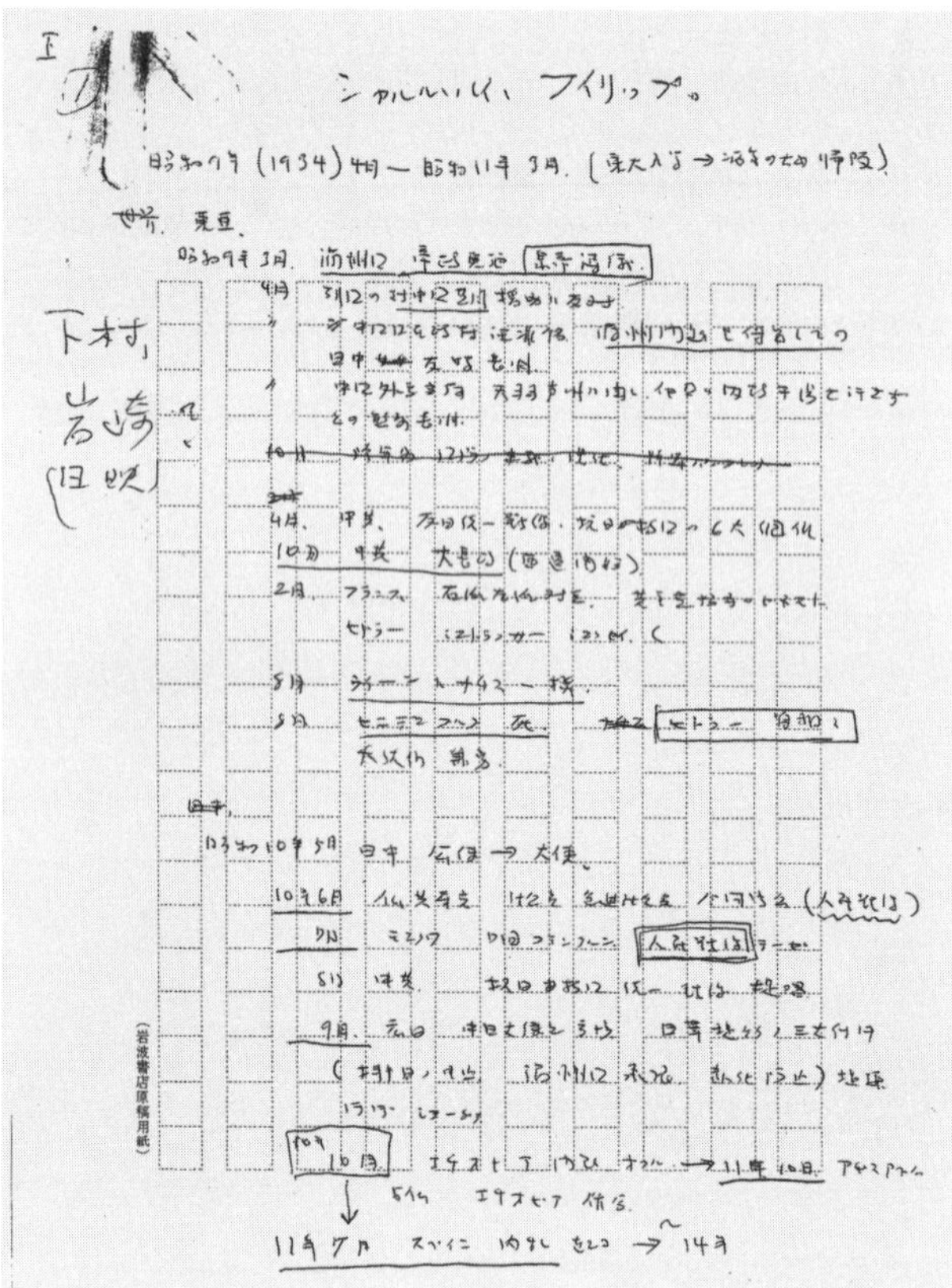

〈エピローグ〉

内田義彦の書斎

〔遺されたものに想う〕

内田純一

谷川俊太郎との対談

父親の書斎

目黒鷹番の実家は、小さな改装を繰り返してきた。しかし、その佇まいは、今も変わらずに残っている。近隣がモダンな家並に変わり、逆にオンボロの一軒家として目立つようになった。しっかりと整頓し、小さな新築を建てるべきだという意見も少なくない。岩波書店の『内田義彦著作集』編集委員のお陰で、資料類はきちんと整理され、価値あるものは『著作集補巻』にまとめられた。また蔵書の多くは専修大学に引き取っていただき、「内田義彦文庫」として図書館に収蔵されている。しかし何か、モタモタとしたままで、没後四半世紀が経過し、書斎に残されたものを片付けることなく、今に到っている。

> 眼にうつらなかった事実が確かな手ごたえを持った事実として見えてくる、そういう想像力（…）。資料のなかに事実を読みとってゆくには、想像力の助けを絶対に必要とします。
>
> 『学問と芸術』より

父親が残した資料や写真などは、お恥ずかしいことに、長いこと手つかずのまま書斎におかれていたが、「学問と芸術」の言葉を朧ながら実感しはじめたのは、『形の発見』の出版がきっかけだったと思う。その頃からか「夜探し」（普通なら「家探し」であるが、住む家を探す意もあるため、仕事が終わり夜になってから探すという意味で私は「夜探し」と呼んでいる）と称し、書斎に残されたものを読むとはなしに、夜おそくまで探すようになった。夜探しの眼を持つことで、著作集に未収録のものを思わず発見する、こころの構えが生まれたようにも思う。「資料自身が語る、資料は自ら語りたがっている」という内田義彦の言葉は、気ままな夜探しにはあてはまらないが、生誕百年を記念するということで『形の発見』改訂新版（藤原書店）を刊行いただいたときには、「資料のなかに事実を読みとってゆくための、想像力の助け」という言葉が、何かよりリアルなものとして響きを立てはじめたことは事実である。その「手ごたえ」を出版に反映し、さらに素晴らしい装丁に仕上げていただいたのは、もちろん藤原書店の藤原良雄さん、そして山田鋭夫先生の確かな眼に叶ったからである。編集部の山﨑優子さんのこころある本制作への姿勢も、夜探し者に未来の発見への持続力を与えてくれた。

内田義彦のソファ

岩波書店から刊行された『作品としての社会科学』の頃はどうだっただろう。思い起こしてみるに、父親は大きな手術後の摂食困難や栄養不足が続き、体重も四十五キロと激減し、一回の食事に二時間以上を要するような生活を続けていたが、アメリカに居住していたからだとも想像するのだが、大患のことは伝えてもらえなかった。術後四年ほど経ち帰国してから、詳しいことを知った。

暫くは実家に身を寄せていたので、療養中の父親とそして家族と生活を共にした。からだの弱い父を見て、トイレを洋式の水洗型に変え、書斎と居間の中間に移し、またキッチンや居間の改装も行った。そして近所の家具屋で、書斎と居間用に新しくベージュ色のソファを買い揃えた。居心地の良さでも大きく改善され、居間においたソファベッドはお気に入りとなった。療養中にも客の出入りが多かった書斎のソファも大いに活躍した。

患者が一人ひとり、一人の人間として環境のなかで社会的に物質代謝を行なっている。孤独で、しかし社会的に、そういう場所、つまり「治る場所をつくる」ということがとても大きいんじゃないか……。

『形の発見』改訂新版「臨床の視座」より

老年期を生きる

治療の場として、ソファに身を沈め、一口食べては噛み砕き、野菜や肉類の筋が喉に残ると、肺に入り込まないように激しく咳き込む、痙攣のような症状があり、朝昼晩と孤軍奮闘しながら、時間かけて食事をする。そのような食養の場としても、「居間」という家庭生活の場所を、父親は、おそらく一人の人間として社会生活を織り成しつつ、「治る場所」として考え意識していたのではないだろうか。母親がつくる野菜たっぷり煮込みスープは、四十五キロまでに痩せた父親の欠かせぬ精進料理となった。父親自身キッチンに立ち、シチューなどの鍋料理も作った。体調はすこしずつ回復にむかい、いろいろと地方での講演会も催され、そんな折には、母と一緒に旅を楽しむようになった。

内田義彦の老年学とも呼ぶべき心情の告白は、学問の大切なテーマというより、人間として生きること、そして学問することの大切さを訴える。

私自身老年になって、重い手術をうけて、しかも知人、友人を相次いで失ってつくづく老年ということを考えるのですが、老人問題は福祉の問題としてまず経済の面で考えられ、あるいは老年における仕事の意味という生き甲斐の面で考えられるようになりましたね。しかし、そのことは、さらに一歩おいつめて考えると老年層における学習の意味というところに行きつくのではないか。(…) 老人が自分の問題として学問の問題を考えるようにならないと、老人は人間としての老人にならないし、またそういうことに耐える学問でないと、学問は本当の学問にならない。(…) 老人に耐える学問ということが学問の本質としてあって、それを欠くと若い世代の学問にもゆがみを生じ、学問の目標を見失うということがあるのではないか。

『形の発見』「大学とは何か」より

『作品としての社会科学』執筆当時の社会的なムードから推測すると、特に団塊の世代にとって、自分が年をとることは認めがたい、そして「いつまでも若くありたい」、そういう欲求に取り憑かれてきたまま、現在にまで到っているように感じられる。しかし、あらためて書斎のなかで「夜探し的な眼」で探索中に発見した——というのはおかしいけれど、自分自身、自分の「老年学」を持つ必要を感じる世代になったことに気づいた。「老人に耐える学問ということが学問の本質としてあって、それを欠くと若い世代の学問にもゆがみを生じる」という言葉は、そのまま自然や建築、環境のことを思わずに年を経た、戦後世代の生き方を明かしているように思う。

思い出すのは今より三十三年前のこと。帰国間際でしかもヒッピー的なカウンターカルチャーの(環境への強い関心・愛とか自由とは何かを)考える方向と建築の融合など、生意気にも語っていたような、若者として何を考えているのかわからないような風貌の息子に接し、父親は「なんじゃこれ!」と思ったことだろう。そんな意味をこめて、「若者らしい気分と意見で終始刺戟を与えてくれた」とわざわざ『作品としての社会科学』の「あとがき」で語っている。黒一色に仕上がった装幀は、黒色として顕われるような、闇中にある社会のなかにあって「社会科学」を開いていく、そういった父親との会話から生まれた。もちろんそのお陰では断じてないのは明らかだが、朝日新聞主催の「大佛次郎賞」受賞作品となった。

いきなり私事に亙って恐縮だが、一九七四年暮、私は生死にかかわる大手術をうけ、爾後約六年の間、療養を中心の生活を送ることになった。（…）執筆の時は格別意識しなかったが恐らくは学者として私のしてきた仕事の意味をふりかえり将来への模索を重ねていたのであろう——、さまざまな領域に分散している私の仕事の本来の意図と方法が、舌たらずながらそれだけにかえってくっきりと——私自身が自覚していたよりも鮮明に——浮かび出ていた。（…）

療養中思いがけず多くの方々から、いろいろと親身にまた適切に、お力添えを賜わった。（…）あらためて深く感謝の意を表したい。（…）

家族の者には、加療はもちろんのこととして、病中に本書を仕上げるに当って、特別細心の配慮を得た。

『作品としての社会科学』「あとがき」より

家族へのこの言葉は、連れ添ってきた妻・内田宣子への感謝を表わしたものだと思う。母は療養中であっても、特別に大変だという様子を見せなかった。家族もあまり気にとめないようにしていたこともあり、その意味で、私事に亙ってとの表現になったのだろう。だが母親にとって、そして家族にとっての一番の大変は、折角、綺麗になった家族の居る居間を一人で占有される。それはちょっと困った現象だとは思っていた。後に母親のために、小さな洒落た部屋を増築した。しかし、父は集中すると、家族や誰かが居間にいても気にしないのである。どこでも「自分の部屋をつくる」という意味では、不思議と車のなかでも、煩いロック音楽が鳴っていても、そして鼎談や対談のなかにおいても、集中した自分の時、瞬間をもつことができていたように思う。

瞬間といわれるものの持つこうした絶対的な自立性・自足性の観点を失うと、チェーホフの描くいわゆる日常的世界の大きさは、ほとんど見失われてしまうのではないかと私は思う。絶対的な時間の存在の経験をもたずして、それぞれに絶対的な存在としての人間を捉えることは不可能だからである。

『形の発見』「チェーホフの魅力」より

悪い子の父親

本書所収の座談会でも語らせていただいたが、父親は自分の世界と子供を分け隔てることを嫌い、幼い頃から演劇やその舞台稽古にも一緒した。幼少の朧な記憶だけれども、新劇の舞台で、確かチェーホフだったか、何か別の演目だったかは思い出せないが、自分が悪い子供だったことを思い起こさせるような事件を引き起こした。舞台の俳優さんがぴたっと動かず、ストップモーションで暗転、舞台が終わるというような演出でのこと。そのシーンで舞台の前の方にちょこちょこ出て行ったらしく「何で動かないの？」と声をかけ、演じる俳優さんの心をくすぐった。子供の自然な問いかけに耐え、身動きひとつせずじっと止まっている。やがて俳優も観客も耐えきれなくなり、劇場全体が大笑い。舞台は台無しになりあの餓鬼は誰か？　内田義彦の子供か、ということで大騒ぎになったかどうかは分からないが、だが余程深刻なことだったようで、以来、私は新劇の関係者からは、口を聞いてもらえないような気まずいことになってしまった。

スタニスラフスキーの演劇理論でもある「ドラマトゥルギー」が、まさに一つの劇的瞬間を迎え、凝縮された一瞬となって、時間が止まるのである。どこにでもあるような話がどこにでもまた起こり得ることを暗示しつつ、幕が閉じる。そのような大事な劇的クライマックス＝カタルシスの一瞬を台無しにしてしまったのだ。

父親にとって余程、忘れがたい出来事だったようで、晩年になっても「純は悪い子だったんだよ」と家族に話していたらしい。弁解ではないが、舞台のなかの登場人物でもあり同時に一人の人間でもある俳優さんは、幼い子供にとって区別がつかない。つまり観客と舞台の生き生きとした交流？によって、舞台が打ち砕かれたことは、父親にとって散々な「あれにはまいったよ」というほどのことではあるが、演劇を考える上でも、逆に驚くほど意表を突かれた新鮮な経験であったのかもしれない。

内田義彦は木下順二の名作『夕鶴』について、山本安英と宇野重吉演じる舞台について語っている。与ひょう（宇野重吉）がおつう（山本安英）を裏切った形で、おつうが織った反物を、まさにお金にするため売り払おうとする瞬間、観客席が「やめてえ！」という悲鳴にも似た、本当に「心からの声」をあげるのである。舞台と観客を超える、まるで「天からの声」としてその叫びが会場に響きわたり、その声が「夕鶴」のドラマトゥルギーの大きな起点となっていると言うのである。

木下君の歴史劇といわれているものも、歴史により添っているという意味の歴史ではなくて、むしろ歴史をもう一度再構成するという性格のものであって、その再構成の場合に永遠なるものとしての民話的世界が位置をしめている。歴史から自分を——自分と観客を——一度完全に剝脱するんだな。永遠なるものにいたることによって。ぼくは木下歴史劇のあるものについて、〝素材主義〟といったことがあるんだけれども、木下君の作品のなかには史料をそのまま並べるような作品がずいぶんある。しかし、その史料の配置は歴史の流れのなかに自分を置くためにではなくて、歴史の流れから自分を一度引き離す操作の場所設定のためなんだ、むしろ。だから史料主義と歴史主義は似てるようだがむしろ、真っ向から対立する。その意味では木下歴史劇はそのまま「つう」の世界であって、ただ「つう」の世界をある特定の歴史的社会的拡がりのなかで描こうとしている。いつでもどこでもという「つう」的なるものの永遠的性格は、特定の歴史的状況ということが前面に出るだけ、かえって強烈なんだ。重点は歴史のほうにおかれたり、個々の人間の状況のなかにおかれたりしているけれど、そういう永遠なるものという形での瞬間というかな、瞬間の概念からいうと矛盾するけれど、〝ふくらみをもった瞬間〟があってね……。そう、瞬時にしてしかもふくらみ——固有の空間——を持っている。伝統と現代といったものが結びつけられる場合にも、これが鍵になっている。

『形の発見』「夕鶴の世界」より

ドラマトゥルギーというのは、共通の場所の再現ですよね。つまり、お祭り、フェストですから、演じる人も演じない人もその共通の場をいかに再現するか、ということがポイントになる。もともと共通の場にいる人間の集団が、ドラマの進行の過程で、もう一度——今度は意識的に——共通の場をつくりあげる、というかな。その共通の場を新たに新鮮に作るために、逆にまったく反対のものを引き裂く、そういうことがありましょう。同じことが音楽にもありましょう。共通の場所へ引っぱる。だけど、その内容、方向はわからん。なにかそこのところが、演劇よりももっと恐ろしい、大きな力を持っているだけに恐ろしい、そんな気がしますね。(…)

内面的であることによってね。政治やその他の及ばぬ力を持つ。（…）歴史的に過ぎ去った過去のことではなくて、現に、いまさまざまな体制の下で、それぞれ体制への組織を内面的に方向づける役割をも果たしている。まともな音楽家ならそれを意識せざるを得ないでしょう。

対談『言葉と科学と音楽と』谷川俊太郎・内田義彦「音楽この不思議なもの」より

創造のプロセス

解読困難な父親の原稿は、どこか「覗き見る」ことを感じさせてしまう。活字になるともっとクールで客観視も可能なのだが、『学問への散策』に掲載された「文学研究というもの」の元原稿は、若干異なったところも見られ、著者の思考の流れや文字の運びといった創造のプロセスが眼に浮んでくる。

われわれ思想史家は、作品とかの類いの資料を通じて対象たる思想家の思想に迫ってゆくわけであるが、資料解読や論文作成の作業には、演出家とか演奏家の仕事を想い起すものがあるようだ。（…）

この前、新書『社会認識の歩み』で使ったので多少気が引けるが、シュナーベル校訂の楽譜に於て、私は、研究者と演奏家の緊張関係をいっそう深く且つ明確に感じる。ペダリングを始めとする、さまざまの指定、あるいはそれにつけられた無数の注の一つ一つは、ベートーヴェン弾きとしてのシュナーベルの研究の綜括でもあり、演奏家魂の具体的な表現でもある。どれが研究者シュナーベルのもので、どれが演奏家シュナーベルのものだというのではない。そのすべてが同時に、研究者であることによって、ベートーヴェンにイキイキたりえた、或は、演奏家魂をもつことでベートーヴェン研究を進めたシュナーベルの演奏の表現だというのである。研究者シュナーベルと演奏者シュナーベルが直接に融合せず、それぞれ別個の世界を構成しつつ（むしろ構成することによって）一者を成している。その構造が私に面白い。（…）

シュナーベルは、資料に導かれてベートーヴェン観を壊してはつくり、つくっては壊しつつその音楽観を培い、また逆に、こうして形成された柔軟で骨の通った音楽観に導かれつつ資料の読みを深めていったにちがいない。

こうした緊張関係をもった協働は、作家と研究者が二人の人物に分かれても、本質的には変わらないはずだと私は思う。

「文学のひろば」一九七二年、原稿より（『学問への散策』に掲載、「文学研究というもの」）

サロン的な空間としての書斎

内田義彦の著作は「書斎」から生まれない。書斎机も使わなかった。晩年は居間のソファで顔を擡げ、立ち上がり、そしてぽかーんと天井に向け頭を擡げ、下に俯く。あるときは散策にでかけ、山路を遠くまで歩く。朝は早かった。夜は十時過ぎには寝室にひっこむ。早朝の静かな時間に独り居間で、文机代わりのブリキのお盆を膝に乗せ、手元に引き寄せては万年筆を走らせる。書いては止め、止めては最初から書き始める。書き記した原稿やゲラを客人に読んでいただくことも少なくない。意見を聞いてはフィードバックを図るのである。ただそのような書きかけの原稿や、校正途中のゲラの多くは捨てられず、書斎に残っている。以前のものと対比させながら、新たに書き始めることもあったかもしれない。建築で、スケッチや鉛筆でドローイングをするのと似ていて、その気持ちは、なにか分かるような気持ちがする。残っている自筆の原稿を見ることがとても面白い。活字になった著作と若干、内容や言葉遣いが異なるのも、そのプロセスを想起するとき、資料を読むには「想像力」を要するという言葉が、自然と実感されるからである。こういったスタイルは、ブリキ製のお盆が、下村正夫の父親・下村海南からもらったという琉球漆の真っ赤な茶卓に変わるだけで、『経済学の生誕』の執筆以前も、同じようであったと思う。

『日本資本主義の思想像』（毎日出版文化賞）を出版した六〇年代には、父親が仕事で不在なときなどに、「書斎」を利用して、美大受験のために通っていた予備校で一、二を争うほど絵が上手い女の子にお願いして、ミロのヴィーナスの鉛筆デッサンを教わった。

書斎は北側に面して、大きな高窓があり、やわらかな光が射し込む。画家のアトリエのように絵を描くにはもってこいの環境だった。入試の実技で石膏デッサンがあり、半分は女の子を誘う戦略でもあったけれど、「上手は上手から習う」との父親の言葉にもピッタリだったようで、それまでは絵がへたくそで、最低のひどいものだったスケッチが見る間に上達し、ヴィーナス像に射しこむ光の陰影が、眼に入るようになった。

親戚筋にあたる女優・牧紀子と（1960 年）

もしかして、この光が内田義彦の「書斎」の魅力の一つだったのかもしれないとも思うが、妙に落ち着く場であると同時に、本や資料がところ狭しと積みあげられている書斎の雰囲気が、逆に、書斎に独特の緊張感を与えていた。

勿論、予備校で一番にすばらしい絵が描ける男子からも、ほんとうに大きなものの見方を教わったが、書斎をアトリエ代わりにして、(女の子と親密に) デッサンをしていると、帰り際に父親は「君、前に来た子と違うようだね！」と戦略を台無しにするようなチャチャをいれるのである。嫌味な父親だと思っていると「素敵なお父さまですね」と、評価は一方的に高まるばかりだったことも懐かしい。

いつも書斎には来客が絶えなかったが、経済学の専門書やステレオがあり、サロンのようなやさしくも厳しいような雰囲気が珍しかったのか、女性にも好評だったように思う。書斎に残された写真を見てみると、専修大学院生やゼミ生にも女性が多かったことに気づく。演劇や映画の女優とのスナップも発見した。

書斎に残されたもの

私は一九四六年十一月に生を受けたので、この同じ四六年に父親がなにを考えてこれから進もうとしていたか、あるいはどのような文章を書いたのか、とても興味がある。一九四六年三月に記された「手紙のローザ・ルクセンブルグ——自然と生命」(『形の発見』に収められている)もそうなのだが、『週刊文化タイムズ』に連載された「ワイマール憲法の崩壊」は、匿名で論説のような形式だったためか、著作集にも紹介されていない(のち新字体に改められ「補巻」に収録)。変色した当時のタイムズ紙が残っているので、一部分に過ぎないが、見出し・リードもあわせて紹介したい。旧仮名遣いが混じった文体で読みにくいけれども、何かいまの日本、「大衆の支持を受け、徐々に進展して」きた現在の状況と近似しているように思われ、その意味でも驚きがある。

ドイツはまことに「和魂洋才」の明治政府にとつて模範であつたであらう、ブルジョアジーにとつても——「自分自身を信ぜず、人民を信ぜず、上に對しては不平を鳴らし、下に對しては怖れおののき……世界の嵐にはびくつき……あらゆる方向が無氣力であらゆる方面で剽窃を行い、……創意なく……——たくましき民衆の最初の青春の潮流を自分自身の老ひさらばへた利害によつて導く他なしと考えた怪しからぬ老ぼれ……」と、百年前にマルクスが評したドイツのブルジョアジーを一層無氣力にし、創意なきことでの獨創の點では一層その度を高めた日本のブルジョアジーにとつても、等しくそれが模範であり、更には救ひであつたことは疑えない。(…)

世界で最も進歩的、民主的だとさえいわれたワイマール憲法體制が何故崩壊し、ヒットラーのレジームに席を譲らねばならなかつたか——注意せよナチは始めは議會を通じて「大衆の支持を受け」徐々に進展して來たものなることを。(…)

まことに民主的憲法の制定のみが平和と繁榮を約束するものではないのである。

「ワイマール憲法の崩壊——押潰された〝民主〟——ナチは議會を通して進んだ」一九四六年一二月一四日刊より

夜探しのあるとき、偶然に発見?した演劇のパンフレットがある。下村正夫、八田元夫が中心となった東京演劇ゼミナール「実験劇場」のプログラムである。夜探しの後で、何度も読み直してしまったが、演出家の言葉やツルゲーネフの散文詩「ばら」、木下順二「ワーニャ伯父さんのカタルシス」などで盛り沢山。手づくり風で「実験劇場」にふさわしく、意欲的なので眺めているだけで楽しい。この六十年ほど前の「チェーホフ談義」の座談で内田義彦が語ったことから推測されるのであるが、父親の演劇への関わりは、単なる趣味とか教養という枠を超えた生活の一部だったと解するより、そのことと同時に、内田義彦にとって、特にチェーホフは社会科学を考える上で欠かせないものだったことも伝わってくる。

高校時代に、金星堂から全集が出て、それが病みつきですが、ほんとうにチェーホフにめぐりあったのは、戦争中です。学者の卵だったわけですが、何をどうやっていたらいいかわからなくなって来る。弾圧ということもあるが、社会科学の像そのものが内側から壊れてくる。それだけは確かだといえるものが自分の中にはない。そんな時ひょっこりチェーホフの初期短編を読んだら、これだけはたしかだという「感覚」にはじめてつき当たった。もっとも、何がはっきりしているかということになると、今もってわからんのだけれども、……ある意味ではそれが、ぼくの学問の出発点になっており、チェーホフを社会科学の中で生かしたいと今もって考えているわけです。

学者というのはこの時代はこういうことであって限界はこういうことであるという風な見方をやる訳です。だが、それだけでは、歴史は――学問的にも――おさえられない。……百年も経って、ふりかえれば割に簡単だ。だが、その中に現に住んでいる我々からすると、何か何だかわからんみたいなところがある。後代の人の眼で捉えることが必要だが、同時に、それだけでは十分ではない。外からだけではなく、他者のなかに入りこむ。わからないままの当事者の目をもつということが学者のいま一つの仕事でしょう。この後の方の仕事というのは、今まで割とないがしろにされていて、それが学者と芸術家とが結びつかなかった理由じゃないんでしょうか。チェーホフの場合、一方で考え方は学者だと思います。しかし、その学者の目が、二つをかね合わせたような目であって、そういう点に、えらく親近感があるのですが、どうなんでしょうか、逆に、戦前は芸術家が簡単に学問に降伏して、も一つの目を捨てちゃった。いわゆる学問からはみ出すもの、どうも解らんというところ、だが、これだけは確かなのだが、という感覚を捨てちゃった。

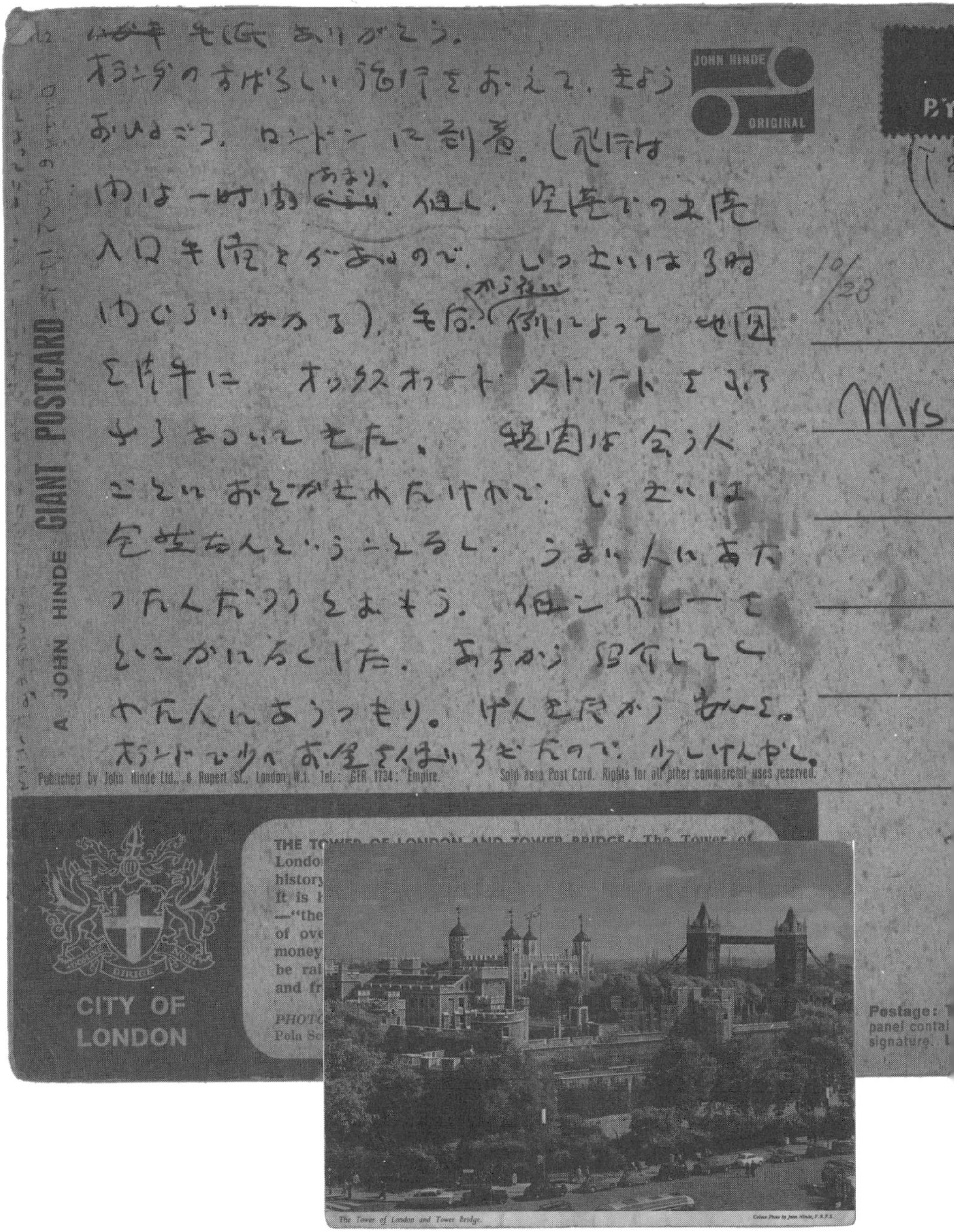

1963～64年、専修大学海外研究員として渡欧のおり、ロンドンから妻にあてた絵葉書

東京演劇ゼミナール・実験劇場『ワーニャ叔父さん』プログラム・一九六二年の座談会（下村正夫、八田元夫他）「チェーホフ談義——演出者を囲んで」より

響きを立てる瞬間

藤原書店の編集部から「内田義彦の遺したもの」というテーマでとの希望をいただいたが、やはり身に重すぎる。内田義彦の書斎というテーマで筆を進める内に、モタモタと横に逸れていってしまった。ご容赦いただきたいと思う。書斎には「三浦梅園」に関する研究ノートや資料も、少しばかり残っている。そして今まで何とも気がつかなかったのが、愛聴のレコード。ケースに残ったまま眠っている。

夜探しは、これからも暫くは続くかもしれない。

終わりに、内田義彦が残した文章のなかで、建築に関わる時にも、そしてそうではなく老年期を迎えた日々の暮らしのなかにあって、建築に携っている今、強くこころに訴える「響きを立てる瞬間」を引きたい。科学者を建築家と読み替えると、このような瞬間というべき「瞬間」がまさに、現在の建築の世界全体を包みこんで響きを立てている。

「響きを立てる瞬間」と私はいった。むろんこの瞬間は、何秒、何分の一秒というような物理的時間ではない。人間の意識に、または意識下に、この言葉のもつ鋭い響きが響きわたっている全時間を指して、私は瞬間という。それはあるいは、個人の生涯の中での瞬間であるかもしれない。また、人類の歴史の中での瞬間であるかもしれない。あるいはまた、歴史における瞬間が、そういうものとして個人に意識された瞬間であるかもしれない。ともかく、この瞬間において、この言葉は、すり切れた日常会話での慣用句たることをやめ、社会において社会を成しつつ存在する人間的実存のほとんどあらゆる局面を包みこむほどの、奥深い意味をもって現れてくる。大科学者でなくていい。私は科学者としていい人間といいうるか。どうすればまさしくこの瞬間、この状況において、一個のいい科学者たりうるか。私は悪い科学者(看護人)であるのではないか。

『生きること　学ぶこと』「方法を問うということ」より

内田義彦 主要作品解説

山田鋭夫

＊単著に限定し、また教科書なもの、小冊子、対談集は除外した。

『経済学の生誕』（未來社、一九五三年）

内田義彦の処女作にして、彼の名を一躍世間に知らしめた代表作。時に内田は四〇歳。主著中の主著。序説につづいて、本論は「前編 経済学の生誕――旧帝国主義批判としての『国富論』」「後編『国富論』体系分析」からなる。前編では、スミス経済学の生誕を、イギリス重商主義以来の経済学の流れのなかからでなく、ホッブス、ロック、ルソーという市民思想のなかからとらえ直し、重商主義的な「上からの近代化」批判の思想家としてスミスが描かれる。後編はスミスの価値・剰余価値・資本蓄積の理論をマルクスと対置させつつ分析した。スミス研究を一新させた書であり、内容はかなり専門家向き。これによって内田は、スミスを思いきり積極的に理解したうえでマルクスと対置してみるという、独自の視点を確立。そこには同時にまた、戦争へと突進した戦前・戦中の日本資本主義と、戦後の解放感のなかで階級闘争を絶対視したマルクス主義とへの両面批判がこめられていた。

『資本論の世界』（岩波新書、一九六六年）

『資本論』に関係する出版物のなかでは、おそらく日本でいちばんよく読まれているロングセラー。『資本論』にはこう書いてありますといった教科書的記述を排して、『資本論』を使ってみることによって、資本主義の現実が私たちにどう見えてくるかといった視点から説かれている。近代社会を見る際、スミスが「階級的搾取があるにもかかわらずなぜ富裕が一般化するのか」と問題を立てたのに対して、マルクスは逆に、「豊富な生産力にもかかわらずなぜ搾取や貧困がなくならないのか」と問う。そこから分業を始点におくスミスと、資本の秘密に迫るマルクスの違いが生まれるという。『資本論』の内容を読みとく段では、階級関係一本やりでこれを読む通説を覆して、まずは歴史を貫通する人間と自然との物質代謝（労働過程）を基礎に据え、これが資本主義ではどう歪められ、その歪みのなかから新しい社会形成の要素がどう芽吹いてくるかを問うたものとして、マルクス像を浮かびあがらせる。

『日本資本主義の思想像』（岩波書店、一九六七年）

スミス、マルクスといったヨーロッパ思想と並んで、内田義彦は明治以降の日本の思想史への関心を深めていたが、本書はその最初の成果を示すもの。関心の軸は「市民社会」の問題。つまり、西欧に遅れをとって「近代化」した日本において、コネや特権を排し、自らの能力や努力を基盤にした人権・自由・平等の市民社会を求める思想が、不純物を伴いながらもどう形成されてきたのかを問う。徳富蘇峰、山路愛山、徳冨蘆花、河上肇のほか、関連してスミス、マルクス、ウェーバーにも筆が及んでいる。「純粋力作型経済人」「市民社会青年」「前近代と超近代の癒着」といった独特の――しかし以後各方面で引用されることになる――概念や見方を打ち出し、また河上のうちに「西洋は天賦人権、人賦国権、日本は天賦国権、国賦人権」「日本は国主国、西洋は民主国」の文言を発掘し、これを現代（当代）日本批判のなかに生き返らせた。

『社会認識の歩み』（岩波新書、一九七一年）

題名からすると、近代西欧において社会科学が成立し展開をとげてきた、その歴史をフォローした本だと受け取られるかもしれない。半分はそうだといってよいが、しかし、この本の際立った面白さは、そうした歴史を、現代の私たちが物事の社会科学的認識を深めてゆく営みと重ねあわせて説いている点にある。個体発生は系統発生を繰り返す。つまり、「社会科学の歴史上の結節点、結節点を、一人一人の人間のなかで社会科学的認識が成立してくる結節点、結節点と対応させて考える」。具体的には、運に身をまかせるのでなく「賭ける」存在としての人間を押し出したマキャヴェリとひっかけて、文章の断片をまずは自分につなぐ読み方の大切さを教える。以下、ホッブスを読みながら、断片を今度は全体の体系構築へとつなぐことへと進み、さらにスミスとルソーを題材にして、無時間的・幾何学的な体系から時間の軸を入れた歴史的認識へと深まってゆく。そういう社会認識の歩みが示される。

『学問への散策』（岩波書店、一九七四年）

珠玉のエッセイ集。内田義彦にとってエッセイと学問とは互いに循環しあっており、エッセイという散策を裾野として彼の学問が彫琢されていった。散策の範囲は、社会科学諸分野はもちろん、自然科学、文学、音楽、演劇、絵画、あるいはチェーホフ、森鷗外、加藤周一、木下順二、等々、きわめて広く、かつどの文章も深く魂に食い入ってくる。あとがきで内田自身が語るところによれば、言いたいことは比較的長文の二論、すなわち「学問創造と教育」と「学問と芸術」に尽きているとのこと。いずれも専門家と素人の関係のあり方を問い、学問が一人ひとりの人間にとって意味あるものになるためには何が必要かを問うている。他にも「方法を問うということ」という名編があり、この一文は「その後の仕事のいわば方向を定める」ほどの意味をもった、と内田は述懐している。本書に出会って、青春の迷いに光明がさしたという人も少なくないと聞く。

『作品としての社会科学』（岩波書店、一九八一年）

「もし私の著作を大づかみに二つにわけるならば、『経済学の生誕』と『作品としての社会科学』の二つが、それぞれ時期を劃したものであろう」と、内田義彦は死の一か月半前に記している。いわば第二の主著である。大佛次郎賞を受賞した本書は、そのほとんどが大手術後の後遺症と闘うなかで執筆された。冒頭の「社会科学の視座」では、社会科学が私たち一人ひとりがモノを見る眼を補佐する道具として役立つようになるためには、社会科学はどうあらねばならないかという内田の年来のテーマが、「作品」という言葉を浮かびあがらせることによって切々と説かれる。小説家が一般読者に向かって「作品」を書くように、社会科学者も専門業界向けの「論文」にとどまるのでなく、一般市民の評価と玩味と活用に堪える「作品」を指向すべきだという。他にアダム・スミス、河上肇、中江兆民などが取り上げられ、さらには「自然と人間」と題していわゆる環境問題が考察される。

『読書と社会科学』（岩波新書、一九八五年）

『作品としての社会科学』がどちらかというと専門家向けに書かれたとすれば、本書は同じテーマを一般市民に要請すべきこととして扱ったもの。冒頭の「『読むこと』と『聴くこと』と」は、「読む」という私たちがいつも経験していることを深く掘り下げていく。「本でモノが読めるように、そのように本を読む。それが『本を読む』ということの本当の意味です」。読みのあり方としても「情報として読む」と「古典として読む」の二つがあって、前者は交通標識のように一読明快を旨とするが、後者はそうでない。人によって読み方がちがうし、同じ人でも時期によって読み方が変わる。古典は情報を読む眼を養ってくれるのであり、読み手の眼の深まりとともに読み方も異なってくる。そういった「古典」と格闘しつつ成長することの必要を説く。——こういう読書論に始まって、私たちが自分の眼を補佐するために「概念装置」を手に入れることの必要が、やさしい言葉で語られる。

内田義彦　略年譜（一九一三〜二〇一三）

年	年齢	内田義彦の歩み	日本・世界の動き
一九一三年	0歳	2月25日、愛知県名古屋市の熱田に、父正義、母ハルの五男一女の五男として生まれる。母方の祖父・青木金七は熱田神宮の宮大工の棟梁だった。のちに兄・姉らはみな結核で死去	翌一四年、第一次世界大戦（〜一八年）。日本も宣戦布告
一九一六年	3歳	この頃、兵庫県岡本村に転居	
一九一九年	6歳	4月、御影尋常小学校に入学（〜二五年3月卒業）	6月、ヴェルサイユ講和条約
一九二五年	12歳	この頃、結核のため二年間の療養生活をおくる	3月、治安維持法、普通選挙法成立
一九二七年	14歳	4月、甲南高等学校尋常科に入学（〜三一年3月修了）	
一九三一年	18歳	4月、甲南高等学校文科に進学（〜三四年3月卒業）。在学中は下村正夫（演出家）・高安国世（ドイツ文学・歌人）・武智鉄二（演劇評論家・映画監督）らと交友。また三兄・正彦の友人加藤正・加古祐二郎と接して、加古からは経済学の指導を受けた	9月、満洲事変
一九三四年	21歳	4月、東京帝国大学経済学部に入学（〜三六年まで結核療養のため休学、〜三九年3月卒業）。在学中は野間宏（作家）、武谷三男（物理学者）らと交友	
一九三九年	26歳	4月、東京帝国大学大学院（経済学部）に入学（〜四〇年3月退学）。指導教官馬場敬治の下で、工業政策を研究する。大塚久雄の学問にも接した	5月、ノモンハン事件

一九四〇年	27歳	4月、財団法人東亜研究所所員となる（〜四二年12月退職）。研究所では「南方地域資源文献目録」「マレーの農産資源――ココ椰子・油椰子」を作成	10月、大政翼賛会が結成 11月、大日本産業報国会が創立
一九四二年	29歳	11月、下村正夫の父・海南の紹介により、丸山寛一郎・きよの長女宣子と結婚	6月、ミッドウェー海戦
一九四三年	30歳	1月、東京帝国大学嘱託として世界経済研究室に勤務（〜四五年8月退職）	5月、アッツ島玉砕
一九四四年	31歳	2月、父・正義が死去。8月、召集令状を受けて佐世保海兵団に入隊（まもなく除隊）。12月、治安維持法違反容疑に問われ、目黒碑文谷署に約四ヶ月間拘禁される	10月、レイテ沖海戦
一九四五年	32歳	4月、逓信省中央無線課電信講習所講師	8月15日、敗戦。GHQの被占領状態に
一九四六年	33歳	3月、「青年文化会議」結成に参加、中村哲・丸山眞男らと出会う。10月、専修大学助教授に。11月、長男純一が誕生。またこの頃、大河内一男を中心に、『剰余価値学説史』などの研究会をもつ	1月、天皇の人間宣言 11月、日本国憲法公布
一九四七年	34歳	9月、専修大学教授に（経済学史を担当）。この頃、東大音感合唱研究会を組織し、指導にあたる。また産業実態研究所に大河内一男、氏原正治郎、田添京二らと参加し、工場現場の実態調査に従事する	1月、2・1ゼネスト中止声明
一九四八年	35歳	同人「未来」に加わる（同人は他に丸山眞男・下村正夫・野間宏・木下順二・杉浦明平・寺田透・中村哲ら）。また木下順二・森有正・加藤周一・野間宏・瓜生忠夫・下村正夫・岡倉士朗らと『資本論』輪読会をもつ	4月、韓国で済州島四・三事件
一九四九年	36歳	11月、「アダム・スミスの会」が発足、会員となる	7月、下山事件、三鷹事件
一九五一年	38歳	6月、母ハルが死去	9月、サンフランシスコ講和会議
一九五三年	40歳	11月、『経済学の生誕』（未來社）を刊行	7月、朝鮮戦争休戦（五〇年〜）
一九五四年	41歳	8月、学位論文「経済学の生誕」によって、経済学博士の学位を専修大学より受ける	3月、ビキニ水爆実験で第五福竜丸が被災
一九五七年	44歳	1月、長女裕子が誕生。4月、専修大学商経学部長を務める（〜五九年3月）	
一九六一年	48歳	6月、『経済学史講義』（未來社）を刊行	この頃ベトナム戦争（〜七五年）

一九六三年	50歳	10月、専修大学海外研究員として渡欧、イギリス・オランダ・スペイン・アラブ連合・ギリシア・イタリア・オーストリア・ユーゴスラビア・西ドイツ・ベルギー・フランス・スイス・香港をめぐる（〜六四年3月）	8月、部分的核実験停止条約調印 11月、米でケネディ大統領暗殺
一九六五年	52歳	11月、「山本安英の会」を、上原専祿、岡本太郎、木下順二、西川鯉三郎、野上彌生子、吉利和らと支援する	4月、ベ平連、初のデモ行進
一九六六年	53歳	11月、『資本論の世界』（岩波書店）を刊行	中国で文化大革命（〜七七年）
一九六七年	54歳	10月、『日本資本主義の思想像』（岩波書店）を刊行、第22回毎日出版文化賞を受賞。11月、「山本安英の会」主催の「ことばの勉強会」に参加する	
一九七一年	58歳	9月、『社会認識の歩み』（岩波書店）を刊行。11月、『読むということ　内田義彦対談集』（筑摩書房）を刊行	8月、ニクソン・ショック
一九七四年	61歳	3月、『学問への散策』（岩波書店）を刊行。秋、胃噴門部手術をし、長期療養生活に入る	
一九七八年	65歳	名古屋大学、京都大学、香川大学に集中講義（〜八一年3月）	
一九八一年	68歳	2月、『作品としての社会科学』（岩波書店）を刊行、第8回大佛次郎賞を受賞	
一九八三年	70歳	3月、専修大学を退職。同大学名誉教授となる	
一九八五年	72歳	1月、『読書と社会科学』（岩波書店）を刊行	
一九八八年	75歳	5月より『内田義彦著作集』全10巻（岩波書店）を刊行開始（隔月配本、〜八九年11月完結）	リクルート事件が表面化
一九八九年	76歳	2月2日、順天堂医院に入院。3月18日午前1時33分、呼吸不全により死去	平成に改元
一九九二年		9月、遺された稿を中心にまとめた『形の発見』（藤原書店）が刊行される	
二〇〇〇年		『内田義彦セレクション』全4巻（藤原書店）が刊行開始（〜〇一年完結）	
二〇一三年		生誕百年を記念し、『形の発見』改訂新版、『生きること 学ぶこと』新装版が刊行される	

＊「内田義彦の歩み」作成にあたっては、『内田義彦著作集』第十巻の年譜を参照した。

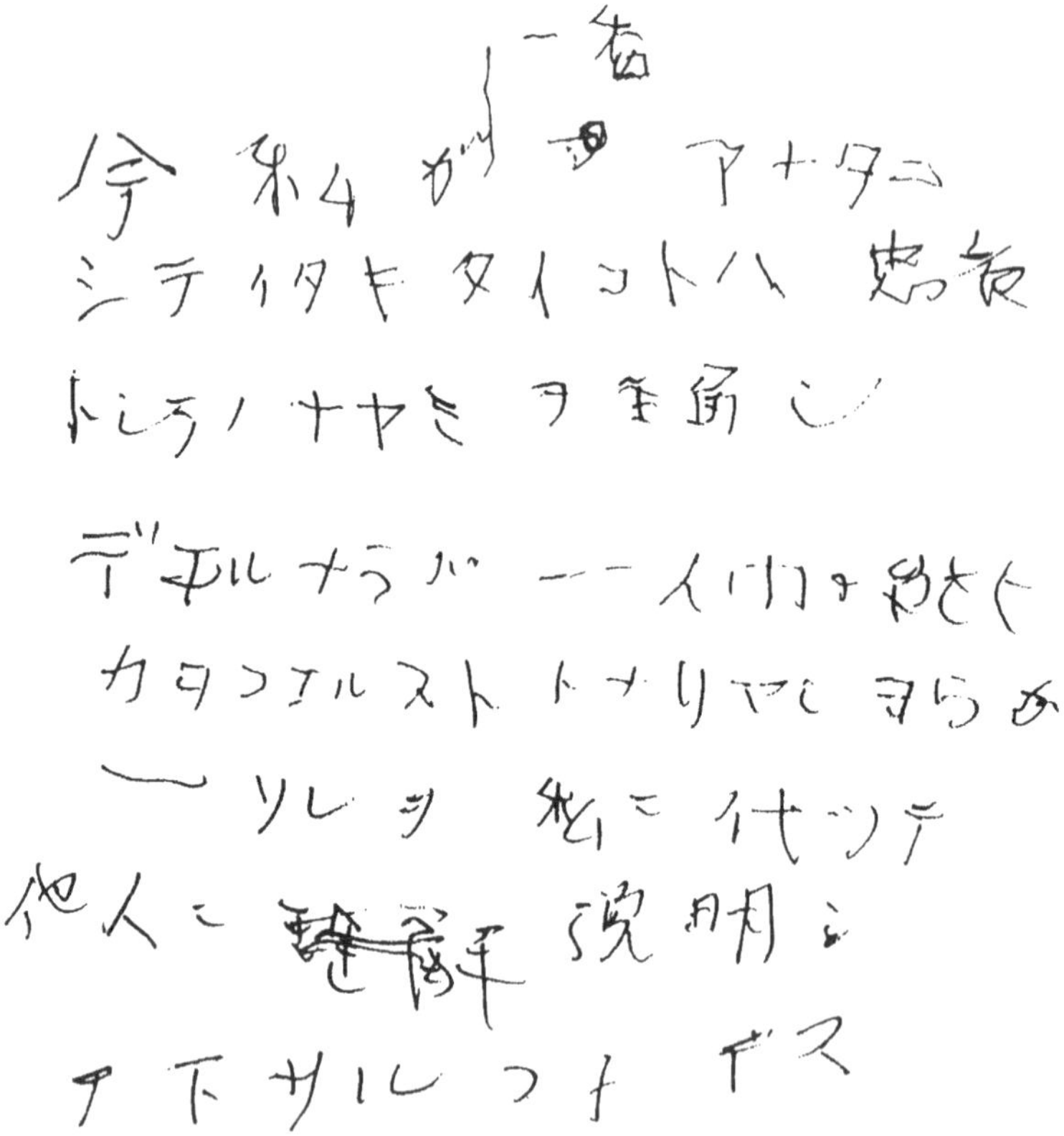

「今私ガ一番アナタニシテイタ（ダ）キタイコトハ患者トシテノナヤミ（ヤアセリ）ヲ理解シ、デキルナラバ――人間の能力ヲコエルコトトナリマショウガ――ソレヲ私ニ代ッテ他人ニ説明シテ下サルコトデス」（絶筆）

1970年8月
「社会科学的思想と哲学」(推薦) 岩波講座「哲学」全18巻再刊内容見本, 岩波書店, 1970年9月
「平田清明『経済学と歴史認識』(岩波書店, 1971年)」『朝日ジャーナル』13巻47号 (666号), 1971年12月
「雑誌というもの」(推薦)『東京経済雑誌』(復刻) 内容見本, 明治文献, 1972年11月
「小島勝治『日本統計文化史序説』(未来社, 1972年)」『未来』5月号 (80号), 1973年5月
「豁達な世界認識のために」(推薦) 岩波講座「世界歴史」全31巻再刊内容見本, 1973年11月
「古典とともに今を生きる」(推薦)『朝日新聞』31577号, 1973年11月
「常識の迷妄からの解放」(推薦)『朝日新聞』31577号, 1973年11月
「望月清司『マルクス歴史理論の研究』(岩波書店, 1973年)」『朝日新聞』31584号, 1973年11月
「抜群の凝集力と迫力と」(推薦)『小林昇経済学史著作集』全9巻内容見本, 未来社, 1975年12月
「モーリス・ドッブ『価値と分配の理論』(新評論, 1976年)」(推薦) 新評論, 1976年11月
「悠々たるテンポの感覚」(推薦)『森有正全集』全14巻内容見本, 筑摩書房, 1978年5月
「大塚久雄『生活の貧しさと心の貧しさ』(みすず書房, 1978年)」『朝日ジャーナル』20巻22号 (1008号), 朝日新聞社, 1978年6月
「河上に学ぶ」(推薦)『河上肇全集』第I期全26巻内容見本, 岩波書店, 1981年12月
「現実問題への切りこみ方を示す」(推薦)『島恭彦著作集』全6巻内容見本, 有斐閣, 1982年9月
「私の心の奥に棲む存在」(推薦)『梯明秀経済哲学著作集』前期5巻内容見本, 未来社, 1982年10月
「日本のいまを切り開く」(推薦) 新岩波講座「哲学」全16巻内容見本, 1985年3月
「私の三冊」(推薦)『図書』454号, 臨時増刊, 岩波文庫創刊60年記念, 1987年5月

＊作成にあたっては『内田義彦著作集』第10巻の著作目録を参照させていただきました。

「『日本資本主義講座』第1巻『日本帝国主義の崩壊』(岩波書店,1953年)」『図書新聞』219号,1953年10月
「産業革命/資本主義精神」(辞典項目)『政治学事典』平凡社,1954年2月
「ホッブス『レヴァイアサン』第一部(岩波書店,1954年)」『日本読書新聞』749号,1954年6月
「水田洋『近代人の形成——近代社会観成立史』(東京大学出版会,1954年)」『図書新聞』255号,1954年7月
「H. W. スピーゲル編『経済思想発展史』1･2巻(東洋経済新報社,1954年)」『日本読書新聞』757号,1954年8月
「水田洋『アダム・スミス研究入門』(未来社,1954年)」『一橋新聞』536号,1954年11月
「経済」『何を読むべきか』毎日新聞社,1955年11月
「久保田明光『ケネー研究』(時潮社,1955年)」『日本読書新聞』834号,1956年2月
「水田洋『社会思想史の旅』(日本評論新社,1956年)」『図書新開』378号,1956年12月
「久保芳和『フランクリン研究——その経済思想を中心として』(関書院,1957年)」『日本読書新聞』904号,1957年6月
「木村健康・古谷弘編『近代経済学教室』I・II(勁草書房,1957年)」『東京新聞』5456号,1957年10月
「中野正『価値形態論』(日本評論新社,1958年)」『法政大学新聞』371号,1958年6月
「高島善哉『近代社会科学観の成立——アダム･スミスの市民社会体系についての一研究』(東京出版,1958年)」『週刊読書人』232号,1958年7月
「ファビウンケ『リスト研究』(未来社,1958年)」『日本読書新聞』960号,1958年7月
「岡倉士朗・木下順二編『山本安英舞台写真集』写真篇・資料篇(未来社,1960年)」『週刊読書人』347号,1960年10月
「火山灰地」(劇評)『図書新聞』617号,1961年8月
「渡辺輝雄『創設者の経済学』(未来社,1961年)」『東京経大学会誌』34号,1962年3月
「Dore, Ronald. "Maruyama and Japanese thought", N. L. R., No. 25, May-June」『経済学史学会年報』3号,1965年9月
「古典学派/スミス」(辞典項目)『経済学辞典』岩波書店,1965年9月
「木下戯曲をふりかえる——『白い夜の宴』台本を手にして」(劇評)『月刊民芸の仲間』159号,劇団民芸,1967年5月
「現代に育つ古典」(推薦)『マルクス資本論』内容見本,岩波書店,1967年10月
「高島善哉『アダム・スミス』(岩波書店,1968年)」『サンデー毎日』47巻17号(2575号),1968年4月
「荻昌弘『ステレオ』(毎日新聞社,1968年)」『週刊読書人』746号,1968年10月
「『思想史大系』に育つ日本の社会科学」(推薦)「近代日本思想史大系」全8巻内容見本,有斐閣,1968年11月
「スミスとマルクスとリカードウと」(推薦)『リカードウ全集』全10巻内容見本,雄松堂書店,1969年9月
「梅園から梅園へ」(推薦)「日本思想大系」全67巻内容見本,岩波書店,1970年3月
「アダム・スミス『道徳情操論』上・下(未来社,1969年)」『日本読書新聞』1557号,

「『教養』とは」『さてこれからどうする――高齢社会と人間』日本放送出版協会，1984年4月
「話しことばの書きことば性と書きことばの話しことば性」『自分のことばをつくる　ことばの勉強3』未来社，1984年6月
「『子午線の祀り』を三たび迎えて」山本安英の会第三次公演「子午線の祀り」パンフレット，1985年9月
「読書について」『桜門春秋』26号，冬季号，日本大学広報部，1985年12月
「昔を振り返りつつ」『専修大学社会科学研究所月報』300号，1988年7月
「学問のよもやまばなし」『内田義彦著作集』9巻，岩波書店，1989年7月

〔書評・その他〕 ※この項，特に断りのないものは書評・紹介。

「チャールス A．ブリス『工業生産の構造』」『経済学論集』13巻10号，東京帝国大学経済学会，1943年10月
「『生活力』の欠如」（劇評）『大学新聞』56号，1946年4月
「レーニン『国家と革命』（彰考書院，1946年）」『帝国大学新聞』986号，1946年5月
「『ソ同盟共産党史』1，（日本共産党出版部，1946年）」『帝国大学新聞』1008号，1946年12月
「大塚久雄『近代資本主義の系譜』（学生書房，1947年）」『季刊大学』2号，帝国大学新聞社出版部，1947年7月
「豊田四郎『日本資本主義構造の理論』（思潮書林，1948年）」『書評』10月号，3巻10号，日本出版協会編集室，1948年10月
「難波田春夫『スミス・ヘーゲル・マルクス――近代社会の哲学』（講談社，1948年）」『日本読書新聞』461号，1948年10月
「田中吉六『スミスとマルクス』（真善美社，1948年）」『日本読書新聞』461号，1948年10月
「河野健二『絶対主義の構造』（日本評論社，1950年）」『日本読書新聞』542号，1950年5月
「高島善哉監修『アダム・スミス』（山根書店，1950年）」『図書新聞』55号，1950年7月
「青山秀夫『マックス・ウェーバーの社会理論』（岩波書店，1950年）」『日本読書新聞』557号，1950年8月
「平瀬巳之吉『古典経済学の解体と発展――ロォドベルトゥス批判』（日本評論社，1950年）」『専修大学新聞』262号，1951年9月，（再録）『専修大学論集』1号，1952年1月
「豊崎稔編『ドッブ経済学解説』1・2（春秋社，1952年）」『図書新聞』142号，1952年4月
「水田洋・長谷川正安・竹内良知共著『近代社会観の解明――社会科学の成立』（理論社，1952年）」『日本読書新聞』647号，1952年6月
「小林昇『重商主義の経済理論』（東洋経済新報社，1952年）」『図書新聞』156号，1952年8月
「野間宏『人生の探求』（未来社，1953年）」『図書新聞』181号，1953年2月
「井手文雄『古典学派の財政論』（中大協組出版部，1953年）」『日本読書新聞』710号，1953年8月

「チェーホフの魅力」『民芸の仲間』118号，劇団民芸公演「かもめ」パンフレット，1969年8月
「『経済と法』の刊行を祝って」『経済と法』（専修大学大学院紀要）創刊号，1969年9月
「レンブラントの大塚さん」『大塚久雄著作集』9巻月報9，岩波書店，1969年12月
「思想の言葉」『思想』4月号（550号），1970年4月
「審判ということ」『民芸の仲間』129号，劇団民芸公演「審判」パンフレット，1970年9月
「作曲家ベルクの講演」『日本経済新聞』30787号，1971年6月
「憂と献身」『図書』11月号（267号），1971年11月
「内田百閒『一等車』」『神戸新聞』26713号，1972年1月
「文学のひろば」『文学』2月号，40巻2号，1972年2月
「チェーホフが語りかけるもの——『芸術品』について」『国語の教育』3月号,5巻3号（47号），国土社，1972年3月
「ラプソディ　イン　ブラック　アンド　ホワイト」『学園生活』（昭和47年度），専修大学学生生活課，1972年4月
「思想の言葉」『思想』6月号（576号），1972年6月
「『稱心獨語』の加藤周一」『世界』2月号（327号），1973年2月
「大学院時代の森川さん」『専修大学社会科学研究所月報』114号，1973年3月
「役に立つ夏休みの勉強」『ニュース専修』53号，1973年7月
「正確さということ（上）（下）」『毎日新聞』34939～40号，1973年7月
「話をきく話——『ことばの勉強会』で話したこと，聞いたこと」『東京新聞』11189号，1973年8月
「アダム・スミス生誕250年記念展示にあたって」『ニュース専修』54号，1973年9月
「僧正と三人の隠者の話」『劇団東演ニュース』（劇団東演第28回公演「どん底」），1973年10月
「完全主義者と再会——シューベルトと全力格闘するホロヴィッツ」『読売新聞』35086号，1974年4月
「聞と聴」『きくとよむ　ことばの勉強2』未来社，1974年11月
「学問を,現実のなかで」『あすど』7月号（1号),全国電気通信労働組合全電通労働学校「団結の家」，1975年7月
「提案二つ」『あすど』9月号（8号），1976年9月
「苦労ばなし」『図書』5月号（333号），1977年5月
「回想」劇団東演第37回公演「どん底」パンフレット，1977年10月
「学習会の持ち方についての提案」『あすど』7月号（19号），1978年7月
「追悼大島太郎さん」『地方自治通信』5月号（114号），地方自治センター，1979年5月
「和やかで厳しい学者集団をつくりあげたい」『ニュース専修』119号，1979年7月
「大愛野原先生を憶う」『専修大学人文科学研究所月報』77号，1981年3月
「想い出すこと」『専修大学社会科学研究所月報』212号，1981年4月
「『子午線の祀り』，もう一度」山本安英の会第二次公演「子午線の祀り」パンフレット，1981年4月
「『読むこと』と『聴くこと』と」『図書』5･6月号（393・394号），1982年6月

「人間・病・医療・科学」（対談・川喜田愛郎，〈司会〉唄孝一）「明日の医療」9巻『医療と人権』中央法規出版株式会社，1985年7月
「『資本論の世界』をめぐって」（対談・〈聞き手〉山田鋭夫）『内田義彦著作集』4巻，岩波書店，1988年7月

〔エッセイ・小文〕
「食糧問題とその掘り下げ」『大学新聞』46号，1945年12月
「〝神話〟の克服へ――民衆の一員としての自覚と自信」『大学新聞』50号，1946年2月
「手紙のローザ・ルクセンブルグ――生命と自然」『潮流』3月号，1巻3号，吉田書房，1946年3月
「〝魔術〟からの解放――文化闘争の本質と任務（一）」『帝国大学新聞』984号，1946年5月
「チェーホフと僕」『未来』2集，潮流社，1948年11月
「蛙昇天せず――木下君への手紙」『素顔』復刊2号，山本安英の会，1952年2月
「新演に期待する」新演劇研究所第1回研究発表会パンフレット，1952年3月
「蛙の怒り」『素顔』復刊3号，1952年6月
「下村正夫と『真空地帯』」新演劇研究所第3回発表会「真空地帯」公演パンフレット，1953年1月
「俳優の眼と社会科学者の眼と――『風浪』再演によせて」『素顔』復刊6号，1953年12月
「鈴木君の『サークルものがたり』」新演劇研究所第7回公演「サークルものがたり」パンフレット，1955年6月
「演劇と社会的認識――木下順二『評論集』をよんで」『文学』1月号，25巻1号，1957年1月
「はじめに」講座「近代思想史」V『機械の時代』弘文堂，1959年4月
「ジャン・ジャック・ルソーのオペラ『村の占者』について」『アダム・スミスの会々報』7号，1963年2月
「実社会と学問的抽象――卒業生諸君に送る」『専修大学新聞』376号，1963年3月
「ルソーの『自然』と音楽――オペラ『村の占者』を中心に」『文学』8月号，31巻8号，1963年8月
「ヨーロッパの思い出」『育友』18号，専修大学育友会，1964年12月
「封建のすすめ」『展望』6月号（78号），筑摩書房，1965年6月
「『風浪』の息吹き」『劇団東演ニュース』11号，1965年9月
「えんまさま」山本安英の会公演「陽気な地獄破り」「花若」パンフレット，1966年5月
「眼のはなし」『図書』3月号（211号），1967年3月
「社会科学の分化と総合（上）（下）」『朝日新聞』29494〜5号，1968年2月
「思想の言葉」『思想』8月号（530号），1968年8月
「古い天津乙女の話」『悲劇喜劇』10月号，21巻10号（216号），早川書房，1968年10月
「鮮明な印象『三年』」『朝日新聞』29755号，第二部読書特集「私の推す五冊の本」，1968年10月
「A・スミス」『時事教養』44年度5号（430号），自由書房，1969年6月
「不易十年」劇団東演第21回公演「廃墟」パンフレット，1969年7月

「美しい整理に感嘆」（談話）『ニュース専修』102 号，1978 年 1 月
「自立的諸個人に担われた新しい共同社会への展望」『文化運動理論』社団法人農山漁村文化協会，1978 年 6 月
「森有正について——生と思索」（対談・木下順二）『展望』8 月号（236 号），筑摩書房，1978 年 8 月
「子午線の祀りをめぐって」（対談・尾崎宏次）『素顔』新刊 4 号，山本安英の会，1978 年 9 月
「鼎軒田口卯吉を考える——田口卯吉の現代的意義」（対談・杉原四郎）『評論』（日本経済評論社月報）11 月号（32 号），1979 年 11 月
「対談のすすめ——内田義彦氏にきく」（談話）『国語通信』12 月号（222 号），筑摩書房，1979 年 12 月
「にほん語が言葉になるとき——小学教科書試案『にほんご』をめぐって」（対談・谷川俊太郎）『月刊広告批評』5 月号（13 号），1980 年 5 月
「曲がり角の日本と社会科学——どのような目で現代をみるべきか」（対談・平田清明）『エコノミスト』59 巻 1 号（2388 号），1981 年 1 月
「いま，広告とは何かを考えてみる」（対談・谷川俊太郎）『月刊広告批評』5 月号（25 号），1981 年 5 月
「いま社会科学とは」（談話）『朝日新聞』34266 号，1981 年 5 月
「教員組合 30 年を祝って——回想」（談話）『専修大学教員組合新聞』12 号，1981 年 7 月
「人間の学として再構築」（談話）『ニュース専修』143 号，1981 年 10 月
「臨床への視座——医療が成立する場の営みと学的方法」（座談・川喜田愛郎／田村真／外口玉子／松下正明／小野殖子）『季刊パテーマ』1 号，ゆみる出版，1982 年 1 月
「河上肇の魅力——『全集』発刊に際して」（座談・杉原四郎／山之内靖）『図書』3 月号（391 号），1982 年 3 月
「音楽　この不思議なもの」（対談・谷川俊太郎）『月刊広告批評』4 月号（36 号），1982 年 4 月
「伝統と現代をめぐって」（座談・丸山真男／木下順二）『素顔』新刊 5 号，山本安英の会，1982 年 4 月
「社会科学の新しい構想に向けて」（談話・〈聞き手〉河村望）『唯物論研究』7 号，汐文社，1982 年 10 月
「社会科学の創造」（対談・大塚久雄）『歴史と社会』1 号，リブロポート，1982 年 10 月
「内田義彦大佛次郎賞受賞記念講演 『作品』への遍歴」『専修大学社会科学研究所月報』231 号，時潮社，1982 年 10 月
「戯曲を読む　舞台を読む——内田義彦氏にきく」（談話・〈聞き手〉江藤文夫）『民芸の仲間』220 号，劇団民芸，1982 年 11 月
「社会科学のことば」（談話）『翻訳の世界』1 月号，8 巻 1 号（76 号），1983 年 1 月
「〈最終講義〉考えてきたこと，考えること」『専修大学社会科学研究所月報』235 号，1983 年 2 月
「自前の『概念装置』の創造を」（談話），『全院協ニュース』117 号，全国大学院生協議会，1985 年 6 月

1970年12月
「続 調律の思想」（対談・村上輝久）『調査情報』2月号（143号），1971年1月
「歴史を読む」（対談・武田泰淳）『展望』2月号（146号），筑摩書房，1971年2月
「社会科学総合化の視点」（対談・高桑純夫）『別冊経済評論』5号，日本評論社，1971年5月
「ケインズの思想と人間像」（座談・宮崎義一／伊東光晴）「世界の名著」57『ケインズ　ハロッド』付録54，中央公論社，1971年7月
「きくこと・読むこと——あとがき対談」（対談・江藤文夫）『読むということ』筑摩書房，1971年11月
「読んでわかるということ」（座談・外山滋比古／益田勝実）『国語通信』11月号（141号），筑摩書房，1971年11月
「笑いへの想像力（1）～（4）」（対談・大江健三郎）『毎日新聞』34399～34402号，1972年1月
「芝居・観ることと創ること」（対談・宇野重吉）『月刊民芸の仲間』216号，劇団民芸，1972年2月
「経済学50年の現代——ケインズとマルクスを軸に」（対談・宮崎犀一）『エコノミスト』50巻14号（1915号），1972年4月
「日本とアダム・スミス」（座談・大河内一男／杉原四郎／田添京二）『国富論研究』Ⅲ（第3部座談会），筑摩書房，1972年12月
「『三人姉妹』を語る」（対談・尾崎宏次）『月刊民芸の仲間』228号，劇団民芸，1973年2月
「学生のみなさんへ」（対談・増田四郎，〈司会〉渡辺渡）『学修指導書』（1973年），東京経済大学経済学部・経営学部，1973年4月
「社会科学と読書」（対談・大塚久雄）『みすず』4月号，15巻4号（162号），1973年4月
「教育批判への視座」（対談・堀尾輝久）『世界』8月号（333号），1973年8月
「趣味とホビーといたずらと」（対談・佐橋滋）『近代経営』10月臨時増刊号《ロアジール》18巻13号，ダイヤモンド社，1973年10月
「現代社会と新聞記者」（対談・加藤周一，〈司会〉高橋善夫）『新聞研究』11月号（268号），日本新聞協会，1973年11月
「経済人について」（講演）『協同組合経営研究月報』4月号（247号），財団法人協同組合経営研究所，1974年4月
「徳川期の学問成立史」（談話）『京都新聞』33404号，1974年9月
「筋を通す人だった」（談話）『ニュース専修』80号，1976年1月
「私たちのスミス研究」（座談・小林昇／水田洋）『週刊東洋経済』臨時増刊（3922号），1976年2月
「『夕鶴』の世界」（対談・森有正）山本安英の会東京公演「夕鶴」パンフレット，1976年4月
「『夜明け……』をふりかえって」（談話）劇団東演第34回公演「夜明けは静かだ」パンフレット，1976年6月
「学問と教育を問い直す」（対談・堀尾輝久）『世界』11月号（384号），1977年11月

「二十世紀後半の支配者は何か」(座談・久野収/宮崎犀一/宇都宮徳馬/加藤周一/森恭三)『展望』1月号(73号),筑摩書房,1965年1月
「『風浪』上演の課題をめぐって」(座談・色川大吉/下村正夫/八田元夫)劇団東演第11回公演「風浪」パンフレット,1965年9月
「経済学史研究の原点を顧みて——堀・住谷両会員をかこんで」(座談・堀経夫/住谷悦治/杉原四郎/河野健二/平田清明)『経済学史学会年報』3号,1965年9月
「戦後経済学の展望——現状分析を中心にして」(座談・長洲一二/宮崎犀一)『図書新聞』827号,1965年9月
「新しい貧困」(座談・大河内一男/川島武宜)『展望』6月号(90号),筑摩書房,1966年6月
「日本社会の底辺と疎外」(対談・野間宏)『現代の理論』7月号,3巻7号(30号),河出書房,1966年7月
「現代と社会科学」(対談・高島善哉)『図書新聞』883号,1966年11月
「開いた世界・閉ざされた世界——『蛙昇天』をめぐって」(対談・木下順二,〈司会〉広瀬常敏)『東京演劇アンサンブル』36号,第32回本公演「蛙昇天」パンフレット,1967年2月
「未来社の15年・その歴史と課題」(座談・木下順二/野間宏/丸山真男/西谷能雄)『ある軌跡——未来社15年の記録』,未来社,1967年3月
「社会科学をどう学ぶか——読書経験をふりかえって」(座談・久野収/高橋徹)『展望』5月号(101号),筑摩書房,1967年5月
「『資本論』を語る」(座談・井尻正二/川島武宜/川添登/中村雄二郎/野間宏)『思想』5月号(515号),1967年5月
「賢治の世界と人間——内田義彦氏に聞く」(談話)『東京演劇アンサンブル』40号,第35回公演「グスコーブドリの伝記」パンフレット,1967年12月
「アダム・スミスの現代的意義」(対談・大河内一男)「世界の名著」31『アダム・スミス』付録25,中央公論社,1968年3月
「海峡を越えるまで——作者に聞く」(対談・八田元夫)劇団東演第18回公演「私は海峡を越えてしまった」パンフレット,1968年5月
「個体と社会科学的認識」(談話)『未来』6月号(21号),1968年6月
「歴史の主体的形成と学問」(対談・平田清明)『名古屋大学新聞』305号,1968年9月
「地方性とは」(対談・木下順二)『看護技術』10月臨時増刊号,14巻12号(164号),メヂカルフレンド社,1968年10月
「新春待望の『夕鶴』——仲間の会特別鑑賞作品・内田義彦先生に聞く」(談話・〈聞き手〉菅井幸雄)『月刊民芸の仲間』178号,劇団民芸,1968年12月
「山本安英におけるドラマ」(対談・木下順二)『テアトロ』3月号(309号),1969年3月
「内田義彦氏に聞く」(談話)『横浜市大新聞』200号,1970年4月
「一番正しい説が一番正しいんだということがはたして正しいかどうか——内田義彦氏にきく」(談話・〈聞き手〉江藤文夫)『東京演劇アンサンブル』43号,第43回本公演「ガリレオ・ガリレイの生涯」パンフレット,1970年7月
「言葉・経験・概念」(対談・森有正)『展望』9月号(141号),筑摩書房,1970年9月
「調律の思想」(対談・村上輝久)『調査情報』1月号(142号),TBS総務本部調査部,

6号，吉田書房，1946年6月

「日本資本主義分析の新しい課題（共同研究）——農民的農業革命の道（上）（下）」（座談・信夫清三郎／古島敏雄／菅間正朔／鈴木鴻一郎）『世界評論』7・8月号，2巻2・3号，世界評論社，1947年7・8月

「貿易再開と日本農業の将来」（座談・古島敏雄／大谷省三／田代正夫）『農村文化』9月号，26巻7号（再刊15冊），農山漁村文化協会，1947年9月

「歴史学の方法論について——いわゆる大塚史学をめぐって」（座談・服部之総／林健太郎／高橋幸八郎／松本新八郎）『潮流』9・10月号，2巻8号，潮流社，1947年10月

「民衆・芸術・知識階級——同人座談会」（瓜生忠夫／中村哲／杉浦明平／青山敏夫／寺田透／松田智雄／野間宏／丸山真男／生田勉／真下信一）『未来』1集，潮流社，1948年7月

「火山灰地——合評（未来同人座談会）」（下村正夫／瓜生忠夫／中村哲／丸山真男／野間宏／寺田透／青山敏夫）『未来』1集，1984年7月

「音楽における創造と享受——同人討論」（丸山真男／松田智雄／遠山一行／下村正夫／瓜生忠夫／寺田透／青山敏夫／野間宏）『未来』2集，1948年11月

「外国文学の摂取に就て——同人討論」（寺田透／丸山真男／杉浦明平／生田勉／野間宏／下村正夫／瓜生忠夫／真下信一／青山敏夫／中村哲）『未来』2集，1948年11月

「『厚生経済学』を如何に具体化するか」（座談・杉本栄一／古谷弘／山田雄三／大河内一男）『経済評論』10月号，4巻10号，日本評論社，1949年10月

「経済学の論理と人間の問題」（座談・遊部久蔵／水田洋／横山正彦／平田清明／平瀬巳之吉／宮崎犀一）『経済評論』4月号，3巻4号，1954年4月

「資本主義成立期における土地制度論と経済学体系」（学会報告・小林昇／内田義彦）『土地制度史学』1巻5号，土地制度史学会，1957年10月

「日本人」（座談・木下順二／加藤周一／石母田正）『民話』1号，未来社，1958年10月

「過渡期におけるドラマ——芸術大衆化にともなう諸問題」（座談・野間宏／木下順二）『文学』6月号，27巻6号，1959年6月

「危機克服の展望」（座談・務台理作／金子武蔵／大塚久雄／城塚登／安藤英治）講座「近代思想史」Ⅷ『疎外の時代』2，弘文堂，1959年7月

「大学とは何か——曲り角にきた大学の問題」（座談・打田畯一／小林義雄／相馬勝夫／福島新吾／藤野登／古川原／大友福夫）『専修』6号，1960年2月

「火山灰地」（座談・宇野重吉／小田切秀雄／祖父江昭二／武谷三男／野間宏／村上一郎）『久保栄研究』2，劇団民芸，1960年3月

「『火山灰地』の思想的背景」（座談・下村正夫／高畠通敏／武谷三男／星野芳郎／久野収）『久保栄研究』4，1961年3月

「『夕鶴』解説対談」（対談・木下順二，〈司会〉菅井幸雄）木下順二作品集Ⅰ，未来社，1962年1月

「学生生活今昔」（座談・打田畯一／大友福夫／早坂礼吾／浦武克／志村豊次／鈴木宏／坪田和子）『専修』12号，1963年12月

「経済学史研究者の目より見たヨーロッパ——内田義彦先生をかこんで」（座談・宮崎義一／宮崎犀一／住谷一彦）『書斎の窓』126〜128号，有斐閣，1964年10月

評論社，1960年5月
「アダム・スミス／マルサスとリカードウ」『CHAPTERS FROM THE GREAT ECONOMISTS――from A. Smith to J. S. Mill』学生社，1960年5月
「明治経済思想史におけるブルジョア合理主義」「経済主体性講座」第7巻『歴史』II，中央公論社，1960年11月
「サン・シモンの新研究――坂本慶一著『フランス産業革命思想の形成』を読んで」『思想』8月号（458号），1962年8月
「『ワ゛ーニャ伯父さん』実験公演によせて」『ＥＳニュース』№.5，東京演劇ゼミナール，1962年10月
「緒論――本講座の意図と構成／第2編第2章スミス『国富論』体系」「経済学史講座」第1巻『経済学史の基礎』有斐閣，1964年5月
「アダム・スミスの思想体系――日本の思想的状況との関連で」「世界の大思想」14，『スミス国富論』上，河出書房，1965年6月
「日本思想史におけるウェーバー的問題」『マックス・ヴェーバー研究』東京大学出版会，1965年11月
「経済学をどう学ぶか」専修大学経済学部『学習ガイドブック』1966年4月
「『資本論』と現代――明治百年と『資本論』百年」『世界』9月号（262号），1967年9月
「方法を問うということ――看護人的状況としての現代における学問と人間」『看護技術』4月臨時増刊号，14巻5号，メヂカルフレンド社，1968年4月
「社会科学の視座」『思想』1月号（535号），1969年1月
「考えるということの姿勢（上）（中）（下）」『毎日新聞』33685～7号，1970年1月
「序章　発端・市民社会の経済学的措定――スミスの受けとめたものと投げかけるもの」「経済学全集」3『経済学史』筑摩書房，1970年6月
「考える操作を学ぶ」『エコノミスト』48巻48号（1841号），1970年11月
「学問創造と教育」『教育』6月号，22巻6号（277号），国土社，1972年6月
「一語・一語の巨塔」「現代日本文学大系」81巻月報68，筑摩書房，1972年6月
「学問と芸術――フォルシュングとしての学問」『思想』9月号（579号），1972年9月
「科学へ――自然と人間」岩波講座「文学」12，『現代世界の文学（2）』岩波書店，1976年12月
「アダム・スミス――人文学と経済学」『思想』1月号（631号），1977年1月
「近代日本思想大系」18巻解説『河上肇集』筑摩書房，1977年3月
「尊農論の河上肇」「明治大正農政経済名著集」第6巻月報，農山漁村文化協会，1977年5月
「ユートピア物語としての『三酔人経綸問答』」『中江兆民の世界「三酔人経綸問答」を読む』筑摩書房，1977年12月
「ある日の講話――河上肇への一つの入り口」『国語科通信』42号，角川書店，1979年11月
「経験科学の創造に向けて」『セミナー・ハウス』81号，大学セミナー・ハウス，1982年9月

〔対談・座談・講演・談話〕
「自然科学と社会科学の発展に於ける媒介的基礎」（対談・武谷三男）『潮流』6月号，1巻

「ナロードニキとマルクス主義――レーニン理論成立の一挿話」『帝国大学新聞』996号，1946年9月
「国内市場論――工業再建の方向」『潮流』4·5月号，2巻4号，潮流社，1947年5月
「戦時経済の矛盾的展開と経済理論」『潮流』1月号，3巻1号，1948年1月
「宇野氏『価値論』の使用価値――宇野弘蔵氏の近著『社会主義経済学』中の一編を中心にして」（無署名）『経済評論』8月号，3巻8号，日本評論社，1948年8月
「歪曲の維新と自由民権――高橋正雄編『日本資本主義の研究』を中心にして」（N. N. N. 名）『経済評論』9月号，3巻9号，1948年9月
「星野氏『技術論』の有効性」（N. N. N. 名）『経済評論』11月号，3巻11号，1948年11月
「『市場の理論』と『地代範疇』の危機（1）～（3）」（N. N. N. 名）『経済評論』3·4·6月号，4巻3·4·6号，1949年3，4，6月
「イギリス重商主義の解体と古典学派の成立（上）」潮流講座「経済学全集」第8回配本，潮流社，1949年11月
「イギリス経済学と社会科学」「社会科学講座」第6巻『社会問題と社会運動』弘文堂，1951年3月
「第4章古典経済学　第1節 問題の整理と限定／第2節 古典経済学の成立――1776年とアダム・スミス」『経済学史』ミネルヴァ書房，1953年1月
「アダム・スミス」『図書新聞』189号，1953年4月
「第5章スミスとマルクス――歴史認識の問題　I「スミスにおける歴史」の問題／II歴史家スミス――自然法における歴史認識」「経済学説全集」2,『古典学派の成立――アダム・スミス』所収，河出書房，1954年12月
「タッカーとスミス――小林昇氏の近業『重商主義解体期の研究』によせて」『専修大学論集』8号，1955年6月，（再録）『古典経済学研究』上巻，未来社，1957年5月
「古典の読み方を学ぶ――『社会科学ゼミナール』発刊に際して」『一橋新聞』571号，1956年2月
「アダム・スミス『国富論』」『経済セミナー』4月号（1号），日本評論新社，1957年4月
「学界第一線（4）水田洋」『エコノミスト』36巻17号，1958年4月
「第1部第1章古典経済学の生成と展開」（共著）『経済学入門』東京出版，1958年7月
「創造的なみかたについて――講義から」『専修』3号，1958年8月
「『資本論』と古典経済学」『資本論研究入門』青木書店，1958年9月
「マルクス」筑摩書房講座「現代倫理」第1巻『モラルの根本問題』筑摩書房，1958年11月
「A イギリス古典経済学の完成／C マルクス経済学」講座「近代思想史」V『機械の時代』弘文堂，1959年4月
「知識青年の諸類型　1明治青年の諸類型／2政治青年と文学青年」「近代日本思想史講座」IV『知識人の生成と役割』筑摩書房，1959年9月
「明治末期の河上肇」『日本資本主義の諸問題』未来社，1960年1月
「河上肇と専修学校」『専修』6号，1960年2月
「アダム・スミス『国富論』」『経済セミナー』5月号別冊付録「経済学必修書の解明」日本

内田義彦 著作目録

〔著書〕

『経済学の生誕』未来社，1953年11月，（増補）1962年10月
『経済学史講義』未来社，1961年6月
『資本論の世界』岩波新書，1966年11月
『日本資本主義の思想像』岩波書店，1967年10月
『社会認識の歩み』岩波新書，1971年9月
『読むということ　内田義彦対談集』筑摩書房，1971年11月，（増補）1979年8月
『学問への散策』岩波書店，1974年3月
『作品としての社会科学』岩波書店，1981年2月，（同時代ライブラリー版）1992年2月
『読書と社会科学』岩波新書，1985年1月
『内田義彦著作集』（第1～10巻）岩波書店，1988年5月～1989年11月
『形の発見』藤原書店，1992年9月
『内田義彦セレクション1 生きること 学ぶこと』藤原書店，2000年5月／（新版）2004年9月／（新装版）2013年11月
『内田義彦セレクション2 ことばと音、そして身体』藤原書店，2000年7月
『内田義彦セレクション3 ことばと社会科学』藤原書店，2000年10月
『内田義彦セレクション4「日本」を考える』藤原書店，2001年5月
『時代と学問　内田義彦著作集 補巻』野沢敏治・酒井進編，岩波書店，2002年12月
『対話 言葉と科学と音楽と』谷川俊太郎との共著，藤原書店，2008年4月
『学問と芸術』藤原書店，2009年4月
『改訂新版 形の発見』藤原書店，2013年11月

〔編著書・共著書〕

潮流講座『経済学全集』全10巻（共編）潮流社，1949年2月
『古典経済学研究』上巻（編集）未来社，1957年5月
『経済学入門』（共編）東京出版，1958年7月
『CHAPTERS FROM THE GREAT ECONOMISTS――from A. Smith to J. S. Mill』（共編）学生社，1960年5月
『経済学史講座』全3巻（共編）有斐閣，1964年5月
『マルキシズム』Ⅰ（共編）「現代日本思想大系」20，筑摩書房，1966年3月
『資本主義の思想構造』（共編）「大塚久雄教授還暦記念」Ⅲ，岩波書店，1968年8月
『経済学史』（共著）「経済学全集」3，筑摩書房，1970年6月
『河上肇集』（編集）「近代日本思想大系」18巻，筑摩書房，1977年3月

〔論説・小論〕

「新聞と民主主義」『大学新聞』44号，大学新聞社，1945年11月
「『資本主義論争』ノート」『潮流』8月号，1巻8号，吉田書房，1946年8月

内田義彦の世界 ——生命・芸術そして学問

2014年3月30日　初版第1刷発行 ©

編　者　藤原書店編集部

発行者　藤　原　良　雄

発行所　株式会社　藤　原　書　店

〒162-0041　東京都新宿区早稲田鶴巻町523
電　話　03（5272）0301
FAX　03（5272）0450
振　替　00160 - 4 - 17013
info@fujiwara-shoten.co.jp

印刷・製本　中央精版印刷

落丁本・乱丁本はお取替えいたします
定価はカバーに表示してあります

Printed in Japan
ISBN978-4-89434-959-9

八〇年代のイリイチの集成

新版
生きる思想
〈反=教育／技術／生命〉

I・イリイチ
桜井直文監訳

コンピューター、教育依存、健康崇拝、環境危機……現代社会に噴出している全ての問題を、西欧文明全体を見通す視点からラディカルに問い続けてきたイリイチの、八〇年代末発表草稿を集成した『生きる思想』を、読者待望の新版として刊行。

四六並製　三八〇頁　**二九〇〇円**
（一九九一年一〇月／一九九九年四月刊）
◇978-4-89434-131-9

初めて語り下ろす自身の思想の集大成

生きる意味
〈「システム」「責任」「生命」への批判〉

I・イリイチ
D・ケイリー編　高島和哉訳

一九六〇〜七〇年代における現代産業社会への鋭い警鐘から、八〇年代以降、一転して「歴史」の仕事に沈潜したイリイチ。無力さに踏みとどまりながら、「今を生きる」こと へ——自らの仕事と思想の全てを初めて語り下ろした集大成の書。

四六上製　四六四頁　**三三〇〇円**
（二〇〇五年九月刊）
◇978-4-89434-471-6

IVAN ILLICH IN CONVERSATION
Ivan ILLICH

「未来」などない、あるのは「希望」だけだ

生きる希望
〈イバン・イリイチの遺言〉

I・イリイチ
D・ケイリー編　臼井隆一郎訳

「最善の堕落は最悪である」——教育・医療・交通など「善」から発したものが制度化し、自律を欠いた依存へと転化する歴史を通じて、キリスト教–西欧–近代を批判、尚そこに「今・ここ」の生を回復する唯一の可能性を探る。

［序］Ch・テイラー

四六上製　四一六頁　**三六〇〇円**
（二〇〇六年一二月刊）
◇978-4-89434-549-2

THE RIVERS NORTH OF THE FUTURE
Ivan ILLICH

「人に出会う」とはなにか

「出会う」ということ

竹内敏晴

社会的な・日常的な・表面的な付き合いよりもっと深いところで、なまじかな〝あなた〟と出会いたい——自分のからだの中で本当に動いているものを見つめながら相手の存在を受けとめようとする「出会いのレッスン」の場から、〝あなた〟に出会うためのバイエル。

B6変上製　二三二頁　**二二〇〇円**
（二〇〇九年一〇月刊）
◇978-4-89434-711-3

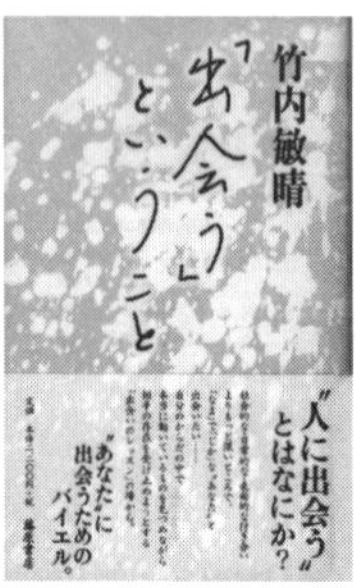